本书受四川省社会科学规划后期资助项目（纟

On Proof Evaluation

Based on the Function Alienation of Burden of Proof

证明评价论
—— 基于证明责任功能异化的思考

张 锦 著

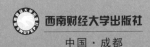

西南财经大学出版社

中国·成都

图书在版编目(CIP)数据

证明评价论:基于证明责任功能异化的思考/张锦著.—成都:西南财经大学出版社,2022.12
ISBN 978-7-5504-5529-0

Ⅰ.①证…　Ⅱ.①张…　Ⅲ.①诉论—证券—研究　Ⅳ.①D915.130.4

中国版本图书馆 CIP 数据核字(2022)第 156906 号

证明评价论——基于证明责任功能异化的思考

ZHENGMING PINGJIA LUN:JIYU ZHENGMING ZEREN GONGNENG YIHUA DE SIKAO

张　锦　著

责任编辑:刘佳庆
责任校对:植　苗
封面设计:张姗姗
责任印制:朱曼丽

出版发行	西南财经大学出版社(四川省成都市光华村街55号)
网　　址	http://cbs.swufe.edu.cn
电子邮件	bookcj@swufe.edu.cn
邮政编码	610074
电　　话	028-87353785
照　　排	四川胜翔数码印务设计有限公司
印　　刷	成都市火炬印务有限公司
成品尺寸	170mm×240mm
印　　张	11.75
字　　数	354 千字
版　　次	2022 年 12 月第 1 版
印　　次	2022 年 12 月第 1 次印刷
书　　号	ISBN 978-7-5504-5529-0
定　　价	78.00 元

前言

　　事实认定方法、证明责任等一直是诉讼法学领域老生常谈的话题。2021年9月最高人民法院出台的《最高人民法院关于调整中级人民法院管辖第一审民事案件标准的通知》，将中级人民法院管辖诉讼标的额提至5亿元、1亿元，意味着基层人民法院将管辖大部分第一审民事案件，也即大部分民事案件的事实应交由基层人民法院的法官审理查明。同时发布的《关于完善四级法院审级职能定位改革试点的实施办法》提出，基层人民法院重在"准确查明事实、实质化解纠纷"。可以预见，未来基层法官势必面临案件数量增加和审理难度增大的巨大压力，法官查明事实的活动需要更简洁、有力的理论支持。

　　本书第一部分，介绍了证明责任与证明评价理论研究的现状。2015年最高人民法院出台的《最高人民法院关于适用〈中华人民共和国民事诉讼法〉的解释》明确了证明责任的双重含义和证明责任规范说。在第九十条、第九十一条和第一百零八条明确确立了现代证明责任的理论成果——证明责任主客观双重含义和规范说，并对证明度标准做了细分，完全确立了证明责任在司法实践中的指导价值。在司法实践中，长期坚持主观证明责任逻辑。证明责任并未解决法官查明事实的难题，反而造成证明责任滥用等功能异化的现象。既然理论并没有问题，为何实践却不为所动，有学者形容证明领域理论与实践存在"此岸"与"彼岸"的巨大隔阂。理论与实践的脱节，是学界应当反思和解决的。

本书第二部分以近年来高发的民间借贷纠纷案件为切入点，从司法案件的实际证明过程出发，观察法官运用证明责任和证明评价存在的问题。

该类案件中，如果债权人主张借据上的借款是现金交付，债务人抗辩借款未实际发生，此种情形下现金是否交付，经常让法官陷入两难境地。2015年最高人民法院出台了《关于审理民间借贷案件适用法律若干问题的规定》，对于法院如何审查判断现金给付的借贷案件作出了详细的规定，几乎同时出台的《最高人民法院关于适用〈中华人民共和国民事诉讼法〉的解释》对证明责任的规则完全确立。建章立制完成后，实践中的证明难题是否得以有效解决。本书提取了北京、上海、成都三地，2017年、2018年这类案件的二审判决书作为观察样本。在当事人的证据资料和主张几近相似的情况下，三地判决结果大相径庭，北京的债权人举证容易成功，而上海、成都的债权人举证难度大，且北京判决债权人胜诉率远高于上海、成都。法官偏爱使用举证责任，但举证责任分配混乱且随意。法官经常机械化地采信一些证据，法官认定事实的职权活动缺乏章法。

本书第三部分，探寻问题产生的根源、原因。过去我们的研究重视抽象的理论，对证明过程关注得少。证明责任等理论是法学家发明出的解决问题的法律概念。庞德曾指出"书本上的法与行动中的法"，理论只是应然的状态，事实认定问题应当转向对具体证明问题的关注。司法实践盛行主观证明责任逻辑，理论界和实务界也都认为事实认定的难题在于证明责任，认为造成案件同案不同判的原因是法官滥用证明责任分配，认为证明问题都是当事人的问题，而忽视了法官的职权行为。另一个深层因素，人们对自由心证存在偏见，总希望通过法律来约束法官的"自由"，依赖法定证据和证明责任完成事实认定，却造成法官自由心证更加缺乏约束。

本书第四部分，解决路径：正确理解和运用证明评价。提出用证明评价概念统率法官查明事实的职权活动，证明评价与证明责任共建完整的事实认定体系，以解决法官查明事实工具与规则双重匮乏的问题。法官参与诉讼的诉讼合作主义是现代民事诉讼的潮流。2019年12月25日，最高人民法院修改的《关于民事诉讼证据的若干规定》出台，强化强释明权的行使，增加了当事人、证人"签署保证书"的制度，这些都被视为推动诉讼诚信、加强法院职权以促进真实发现目标的具体制度。因应制度的改变，理论上应当相应调整，完善系统化提供解决方案。在证明评价概念下，以当事人真实完全义务和赋予法官释明权作为两条主线。一是当事人的真实完全义务，可以抑制程序异化，强化诉讼诚信的原则。对当事人提出除举证之外的更多要求，包括"事案阐明义务""依职权调查取证""文书提出义务""证明妨碍""签署保证书"等具体制度。二是通过法官释明权告知当事人初步评价结果和具体要求。从以前的"认证—认定事实"，变为"认证—释明—认定事实"，法官通过行使释明权以挖掘更多的诉讼证据资料。

证明评价和证明责任统治着事实认定的两个领域，二者有明显的区别，强化法官职权介入，但不是回到法官代为取证的老路上，厘清当事人的举证与法官职权之间权限配置的边界，二者协同配合，可使得事实认定体系有效运行。

张锦

2022年5月

目录

1 导论

1.1 问题由来：证明责任流行与证明评价缺失

一直以来，无论学界还是实务界都认为解决事实认定难题的关键在于证明责任，自古罗马时代就有"举证之所在，败诉之所在"的法谚。人们认为证明责任不仅能解决事实认定难题，还能将证明这一复杂的过程法定化、规范化，避免法官随意认定，从而保证司法公正。证明责任理论从 20 世纪 80 年代引入我国，经过学界多年的努力，理论上认识已比较统一，且认为已没有多大的发展空间。2015 年最高人民法院出台的《最高人民法院关于适用〈中华人民共和国民事诉讼法〉的解释》（以下简称《民诉法解释》），第九十条、第九十一条中对举证责任双重含义和举证责任分配规范说的阐明与规范，标志着司法解释对现代证明责任理论完成了建章立制，在实践中证明难题是否真的得到了有效解决？

我国最早使用的是举证责任概念，立法、实践也多使用举证责任，我国台湾、澳门地区也使用的举证责任。引进德国罗森贝克、普维庭的证明责任理论后，学术界习惯用证明责任。德国的证明责任理论通常存在两种含义，事实真伪不明时承担不利的裁判结果的结果意义上的责任，和为了避免败诉后果而有举证必要的行为异议的责任。我国学者为区分两者，将前者称为"证明责任"，后者称为"举证责任"。《民诉法解释》中未做区分，选择了我国实践中常用的"举证责任"，认为举证责任又称证明责任，包括上述两重含义，笔者也同意这一提法，考虑到引用学术文献方便，延用学术界习惯的证明责任。

学术界流行的是客观证明责任，实务界却始终奉行主观证明责任逻辑。判决书经常会以"谁主张，谁举证"为开场白，后以"是否履行举证责任"或"举证不能"结束，从而认定事实发生或未发生，似乎事实不能被认定都是因为证据不足,当事人未完成主观证明责任。学术界批评实务界只知道"谁主张,谁举证",不懂证明责任的双重含义,滥用证明责任。证据不能说话,举证不能的结论,令当事人难以服判。比如民间借贷案件中,债权人仅有借据主张现金给付的事实认定,法官在判决中有时会认为 10 万元、20 万元支付现金是符合常理的,有时又会认为同样或更少的现金属于金额巨大,从而认定现金给付不符合常理,时常"同案不同判"。而"常理"结论式的判断作为判决理由,难以让当事人息诉服判,也让公众对法官的心证捉摸不透。

实际上,司法实践中的诸多因证据败诉的案件并非都是当事人未尽证明责任,而是法官查明事实过于消极,把查明案件事实的责任全然推卸给当事人,把不能形成心证的结果归咎于当事人,证明责任成为法官不努力完成心证的挡箭牌。其实法官也并非不想努力查明事实,但因理论匮乏陷入方法不足的尴尬境地。由于司法公信力欠缺,法官努力心证,事实认定阐述详尽的判决,又容易被诟病其推定不合逻辑、违反经验法则,或自由裁量权过大,比如前几年热议的"彭宇案"①"许云鹤案"② 等。彭宇"撞了还是没撞"真假难辨,一审法官为了认定事实运用诸多常理分析对彭宇"做好事""见义勇为"的动机表示怀疑,并推定给了原告 200 元应当是赔偿款。这些经验法则首先触动了大众神经,引发舆论广泛关注③。之后法学界围绕一审判决事实认定方法又进行了剖析和抨击④。二审该案最后调解结案。事后,彭宇承认他确实是撞了人⑤。

法官行使自由裁量权面临巨大的问责风险也不在少数,甚至被追究刑事责任,比如"莫兆军案"⑥"王成忠案"等。莫兆军系广东省四会市法官,审理一起 1 万元的借款纠纷,借款持有借据,而张坤石夫妇辩称借据受胁迫而成,莫兆军法官判决借款成立导致其败诉,随后张坤石夫妇在四会市法院外喝农药自杀身亡。事后检查机关以玩忽职守罪起诉莫兆军,2004 年做出终审裁定无罪⑦。

① (2007)鼓民一初字第 212 号。

② (2010)红民一楚自第 837 号。

③ 刘勇."彭宇案"媒体带给我们哪些思考?[J].西部广播电视,2007(10):48-49.

④ 张卫平.司法公正的法律技术与政策:对"彭宇案"的程序法思考[J].法学,2007(8):138-152.熊德中.事实推定的实务探讨:从彭宇案到许云鹤案[J].上海政法学院学报,2012(4):139-143.王亚新.判决书事实、媒体事实与民事司法折射的转型社期社会[J].月旦民商法杂志,2009(24):124-135.

⑤ 焦点访谈披露彭宇案真相:彭宇承认撞人[EB/OL].(2021-05-06)[2022-05-06].http://news.sohu.com/20150921/n421762201.shtml.

⑥ (2004)粤高法刑二终字第 24 号。

⑦ 法官莫兆军终审被判无罪[EB/OL].(2022-04-30)[2022-05-06].https://www.chinacourt.org/article/detail/2004/07/id/122520.shtml.

王成忠系吉林省辽源中院法官，因审理的一起合同纠纷案件，被涉嫌民事枉法裁判罪立案，一审判决王成忠犯民事枉法裁判罪判处其有期徒刑三年，2021年4月20日二审维持原判①。

在法官查明事实职权活动缺乏理论支持和规则约束的情况下，躲在证明责任背后裁判结果却是更加的自由和恣意；但同时法官也深受其害，处在巨大的问责压力之下，造成法官在案件审判中陷于无所适从的境地。法官简单地用举证不能也就不足为奇了。

在诉讼中，证明责任与证明评价应该是紧密联系，共同发挥作用的。证明责任应如指挥棒，促进负有证明责任的一方当事人举证，当事人举证越充分、证明评价资料就越充足，法官根据当事人的举证和诉讼行为进行证明评价，直到对事实真伪做出认定。如罗森贝克在《证明责任论》中所阐述的："自由的证明评价和证明责任统治着诉讼事实认定的两个领域"②，汉斯·普维庭的《现代证明责任问题》③ 中也有类似阐述。这启发了笔者对证明评价的思考：既然证明评价是统治诉讼的两大领域的一极，证明评价应与证明责任共同发挥作用。遗憾的是，长期以来理论对证明评价的研究明显弱于另一极证明责任，学界把研究重点放在了证明责任领域，而证明评价包括有关法官事实认定方法的研究却十分匮乏。证明评价的理论薄弱，导致法官查明事实活动无章可循。证明责任虽地位"显赫"，理论丰富，但在实践中法官分配举证责任的困难和问题也不比自由心证中的问题少，法官简单地把举证责任推卸给败诉一方承担。证明责任理论与实践存在严重隔阂，证明责任的理论繁荣并未提高法官查明事实的能力，反而造成证明责任滥用等功能异化的现象。

证明责任及相关证明问题的理论工具，是法学家发明出的解决问题的法律概念，理论只是应然的状态，在实践中如何运行，必须回到实践中观察。庞德"书本上的法与行动中的法"④ 与卢埃琳"纸面规则与实在规则"⑤ 揭示了理论与司法实践之间的差异永远都真实而深刻地存在着，尤其在诉讼证明这一高度实践化的领域。证明责任理论运行的情况最终体现在证明评价上，从证明评价角度对事实认定过程进行研究，也是对证明责任理论的实证分析，能够发现证明责任理论与实践的隔阂，进一步完善理论。因此，对证明评价进行专题研

---

① (2018) 吉 0403 刑初 1 号、2019 吉 05 刑终 198 号。
② 罗森贝克. 证明责任论 [M]. 庄敬华，译. 北京：中国法制出版社，2018：77.
③ 普维庭. 现代证明责任问题 [M]. 吴越，译. 北京：法律出版社，2000：87.
④ 庞德. 通过法律的社会控制 [M]. 沈宗灵，译. 北京：商务印书馆，1984：128.
⑤ 沈宗灵. 现代西方法理学 [M]. 北京：北京大学出版社，1992：314.

究，既是为法官提供有效的证明评价工具，有助于约束和规范法官的自由裁量权；也是厘清证明责任、证明评价的作用和边界，完善事实认定体系的构建。这无疑是一项既能真正解决司法实践中的事实认定难题，又具有理论创新性的成果。

1.2　文献综述

证明责任和证明评价是事实认定的两大领域，举证责任在大陆法系素有"民事诉讼的脊梁"之称，足见其显赫地位。理论界对证明责任的关注度极高，成果颇丰。与此形成鲜明对比的是，关于证明评价、自由心证、法官事实认定方法和规则等的研究寥寥。

国内以证明评价为主题的专著，迄今有三本：段厚省教授的《证明评价影响因素分析》①、段厚省教授和张峰教授合著的《证明评价原理兼对民事诉讼方法论的探讨》②、樊传明教授的《证据评价论——证据法的一个阐释框架》③。段厚省是国内最早提出应当使用证明评价的概念来定义法官在民事诉讼中发现事实的活动的学者；他认为学界习惯使用的"证据评价"一词含义较窄，只是对证明资料的审核认定。而司法活动中更重要的是如何完成对证明对象的事实认定全过程，"证明评价"才是正确的表述，但我国学术界在这方面的研究是稀缺的④。段厚省教授提出"证明评价"的概念，是在考证了莱奥·罗森贝克的《证明责任论》、汉斯·普维庭《现代证明责任问题》，和陈刚教授《证明责任法研究》中的"证明评价"一词，并与陈刚教授交流后，才提出的这一观点。同时他还提出由于我国学界对于法官发现事实的活动没有一个独立概念来指称，学术界习惯使用的"审查判断证据""证据评价"等，从字面上看，一般只会认为是对证据进行审查核实，而不会想到法官对事实的判断。在实践中，也经常将证据的审查与事实认定活动混淆。实践中，法官隐瞒心证历程，或自己都不知道心证是如何形成的，与缺乏有关证明评价方法论的

---

① 段厚省. 证明评价影响因素分析 [M]. 北京：法律出版社，2009.

② 段厚省，张峰. 证明评价原理兼对民事诉讼方法论的探讨 [M]. 北京：法律出版社，2011.

③ 樊传明. 证据评价论：证据法的一个阐释框架 [M]. 北京：中国政法大学出版社，2018.

④ 段厚省，侯百丰. 论证明责任与证明评价的互相制约 [J]. 华东政法大学学报，2007（4）：97-105.

研究成果有关①。笔者也同意这一观点，因证明评价理论上的缺位，导致实务中法官查明事实活动的失范。

段厚省教授的著作中确立了证明评价的概念，介绍了证明评价的主体、对象，以及与周边概念如证明标准、证明责任的关系；从理论上确立了证明评价的地位。但由于没有结合具体的民事裁判活动对证明评价理论、制度和实践进行观察，没有运用大量调研和数据工具来对证明评价影响因素进行分析，因而使得其研究停留在纸上谈兵的层面②，这是作者本人承认的该研究所存在的遗憾。但"证明评价"的概念，逐渐得到我国部分学者的响应，如胡学军教授也提到，对于证明评价领域的内容，站在当事人的角度来看，是具体举证责任的转换；站在法官的角度来看是证明评价③。笔者完全赞同胡学军教授的这一观点。

樊传明教授的《证据评价论》是针对证据的可采信、证明力、证明标准的审查判断过程，围绕证据本身的审查判断，与本书提出的证明评价的内涵是不一样的。笔者认为，证据评价应该属于证明评价的一部分。我国台湾地区姜世明所著的《证据评价论》收录了作者与自由心证相关的学术论文，包括自由心证、论经验法则、盖然性、间接证明、表见证明、证据能力与违法证据之可利用等方面的文章④。姜世明在其另一本著作《举证责任与证明度》中提到证明度降低、表见证明应当属于证据评价之范围，而不应归入举证责任之范围，亦即此等方式并不改变原有之举证分配归属⑤。可见，姜世明所指的"证据评价"虽然用语与证明评价不同，但与本书所指的内涵实质上是一致的。但该书是作者的相关学术论文的合集，主要介绍实务中如何运用证明评价、举证责任等，没有涉及概念和理论体系的建立。

此外，德国汉斯·约阿希姆·穆泽拉克博士的《德国民事诉讼法基础教程》中提到了"证据评价"，所指向的内涵也与本书的"证明评价"一致，书中给出的概念是：借助于法官所拥有的经验知识对事实的评价，并在该章节中

---

① 段厚省，张峰. 证明评价原理兼对民事诉讼方法论的探讨 [M]. 北京：法律出版社，2011：21.

② 段厚省，张峰. 证明评价原理兼对民事诉讼方法论的探讨 [M]. 北京：法律出版社，2011：3.

③ 胡学军. 从"抽象证明责任"到"具体举证责任"：德、日民事证据研究的实践向及其对我国的启示 [J]. 法学家，2012 (2)：158-175. 胡学军. 具体证明责任论 [M]. 北京：法律出版社，2014：55.

④ 姜世明. 证据评价论 [M]. 厦门：厦门大学出版社，2017.

⑤ 姜世明. 举证责任与证明度 [M]. 厦门：厦门大学出版社，2017.

介绍了表见证明和证明妨碍两种证明评价的工具①。

以"证明评价"为篇名在中国知网（cnki）搜索文献，检索到文献11篇，硕士论文1篇。文献主要出自段厚省和张锋，有《证明责任、证明标准和证明评价的实践互动与制度协调》《论证明评价影响因素》《论证明对象对法官证明评价的影响》《证明评价模式与证明评价实践之间的关系》等。上述文章提出了证明评价的一些重要问题，如证明评价的影响主要来自证明制度内部和外部或周边因素。证明制度内部的因素有：证明对象、证明责任、证明标准。证明对象即确定待证事实，以围绕待证事实展开的举证和诉讼活动。基于辩论主义的诉讼原则，证明对象对证明评价的影响是法官只能在当事人主张的范围内进行裁判。若属于免证的事实则无须主张，也无须评价；是否属于免证事实应由法官判断。证明责任会对法官的证明评价活动产生制约作用：一方面，主观证明责任促使当事人积极进行证明活动，使得法官的证明评价的结果接近客观真实；客观的证明责任促使当事人更加积极地履行主观的举证责任。另一方面，客观证明责任也可能导致法官在证明评价活动中的主观能动性降低，法官减弱其本应在发现客观真实过程中应尽的努力，从而导致其评价结果反而更加远离客观真实，使真伪不明的评价结果增加②。证明标准对证明评价的影响是，证明标准的设置越科学，法官的证明评价活动越可靠。丁慧兰的硕士论文《初论我国民事诉讼中的证明评价制度》是现有的学位论文中唯一一篇以证明评价为专题的，该文介绍了证明评价的概念、内容、以及影响证明评价的因素，并对英美法系和大陆法系的证明评价制度进行了比较，作者针对我国法官证明评价过程中受到金钱、关系、人情等因素的干扰，无法独立公正地行使职责的问题提出了建议③。

域外有关证明评价的研究并不丰富，段厚省教授就此曾向德国康斯坦大学的访问学者请教，得知德国关于证明评价的专门成果也不多，多数是关于自由心证的，她印象中只有一篇博士后的出站报告是以此作为专题的④。与此形成

---

① 穆泽拉克. 德国民事诉讼法基础教程 [M]. 周翠，译. 北京：中国政法大学出版社，2005：266-274.

② 段厚省，郭宗才，王延祥. 论证明评价影响因素 [J]. 政治与法律，2010 (1)：91-97. 段厚省. 论证明对象对法官证明评价的影响 [J]. 法律适用，2008 (1)：67-69. 张峰，段厚省. 证明评价模式与证明评价实践之间的关系 [J]. 上海政法学院学报，2012 (4)：25-32. 段厚省. 证明责任、证明标准和证明评价的实践互动与制度协调 [J]. 南京师范大学学报（社会科学版），2007 (3)：24-30.

③ 丁慧兰. 初论我国民事诉讼中的证明评价制度 [D]. 上海：复旦大学，2008.

④ 段厚省，张锋. 证明评价原理兼对民事诉讼方法论的探讨 [M]. 北京：法律出版社，2011：2.

鲜明对比的是，德国对举证责任极为重视，展开了一个世纪的争论，日本在学习引进德国的理论过程中，也经历了长达半个世纪的学术争论。大陆法系偏重理论，重视客观举证责任，相对忽视主观举证责任。在实践运用中，人们逐渐发现了抽象证明责任理论的局限，它并不能有效地解释所有实践中的具体问题。第二次世界大战后，德国学者罗尔夫·施蒂尔纳、彼得·阿伦斯开启了对具体证明行为机制的研究，包括当事人的阐明义务、表见证明、大致推定、间接反证、摸索证明、证明妨碍等，也有人将上述工具纳入证明责任减轻的概念。通过这些"补丁"规则的设立，来弥补实践中抽象证明责任理论运用的不足，减少真伪不明的结果证明责任①。日本对举证责任理论的研究虽深受德国影响，但日本学术界对主观举证责任研究的兴趣更浓厚。20世纪末春日伟知郎的"证明责任研究三部曲"，已经不再聚焦证明责任的分配，而转向对实践中证明责任的应用，尤其是证明责任减轻等具体问题的研究②。我国台湾地区跟随德、日的脚步，在证明责任具体应用领域形成了一批代表性著作，如陈荣宗的《举证责任之分配》、姜世明的《举证责任与真实义务》和《证据评价论》、黄国昌的《民事诉讼理论之新展开》等。近几十年德、日理论的研究方向呈现从抽象的理论走向实践运用的趋势，这一转向应当引起我们证据法理论界的高度重视。

20世纪80年代末，我国学者逐渐将德国、日本的证明责任理论引入国内，最初学术界的研究集中在概念的引入和各种学说流派的介绍上。通过学术界多年的努力，证明责任——主、客观双重含义，证明责任分配的规范说等大陆法系通行理论在我国逐渐成为通说。由于立法和司法解释以及实践长期对证明责任的理解并没有确立客观证明责任，虽然理论界认为客观证明责任才是核心，但实务中长期盛行的只有"谁主张，谁举证"的主观证明责任逻辑③。法官任意分配证明责任的现象十分普遍，甚至有滥用之嫌。对于"真伪不明"状态和客观证明责任的阐述，在实践中也并不常见④。学术界对实践中错误理

---

① 胡学军. 具体证明责任论 [M]. 北京：法律出版社，2014 (12)：101.

② 日本证明责任的主要学说包括：三月章、新堂幸司的"举证必要论"，松本博之、小林秀之的"证据提出责任"，龙骑喜助、佐上善和的"行为责任论"。胡学军. 具体证明责任论 [M]. 北京：法律出版社，2014 (12)：40-50.

③ 毕玉谦. 关于主观证明责任的界定与基本范畴研究 [J]. 西南政法大学学报，2008 (3)：43-53. 霍海红. 主观证明责任逻辑的中国解释 [J]. 北大法律评论，2010 (2)：521-539. 胡学军. 中国式举证责任制度的内在逻辑 [J]. 法学家，2018 (5)：91-105. 霍海红. 证明责任配置裁量权之反思 [J]. 法学研究，2010 (1)：98-111. 胡学军. 法官分配证明责任：一个法学迷失概念的分析 [J]. 清华法学，2010 (4)：82-103.

④ 曹志勋. "真伪不明"在我国民事证明制度中确实存在么？[J]. 法学家，2013 (2)：95-105.

解和适用证明责任理论的批评不断①，李浩教授在《证明责任的概念——实务与理论的背离》中指出理论界目光都聚集在客观证明责任，实务界却坚持主观证明责任；但这不代表客观证明责任理论是错误的②。既然理论并没有问题，学术界也认为现有证明理论已经成熟，实践层面却为何止步不前、不为所动？具体诉讼中事实认定的难题为何始终未得到有效解决？李浩教授对学界研究脱离实践的批评和提醒，值得我们重视。胡学军在《证明责任虚无主义及弊端分析》中指出虽然判决书中经常使用证明责任，但实务对证明责任的理解存在严重误区，实务所使用的证明责任并非其真正的含义③。当前学术界对抽象证明责任的研究也存在一定的偏颇，应当重视吸收德、日在具体诉讼证明领域的最新研究成果，把目光转移到实际诉讼中如何证明的问题。胡学军的博士论文《具体证明责任论》提出了具体证明责任这一旗帜性概念，并将表见证明、摸索证明、间接反证、大致推定、证明妨碍、阐明义务等工具装入这一概念，以具体证明责任为专题转向具体证明过程的研究④。胡学军教授还倡导学术界应将关注的目光从抽象理论转向具体证明领域。近年来，我国学界的研究主题更多地去贴近具体证明问题的研究，与实务的触碰逐步增多。如以表见证明、推定、证明妨害、证明责任减轻、证明妨碍等概念作为研究对象，或针对司法实践中新类型案件的证明难题，如医疗纠纷、产品责任、环境污染等的证明问题⑤。

　　肖建华教授很早就敏锐地发现了民事诉讼法在基本理念和研究方向上的偏差，发出了不同的声音。他认为与大陆法系国家普遍采用的"法官裁判本位"的证明责任理论不同，我国学者的研究基本上是立足"当事人本位"，大多数的学者只关心真伪不明后果的承担，少有人关心证明责任做出的过程。对法官如何做出真伪不明的结论，如何完成推理最终形成判决这一问题，是我国证明责任理论所不能全面回答的。这说明我国的理论研究不够精细化⑥。肖建华教

---

① 李浩. 证明责任的概念：实务与理论的背离 [J]. 当代法学，2017 (5)：3-10.

② 李浩. 证明责任的概念：实务与理论的背离 [J]. 当代法学，2017 (5)：3-10.

③ 胡学军. 证明责任虚无主义及弊端分析 [J]. 前沿，2006 (5)：101-104.

④ 胡学军. 具体证明责任论 [M]. 北京：法律出版社，2014 (12)：66.

⑤ 参见焦鹏 2007 年中国政法大学博士论文《诉讼证明中的推定研究》、王舸 2008 年中国政法大学博士论文《证据与事实推理要论》、于鹏 2011 年中国政法大学博士论文《民事诉讼证明妨碍研究》、曹云吉 2012 年西南政法大学硕士论文《间接反证论》、魏庆云 2013 年上海交通大学博士论文《证明责任减轻论》、谷佳杰 2015 年西南政法大学博士论文《民事诉讼损害赔偿数额制度研究》、孙晨曦 2018 年西南政法大学博士论文《民事证明负担减轻研究》。

⑥ 肖建华，王德新. 证明责任判决的裁判方法论意义：兼论传统责任观之谬误 [J]. 北京科技大学学报（社会科学版），2005 (2)：44-51.

授这篇发表于 2005 年的文章，并未引起学术界足够的重视，学术界的研究仍然延续以"当事人""客观责任""结果"为重点；忽视"法官""证明评价""过程"，从而也导致理论与实践严重脱节。段厚省教授也对民事诉讼法领域的研究成果偏重理论，而对实践运用关注不足的现象提出了批评。我国目前对证明评价的研究大多停留在理论和制度上的检讨，而较少关注如何解决实践中的具体问题；习惯于对静态的制度、原则和理念来加以研究，而不是将其作为一种动态的事实发现方法的展开过程来考察，因此，缺乏实践价值。比较而言，台湾学者的研究一般都建立在大量的案例分析的基础上，从法院判例的观点和思路中，总结提炼出成功的经验，验证和发展理论，这样的研究方法是值得借鉴的。

2018 年，肖建华出版了《诉讼证明过程分析——民事诉讼真实与事实发现》，再次呼吁我国民事诉讼模式和理念急需扭转。理论界倡导废除官本位时，并通过制度来约束法官职权，但过于追求纯粹的"当事人本位"，全面否定职权主义，对法院所有职权的行使都被视为是对当事人基本权利的破坏。最后导致最高人民法院在制定司法解释时，基本放弃了法官在事实认定中必要的职权行为，如 2002 年实施的《最高人民法院关于民事诉讼证据的若干规定》①中关于法官依职权进行勘验、询问当事人和证人等都未予以规定。我们总是担心司法权过大，"程序自缚"却演变为"法官自缚"，绝对的当事人主义，导致我国审判权缺位②。可见肖建华教授的担忧，在我国司法实践中一直在持续。

综上，笔者认为我国在证明领域的研究中存在两大问题：一是，对抽象的理论兴趣浓厚，具体证明过程则少有人关注。二是，在移植域外理论的过程中，拘泥于法条移植和阐释性方法，缺乏本土实践性的研究。正是在研究方向和研究方法上远离了实践，导致我们的理论脱离实践，而实践也几乎游离于理论影响之外，陈瑞华教授将其形容为"此岸"与"彼岸"的巨大隔阂③。在证明责任和证明评价研究上，脱离实践的现象尤为突出；且发展极不平衡，重视证明责任，忽视证明评价。移植德、日的理论，偏重客观证明责任，却又未跟上德、日在具体证明场域转向的步伐；证明责任理论虽繁荣，但并未有效地发挥作用。要解决理论与实践的隔阂，需改变现有的研究方向和研究方法。

---

① 《最高人民法院关于民事诉讼证据的若干规定》（法释〔2001〕33 号），以下简称《证据规则（2001 年）》，2001 年 12 月 21 日发布，2002 年 4 月 1 日起实施。

② 季卫东. 法律程序的意义 [J]. 中国社会科学, 1993 (1)：83-104. 肖建华. 诉讼证明过程分析：民事诉讼真实与事实发现 [M]. 北京：北京大学出版社, 2018：6-8.

③ 陈瑞华. 证据法学研究的方法论问题 [J]. 证据科学, 2007 (1-2)：5-31.

1.3　研究路径与方法

事实认定需证明责任和证明评价共同发挥作用，但是无论理论研究还是实务操作，比起证明责任，证明评价几乎没有一席之地。若不将证明评价视为一个独立概念，不对其规则进行系统性研究，就无法指望其与证明责任协同发挥作用。对证明评价的研究，不能继续走移植理论、阐述概念的老路，而应以解决实践中事实认定的困境作为突破口。这促使笔者选择以真实的案例作为分析样本，研究判决书的说理，分析法官在实践中面临的真实问题——是证明责任的分配问题，还是自由心证的运用问题；是法官的理论运用不当，还是理论的支持不够。

第一，民间借贷案件法律关系较简单，问题的焦点就在于事实认定上，原告仅依据借据提起民间借贷诉讼，被告则抗辩借贷行为尚未实际发生。而要认定借贷行为是否发生，经常让法官左右为难。2015 年 9 月 1 日颁布并实施的《最高人民法院关于审理民间借贷案件适用法律若干问题的规定》（以下简称《民贷司法解释》）第十六条第 2 款规定在上述情况下，对于法院应当结合哪些因素和具体情况查证借贷事实是否发生做了具体规定，即"原告仅依据借据、收据、欠条等债权凭证提起民间借贷诉讼，……被告抗辩借贷行为尚未实际发生并能作出合理说明，人民法院应当结合借贷金额、款项交付、当事人的经济能力、当地或者当事人之间的交易习惯、当事人财产变动情况以及证人证言等事实和因素，综合判断查证借贷事实是否发生①。《民诉法解释》第九十条、第九十一条确立了举证责任分配规范说，改变了 1991 年的《民事诉讼法》《证据规则》（2001 年）② 中关于证明责任只有"谁主张，谁举证"的简单规定。《民诉法解释》的正式确立，又有《民贷司法解释》对现金交付如何认定进行了具体的规定。民间借贷案件事实本不复杂，各地的交易习惯也没有特别大的差异，上述司法解释出台后，法官认定大额现金是否交付的难题是否得到了解决？证明责任及相关证明理论的运用是否还存在问题？两部司法解释在 2015 年同时出台，此后形成的判决书为我们分析这一问题提供了极好的样本。

笔者选取了在司法解释出台之后的 2017 年、2018 年北京、上海、成都三

---

① 《最高人民法院关于审理民间借贷案件适用法律若干问题的规定》，2015 年 9 月 1 日试行，以下简称《民贷司法解释》，法释〔2015〕18 号。

② 《中华人民共和国民事诉讼法》，1991 年 4 月 9 日生效，以下简称《民事诉讼法》。

地中级人民法院的二审判决书。北京和上海是我国公认司法水平最高的两个城市，加上一个西部特大城市——成都作比对。通过观察三地的生效判决认定事实所采纳的理由、基本思路，从而窥探出法官在事实认定中运用证明责任理论查明事实的活动中存在哪些不足。

本章运用了量化分析和规范分析的方法。首先，统计判决结果，比较地区间胜诉比例的差异，并对差异的原因进行初步分析。其次，提取事实认定因子。法官在事实认定中考量的主要因素有哪些？从取样的判决中提取每份判决常用的理由（本书将单独的理由称为因子），分析法官使用这些因子的逻辑是否通畅，是否符合常理。再次，进行数据分析。根据理由是债权人提出还是债务人提出，将因子分为两大类，再对每一项因子的数量进行汇总。对法官使用因子个数等进行数据统计，对常用的因子使用率进行比较分析。并对法官在支持债权人、债务人分别所使用率较高的因子数量进行具体分析。最后，总结法官查明事实的整体思路偏好以及各地区法院普遍存在的问题，寻找法官在事实认定活动中对理论的误解、误用和薄弱环节。

第二，对于证明责任和证明评价在实践中都未正确地发挥作用这一现象，探寻现象出现的原因。理论不能有效地指导实践，说明理论缺乏实用性，甚至可能走入误区。吴洪淇教授书中曾指出："从一个相对长远的角度来看，对证据法规范背后之理念、对证明过程的探究是我们这几代证据法研究者最终需要面对的难题。"[1] 无论理论看起来多么成熟，理念的根源问题都是永远需要追问、反思的话题。我们在讨论法学概念时，容易想当然，对过往的观点和经验，不能盲目跟从，否则知其然而不知其所以然，在没弄明白本源就形成固执的坚持，形成一系列的迷失概念。威廉·詹姆士曾说过，"每一个问题最大的敌人就是这一问题的教授。医药、法律这类实际活动，从事实际业务的人多与生活和自然界的事实保持接触，不断改变，改造其理论；而教授根据事实建立其固执的教义，并企图使生活和自然符合其他理论模型。"[2] 比如对于自由心证、证明责任这些概念的理解，为何会走入误区？实践中对证明责任、证明评价的混淆、误用，来自理论认识的错误，而且这一错误认识由来已久。正本清源，才能回归正轨。本书对证明责任和自由心证在我国理论发展的脉络进行梳理，探析理论如何被误解。过去我们的研究偏重抽象的理论，而对证明过程关注得少，理论远离实践。我们在"移植"德、日证明责任的理论的时候，将

---

① 吴洪淇. 证据法的理念面孔 [M]. 北京：法律出版社，2018：161.
② 庞德. 通过法律的社会控制 [M]. 沈宗灵，译. 北京：商务印书馆，1984：1.

主战场放在客观证明责任，却未跟上德、日在具体证明责任研究中转型的步伐。大陆法系的理论繁多，各种学说互相补充、排斥，理论空间复杂得令人生畏，而英美法系则要简洁、实用得多，运行也没有多少问题，在认定事实的理论方法上，我们没有必要完全固守大陆法系，英美法系的成果经验也是值得借鉴的。

第三，实践证明，理论上过分强调证明责任的作用，证明责任却走入了误区，以致严重抑制了自由心证的发挥。由于理论上对法官查明事实的活动没有设立一个专门的概念，自由心证、认定事实等无法涵盖法官查明事实的全部活动，对法官查明事实的活动缺乏专门的系统研究。因此，法官在实务中查明事实的手段缺乏、规则不明。从提升法官事实认定能力的角度，法官查明事实的活动，需要一个统率概念，并将其作为专门的研究对象。笔者认为，使用"证明评价"一词作为这个概念应当是合适的。本书重塑了证明评价的概念，完成了其定义、内容、范畴等基本理论建构。

对静态理论构建完成后，需进入动态的诉讼证明过程观察证明评价如何发挥作用。一是证明评价体系可以把当事人的真实完全义务和法官的释明权作为两条主线，现有的相关制度分别归入这两条线，完成系统整合。二是请求权基础理论，确立了以要件事实为纲的裁判方法。从提取要件事实到完成事实认定，都是证明评价的任务，也是一项复杂的法律思维活动，需要理论上提供方法论的支持。三是证明责任与证明评价二者协同配合，事实认定体系方能顺畅运行。证明责任的运用需要证明评价的支持，证明责任不能替代证明评价，二者的界限应当是清晰的。

2　实证分析与折射的问题

2.1　样本选择

近年来，我国民事诉讼中，民间借贷纠纷的数量呈爆发性增长。民间借贷纠纷案件中，在原告方仅提交借据等凭证，被告方抗辩借贷行为没有实际发生的情形下，如何认定借款事实是否发生，是一个经常让法官陷入两难的问题。《民贷司法解释》第十六条第 2 款，对法官应考虑哪些因素来判断借款事实作出了明确规定。笔者从威科先行案例库提取了北京、上海、成都三地中级人民法院在 2017 年和 2018 年依据《民贷司法解释》第十六条第 2 款做出的二审判决，剔除部分借款事实争议不大的，共计 121 份判决。借据中载明现金给付的债权是否成立，三地判决的理由和结果大相径庭。民间借贷的法律关系非常简单，也是生活中十分常见的纠纷，逐一阅读判决后，可大致梳理出判决中法官事实认定常用的理由。对这些理由进行归纳、分类，得出常用的 12 个理由（因子）。A 类为债务人抗辩债权不成立，B 类为债权人主张债权成立，C 类是其他证据。其中，A 类包括：A1. 借据部分现金、部分转账的，现金部分为断头息，并有实际给付。A2. 在高利贷、赌博、分手费等胁迫下形成，或是双方约定某种不真实的借款约定。A3. 双方其他借款、偿还交易习惯是转账，印证现金交付的不真实。A4. 前债未还，新借据形成新债权关系不合常理，系对原有债务及高利息的新结算。A5. 债务人曾索要过借据。B 类包括：B1. 债权人自知欠条的法律后果，书面证据证明力大于口头陈述，或与书面证据印证。B2. 债权人对现金给付的原因、事实经过的陈述符合常理。B3. 双方曾经有现金支付的交易习惯。B4. 债权人有提供现金的准备。B5. 债务人曾按借据约定还款或偿还过部分债务。C 类包括：C1. 债权人与债务人的录音、证人陈述印证借款事实；C2. 测谎。（上海、成都、北京三地判决裁判理由摘要，见附录 1）。

从判决中事实认定的理由，可以发现法官查明事实的职权活动中存在的一些具体问题，如举证分配不当、运用经验法则推定的问题等；对判决的结果和所用具体理由的数据进行分析，可以发现法官理论运用的整体性、规律性的问题；针对判决中法官适用证明理论的具体问题，可进一步探寻法官查明事实中的困难，从而完善现有理论。

2.2 三地判决结果和理由的数据分析

2.2.1 三地胜诉比例差异的初步分析

债权人主张大额现金给付的借款案件，北京判决认定借款事实成立的比例明显高于成都和上海。北京认定借款事实成立的比例高达76.56%，而成都、上海则分别只有39.02%、43.75%。北京债权人胜诉比例竟然是成都、上海的近2倍，按理从三地的经济发展水平和交易习惯来看，并不应该有如此显著的差异，具体情况如表2-1所示。

表2-1 三地判决债权人胜诉比例

城市	样本数	认定借款事实成立	认定借款事实成立占样本比例/%
北京	64	49	76.56
成都	41	16	39.02
上海	16	7	43.75

通常经验会认为标的额是认定借款事实成立的重要考虑因素，债权标的额越大，法院判决现金给付成立（债权人胜诉）的可能性越低。北京的判决：标的额10万元以下的全部支持，但标的额增加到10万元以上，判决债权成立的比例并没有因标的额增大而明显降低，10万~50万元，50万~100万元以及100万元以上的案件，债权成立的比例分别是69.70%、55.56%、90%。上海的判决：债权成立的整体比例较低，但随着标的额的增大，判决债权成立的比例并没有降低。成都的判决：0~5万元竟然没有一起认定债权成立；而标的在5万~10万元，债权不成立的略高于债权成立的比例；50万~100万元的案件中，同样没有一起认定债权成立的，100万元以上的只有一起认定债权成立。北京的判决无论标的额大小，债权成立比例都很高，债权标的额的大小在影响法官评价上，对北京的法官影响不大，对成都、上海的法官影响较大，见图2-1

三地债权结果按标的统计。

北京案例债权标的

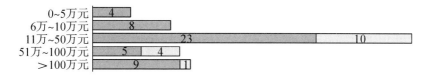

上海案例债权标的

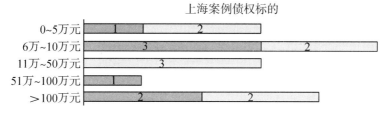

成都案例债权标的

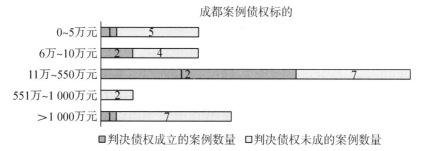

图2-1　三地债权结果按标的统计

2.2.2　判决常用理由的数据分析

　　根据判决中常用的12个理由，A类是从债务人角度否认债权成立的理由，B类是债权人主张债权成立的理由①，提取每份判决书中法院使用的理由因子，统计每项因子个数，以及被法院采纳的比例，制作表2-2三地判决12类理由数据统计，分析法院常用的理由和法院认定的结果，归纳、总结各地法院审理的思路。

---

　　①　以下分别简称A类理由（债务人抗辩）、B类理由（债权人主张）。

表2-2　三地判决12类理由数据统计

地区	类别	A1. 借据部分为现金,部分为转账,并断头息,是双方约定某种不真实的借款约定	A2. 在高利贷、赌博等形成的或是双方约定的不真实借款约定	A3. 双方其他借还款交易习惯,现金印证某种支付的不真实	A4. 前债未还、新债形成,系对原有债务及高利息的新结算	A5. 债务人曾索要过借据	合计	B1. 债权人自知欠条等法律后果,面证据证明力大于陈述,或书面证印证	B2. 债权人对现金给付的原因,事实经过的陈述,或书面证符合常理	B3. 双方曾经有现金支付的交易习惯	B4. 债权人有提供现金支付的准备	B5. 债务人曾按约定偿还或部分偿还过债务	合计	C1. 债权人与债务人的录音、证印证借款事实陈述印证	C2. 测谎	合计
北京	债权成立	7	33	3	3	3	49	39	25	5	5	4	78	10	0	127
	债权不成立	4	5	3	2	0	14	4	14	0	1	0	19	3	0	33
	主张/反驳成功率/%	36	13	50	40	0	22	91	64	100	83	100	80			
上海	债权成立	2	2	0	1	1	6	5	6	0	3	2	16	1	1	22
	债权不成立	1	4	1	2	1	9	0	9	0	1	0	10	0	1	19
	主张/反驳成功率/%	33	67	100	67	50	60	100	40	0	75	100	62			
成都	债权成立	3	6	1	1	4	15	15	10	0	2	2	29	3	0	44
	债权不成立	8	10	9	3	0	30	4	21	0	5	0	30	3	1	60
	主张/反驳成功率/%	73	63	90	75	0	67	79	32	0	29	100	49			
合计	债权成立合计	12	41	4	5	8	70	59	41	5	10	8	123	14	1	193
	债权不成立合计	13	19	13	7	1	53	8	44	0	7	0	59	6	2	112
	合计	25	60	17	12	9	123	67	85	5	17	8	182	20	3	387
	主张/反驳成功率/%	52	32	76	58	11	43	88	48	100	59	100	68			

（1）债权人和债务人的成功率。

A 类理由（债务人抗辩）总数与 B 类理由（债权人主张）总数之比为 123/182；A 类反驳的成功率为 43%，B 类主张的成功率为 68%。说明法官对债权人的理由考察得更多，而且对债权人主张的采纳率也更高。

比较三个地区上述数字，北京 A 类理由（债务人抗辩）的成功率为 22%，B 类理由（债权人主张）的成功率为 80%。这两个数字，上海为 60%、62%；成都为 67%、49%，说明北京债权人主张成功率远高于其他两地，三地中北京债权人主张有高达 80% 的成功率，而成都债权人主张的成功率不到 50%。

（2）哪些理由容易得到法官支持。

判决最常用的理由是 A2、B1、B2，占 A 类理由总数和 B 类理由总数之比分别为：60/123、85/182、67/182。京、沪、蓉 A2 理由的成功率分别为 13%、67%、63%；京、沪、蓉 B1 理由成功率分别为 91%、100%、79%；京、沪、蓉 B2 理由成功率分别为 64%、40%、32%。说明债务人运用相同理由的抗辩，在北京很难得到法院的支持，如 A2 债务人主张借据是出于胁迫所出具的非真实借款关系，北京债务人抗辩成功的比例只有 13%。而 B1 理由的高成功率说明法院经常使用书证证明力更大这一观点作为理由，尤其是北京不仅使用比例高，且成功率更高达 91%。

债权人主张 B3、B5 的理由，成功率均为 100%，说明双方实际履行曾支付过现金，以及债务人曾按约定还款。换言之，实际行为与合同约定相符的理由，是最容易得到法官的认可。

（3）辅助证据对法官认定事实有较大影响力。

C1 录音证据、证人证言等，能起到印证主张方观点的作用，但不同地区对录音证据的采纳比例差异较大。北京判决对于录音证据和证人证言的采纳比例较高，而上海、成都分别只有 1 件和 6 件。

C2 测谎。北京没有使用测谎的案例，上海和成都判决都有使用测谎作为认定事实的参考。使用测谎报告存在两种情况，一是参考心理测试报告可信度更高的一方，法官最终也支持了可信度更高的一方的观点。二是若一方不愿意接受心理测试，虽然判决未仅仅依据未测谎的行为来下结论，但最终不愿测谎的一方都败诉，说明测谎结论实际对法官产生了不小的影响力。

（4）判决说理使用的因子数量较少。

从判决书认定事实的理由的数量，也就是因子个数来看，大部分判决因子个数较少，具体情况如表 2-3 所示。78.69% 的判决理由的因子个数在 1~3 个，只有 21.31% 的判决理由的因子个数在 4 个以上。虽然法官要完成心证需要多少因子无法进行量化，对于有的案件而言，一两个理由就能说清，或法官可以形成高度的心证。但一般情况下，评价的理由越少，说明法官考察可能越不全面，况且从当事人的主张来看，原、被告双方一般不会只提出两三个理由。证明评价所考察因子少，说明法官考虑的间接事实偏少，这也造成判决书事实分析的说理简单。从三地判决情况来看，上海判决中分析理由因子个数的比例高于另外两地。

表 2-3　判决书分析的理由个数

考察因子个数	1	2	3	4	5	6	7	合计
北京(案件数)	2	23	21	13	4	1	1	65
1~3个因子数	46	占比 70.77%		≥4 个因字数	19	占比 29.23%		
上海(案件数)	3	3	8	1	1			16
1~3个因子数	14	占比 87.50%		≥4 个因字数	2	占比 12.50%		
成都(案件数)	3	17	16	3	2			41
1~3个因子数	36	占比 87.80%		≥4 个因字数	5	占比 12.20%		
三地合计 1~3 个因子数	96	78.69%		≥4 个因字数	26	21.31%		122

2.3　案例折射的双重问题

三地法院的判决结果和采纳的理由，在数据上表现出明显的倾向性。第一，北京的判决债权人胜诉比例明显高于上海、成都。第二，同样的理由，北京债权人的成功率高于另外两地，债务人反驳主张的成功率则明显更低。第三，法院事实说理选取的理由数量普遍较少。

民间借贷中现金交付是十分常见的行为，三地的经济水平、交易习惯并没有如此大的区别，既然基本事实是相似的，证明责任规范和审理查明事实的方法在《民诉法解释》的第九十条、第九十一条和《民贷司法解释》的第十六条也已明确规定，法官在举证责任分配和审理思路上还存在如此明显的差异令人深思。从判决结果和理由的数据分析看，三地的判决结果和思路可以说是大相径庭。梳理每份判决可发现，法官习惯用举证责任来认定一方承担败诉后果，但举证责任分配的规则应用并不统一；事实认定通常是简单的合乎常理这样的结论式的判断，但相同的案情，在北京合乎常理，到上海、成都可能就成了"橘生淮南则为橘，生于淮北则为枳"。可见，相关理论在立法中的确立并未有效地改善法官查明事实的能力，法官在对证明责任和证明理论的运用上，欠缺方法论上的支持，规则上也缺乏约束，可以说是无章可循，呈现出一种较为恣意的裁判思路。

2.3.1 证明责任分配的乱象

2.3.1.1 缺乏证明责任分配说理

绝大部分判决书都会以"谁主张，谁举证"为开场白，或以"举证责任""举证不能"结束，从而认定借款事实发生或未发生。判决也经常使用《民诉法解释》第九十条，简单地适用该规则，结论式地判断，使证明责任成为法官认定一方败诉的理由，当事人不清楚为何会承担证明责任。

多数时候法官心证会认为当事人提供的证据不能证明其主张事实，而做出其未能完成主观证明责任的判断，很少有穷尽心证后使用客观证明责任的判断。客观证明责任在实践中难觅踪影，与我们的法律思维传统有关，在"以事实为根据"的民事诉讼指导思想传统的影响下，无论是法官还是公众，都认为法官的判决应当查明事实，给出明确的事实真伪的结论，真伪不明会被视作事实未查明的模棱两可的状态，被认为法官未查明基本事实。我们传统的法律思维，并不习惯真伪不明的认识状态。对于真伪不明的证明度也缺乏深入的研究，尤其是案例的比较研究。造成实践中大部分法官对真伪不明的认识状态和证明度并没有一个准确、清晰的认识。判决书中客观证明责任罕见踪影也印证了这一结论。

不过，对大多数案件而言，法官根据证据和经验，是能够对事实大致为真或为伪做出判断的，法官只要达到高度盖然性的内心确信即可，而真伪不明本就不应成为民事诉讼中的常态。所以，比起判决中鲜有"真伪不明"的客观证明责任踪迹这一问题，更值得关注的是：法官如何分配证明责任和认定一方承担证明责任的理由。遗憾的是，在判决书中很少见到关于这两方面的详细阐述。

2.3.1.2 法官未严格遵照法律规定分配证明责任

原告主张借款的债权成立，原告应当对债权成立承担举证责任。但当被告对借据、借款成立等提出反驳主张时，对被告提出的否认事实、权利妨碍的事实，应由哪一方承担证明责任，经常会使法官陷入混乱。

如 A2. 在高利贷、赌博、分手费等胁迫下形成；或是双方约定某种不真实的借款约定。债务人以此否认，北京的成功率非常低，只有13%，上海、成都则明显高于北京,分别是 67%、63%。京案例 16、京案例 19、京案例 20、京案例 21、京案例 22、京案例 23、京案例 24、京案例 25、京案例 26、京案例 28,债务人抗辩借据系胁迫形成的,均未被采纳。沪案例 9、沪案例 16、蓉案例 17、蓉案例 23,债务人的主张都得到了支持。上述案例,案情相似,抗辩也相似,但北京一般认为债务人承担"举证责任";上海、成都则多数会认为债权人承担"举证责任"。上海、成都的判决中对于被告以借款关系胁迫的抗辩,债务人对抗辩事由是否应承担举证责任,也存在两种不同观点。一种观点认为,债务人应对胁迫等抗辩承担举证责任。另一种观点认为,这一抗辩只是附理由的否认,只要债务人否认说明理由,应该继续由债权人对债权成立举证。

法官理应按法律规定的规范说所确立的规则,完成举证证明分配,而不是自由裁量,想分配给谁就分配给谁,谁败诉就由谁承担。证明责任分配的差异,暴露出法官并未遵照法律规定的规范说分配举证责任,而将其作为自由裁量的工具。法官滥用证明责任分配是非常危险的,会导致证明责任功能的异化。证明责任并未有效地促使应当举证的一方当事人提交证据,使得法官无法获得更充分的证据资料来判断事实;相反,证明责任成为法官不能查明事实的挡箭牌,而将未能查明事实的后果推卸给当事人。

2.3.1.3　证明责任在运用中存在理论短板

案例中,债务人经常提出受到胁迫等理由抗辩并未收到所借款项,对此债务人是否应承担举证责任在实践中存在较大的分歧。债务人否认款项已收到,是否认借的真实性;而关于胁迫的主张也是权利妨碍的抗辩。按学术界通说的观点,若是否认,则不产生举证责任;若是权利妨碍的抗辩,则应对胁迫的事实承担举证责任。在分配举证责任之前,又出现了一个前置的问题,即对当事人主张的判断。

又如关于现金是否给付,两方可能提出其他与证明债权成立相关的事实,主张现金是双方关于约定的利息、债权人没有出借现金能力、债权人和债务人存在特殊关系等。上述事实属间接事实、背景事实、辅助事实等,是为了支持要件事实的成立,而这些事实实际并不涉及举证责任的问题。但在实践中,经常出现要求当事人对任何主张都承担举证责任的情形。如果不能准确提取要件事实,区分要件事实与非要件事实,势必出现分配举证责任的混乱,对各种问题和事实都要由当事人完成举证,造成举证责任分配的错误。

可见对于证明责任的正确分配,法律仅设立了一般分配原则,但具体适用还需要法官分清举证的对象、要件事实与间接事实的证明问题、抗辩与否认的区分、本证与反证等。实践中，法官并非不知道证明责任分配的一般规则，他困惑的往往是证明责任的对象是什么。从当事人诉辩的意见中提炼出需要证明的要件事实，分清要件事实、间接事实，以及哪些事实是需要当事人举证的，这是实践对理论提出进一步精细化、具体化的需求。当法官对证明责任的对象认识错误，错将无须承担证明责任的事实要求当事人举证，势必造成证明责任分配错误；或者在弄不清证明对象时，干脆直接将证明责任分配给认为应当败诉的一方。这就是为何他人判决书中看不懂法官如何分配举证责任的原因，故经常批评法官滥用证明责任分配，其实，当事人承担证明责任的结论掩盖了法官在认定证明责任对象时感到迷惑的事实。

2.3.2 法官心证的问题

案情并不复杂的民间借贷案件，相似的案情和证据资料，北京的债权人举证容易成功，上海、成都的债权人举证成功难度大，北京判决债权人胜诉率远高于上海、成都。判决书习惯使用证明责任认定一方承担败诉的后果，表面上是当事人未能完成举证，但仔细分析证据，在即使借据载明的内容相似、当事人主张和反驳也是相似的情况下，结论却大相径庭。可以说问题表现在证明责任上，答案其实在于法官的心证。证明责任掩盖了法官证明评价的一系列问题。

2.3.2.1 "法定证据主义"的错误

北京判决认定借款成立的理由主要有：①借条由债务人亲自书写，作为完全行为能力人自知借条的含义和后果，借条能够证明债权成立（京案例22、京案例27）。②欠条上载明了款项为现金或部分现金，故债权人主张现金给付符合双方的约定。③债权人对款项给付的陈述未见明显瑕疵（京案例11、京案例12）。④债务人主张款项未付，但对为何书写欠条不能自圆其说；主张欠条是受胁迫形成的没有依据（京案例4、京案例18、京案例22、京案例23）。

北京判决认定借款成立的理由无论是书写人自知书证的含义，还是书证载明的内容表述是现金，虽然说辞不同，但本质都是书证为大的法定证据主义观念。法官对于书面证明的内容一律认定属实，对否认书证的抗辩几乎完全否认。北京判决对于书证的证明力评价，明显违反自由心证原则，犯了法定证据主义的错误。全部64件案件中，有39件使用该理由认定借款成立，说明并非个案，暴露出该地区法官心证时整体性依赖这一错误规则的现象。

由于对书证的依赖，当事人否认书证成立的理由，在北京判决中很少被支持，或被回避了。如A2关于被告抗辩关于借据可能不真实的原因如分手费、赌债、夫妻一方涉嫌虚构债权等，北京的判决，债务人以此抗辩成功率只有13%，远低于上海、成都的67%和63%。判决中，法官一般不会对双方的关系以及借据是如何形成的做进一步查明和认定。即使债务人抗辩借条系胁迫形成并具有较大的可能性，法官仍旧认为债务人的主张不能推翻书证记载的内容、没有证据推翻借条载明的内容，或认为债务人作为完全行为能力人自知借据的后果等。这些理由虽然说辞不同，但本质上都是认定借据作为书证的证明力更大，而忽略了当事人反驳的具体事实。

"法定证据"早已被"自由心证"取代，北京判决普遍还存在这种"书证为大"的观念，说明法官对于自由心证的认识存在严重错误。《证据规则》（2001年）的第六十三条、六十四条就已经明确规定了自由心证制度，2019年12月25日最高人民法院修改《关于民事诉讼证据的若干规定》① 第八十五条，将《证据规则》（2001年）的第六十三条、六十四条合并，规定为"人民法院应当以证据能够证明的案件事实为根据依法做出裁判。审判人员应当依照法定程序，全面、客观地审核证据，依据法律的规定，遵循法官职业道德，运用逻辑推理和日常生活经验，对证据有无证明力和证明力大小独立进行判断，并公开判断的理由和结果。"此条明确了我国的自由心证制度，即法官应运用逻辑推理和日常生活经验，独立判断每一证据的证明力大小。

2.3.2.2 经验规则运用的形式主义和随意化

北京判决债权人的胜诉率为76.56%，远高于成都（39.02%）、上海（43.75%）。北京的债权人的胜诉率是成都、上海的近2倍。北京判决A类理由（债务人反驳）与B类理由（债权人主张）的成功率分别为22%、80%，而这组数字上海、成都分别是60%、62%和67%、49%，可见北京判决债权人胜诉率远大于另外两地，而债务人反驳现金未给付的成功率远低于另外两地。

当事人同样的行为，相似的证据资料，有的案件中标的额达到几十万元、上百万元的现金交付是符合常理的（京案例4：30万元；京案例36：1050万元），有的标的额很小却认为不能成立（成案例4：3万元）。借据上既有现金又有转账，上海、成都多认为该约定同时约定现金和转账不符合常理（成案例34）；北京案例则多认为符合书证记载内容，也符合常理（京案例2）。在一张借据同时存在转账、现金的情况下，上海、成都认为一张借据上既约定转账又约定现金，且未约定利息不合理，结合现金金额与利息关系，无亲属关系

---

① 2019年12月26日发布的《关于民事诉讼证据的若干规定》，以下简称《证据规则》（2019年修订），（法释〔2019〕19号）。

人之间若不约定利息不合理等，从而认为现金是断头息的可能性更大（成案例37）。北京则认为现金符合书证约定方式，予以采信（京案例1）。在前一借据未归还，又出具收据时，成都、上海可能会认为前借据未归还，再借款可能性不大。而北京却认为如果后一借据不是新建立债权，则应把前一借据收回，否则不合常理。

单独评判上述几条经验规则是否符合常理，并不能一概而论，需结合案件的其他事实，如对法律关系发生的原因、背景、履行细节等进行全面审查。比如：①双方是什么关系？亲人、熟人、或经朋友介绍解决资金困难的人，熟人之间使用现金的可能性大于初次交往的人。②借款的目的是什么？为何专门约定现金，或为何借人要提供现金？在转账交易越来越方便的今天，现金使用的频率大大减少，出借人为何要提供现金？有的出借人陈述是债务人需要现金，那么仅仅这么一说也并不具有说服力，因为债务人需要现金也可转账完成后，自己去银行取款，为何是债权人准备现金再交付？可见关于用现金交付，在转账和电子交易越来越普及的今天，使用借款的原因是查明事实的重要一环。③有的债务人主张现金是断头息，是不合法的利益。需根据双方关于利息约定、每月事实偿付金额，判断现金约定是否为断头息。实践中，还有债权人要求债务人返还部分现金，或要求债务人将断头息的款项转给第三人，以规避法院对断头息的审查认定。可见，对于事实认定，仅对书面证据做形式审查的是危险和错误的。

三地的经济水平、借贷活动的交易习惯并没有如此大的差异，法官对经验法则的适用呈现出"橘生淮南则为橘，生于淮北则为枳"的情形，同样的经验规则，在北京符合常理，在上海、成都却又不符合；或者时而适用，时而不适用。这说明法官在经验规则适用上的主观随意，而每一个地区对经验规则适用的相似性，也说明法官运用经验规则的形式主义，并未充分结合个案的特征和偶然因素，说理也就较为简单，才会给出符合或不符合常理这样简单结论式的理由。

关于借据的证明力认定，是北京与上海、成都裁判的根本分歧所在，由此也是造成判决结果、裁判思路和运用经验规则大相径庭的原因。北京判决认定书证的证明力更大，这一主张成功率高达91%。上海、成都判决认为现金给付的借据存疑的可能性较大，关注当事人对借据形成的原因、付款经过等事实的陈述，以及双方交易习惯等间接事实。因此，成都、上海判决于对债务不成立的经验规则（A类理由）分析比例较大，判决结果债权人胜诉率低。这也折射出判决中先有结论后找理由的现象。先有结论后找理由，经验规则的选择为结果服务，需要什么结果就说什么合乎常理，这也就是经验规则的适用随意化和形式化的原因。

2.3.2.3 违反辩论主义和穷尽原则

判决书中，对于当事人的主张和反驳观点，法官没有全面回应，而是选择性的回应部分观点。从因子的个数来看，78.69%的判决书只分析了3个以下因子。对于双方存在根本分歧的事实，各方至少都存在2条以上的理由，但判决书说理因子偏少，折射出法官对事实认定的说理不全面，没有全面回应当事人所有的诉辩主张。一些法官认为不重要的或与结果相反又不容易回应的观点，被法官在判决书中省略了。法官对当事人的诉辩意见不全面回应的做法，是违背穷尽原则的，而穷尽原则是自由心证重要的程序保障。比较域外的规定可以发现，德国的法定庭审权制度、日本的辩论全旨趣等，都要求法官必须全面审查当事人的主张并予以回应。

北京判决债权人胜诉比例高，相应的债权人主张的因子数量在判决书中采用的比例也高。上海、成都债务人抗辩成功比例高，债务人反驳的因子数量在判决书中采用比例也较高。这说明法官的裁判逻辑并非在分析全部理由后再推导出结论，而是先有结论，后找理由，选择的理由是为了服务结论，所以裁判书说理不足，理由简单，甚至武断。

还有个别案例，对于当事人没有提及的间接事实，法官也直接使用并推定待证事实成立。当事人主张形成借款的理由与法院最终认定借款事实的理由不完全一致，或当事人前后陈述不一致，不仅违背辩论主义原则，也是对当事人反言行为的忽略。如京案例20，被告主张借据是分手时原告强迫其出具的分手费，而原告称是恋爱期间的开销。原告申请其母亲作证，证人陈述给了原告30万元现金，系被告取走的。判决最终认定30万元债务是双方恋爱期间的开销。如果按原告方申请的证人陈述，主张债权成立的间接事实是原告母亲在家放了30万元，其证明债权成立的基础事实是被告取走了这30万元；但判决认定债权的间接事实是由于被告日常开销后形成的债务。显然法官认定借款成立的事实并非当事人所主张的事实，纵然本案法官可能有其他理由相信30万元的债权成立，但判决书的说理反映出本案法官明显违反了辩论主义原则，并不是按原告主张的事实判断债权是否发生。辩论主义要求法官只能根据当事人主张的事实进行裁判，违反辩论主义，是对当事人独立平等地行使诉讼权利的破坏，也会让人对法院认定事实和裁判结果的公正性产生疑问。

2.3.2.4 法官对证明度的尺度把握不准确

法官对证明度的尺度把握不一致，北京的判决几乎不理睬借款金额是怎组成的。而成都、上海由于重视借款形成的调查，更重视款项给付的过程，但证明标准的要求也不一样。有的案件只需要当事人大致陈述合理，有的标的额几十万元以上，被直接认定为现金给付的事实成立。而有的案件则非常严格，比如成案例 21，对其中一笔 4 万元的债务，法官并未认为 4 万元金额不大就采信，而是根据当事人陈述用银行卡偿还信用卡这一事实，根据还款记录逐一累加，认定借款金额应为 25 110.31+9 662.03 = 34 772.34（元）。可见法官对证明度标准的把握差异巨大，时而较宽松，时而又十分严格。

《民诉法解释》第一百零八条对本证、反证和应当适用的证明标准的规定是不同的，本证应达到"高度盖然性"，反证只需将本证使法官形成的内心确信拉低到"高度盖然性"标准以下即可。可见，反证的证明度低于本证，反证只需使法官对本证的证明力产生怀疑，即"搅浑"本证的事实。《民诉法解释》第一百零九条规定，对于欺诈、胁迫、恶意串通事实的证明等，法院确信待证事实存在的可能性能够排除合理怀疑的，应当认定该事实存在。上述三类待证事实相应的证明度是不同的，意思表示不真实的"排除合理怀疑"最高，本证"高度盖然性"次之，反证则只需将本证的待证事实陷入真伪不明，证明度最低。实务中，从判决说理来看，缺少对证明度的描述，因此看不出法官心证的强弱；而判决对上述三种不同待证事实的说理鲜有比较分析，对《民诉法解释》第一百零八条、第一百零九条引用的频率也较低，说明法官对不同类型待证事实的证明标准的差异化认识不到位。

2.3.2.5　事实调查缺乏必要的程序规范

《民诉法解释》第九十一条："法院应按下列原则确定举证证明责任的承担，法律另有规定除外：（一）主张法律关系存在当事人，应当对产生该法律关系的基本事实承担举证证明责任；（二）主张法律关系变更、消灭或者权利受到妨害的当事人，应当对该法律关系变更、消灭或者权利受到妨害的基本事实承担举证证明责任。"《民贷司法解释》第十六条第 2 款、第十八条分别规定了："原告仅依据借据、收据、欠条等债权凭证提起民间借贷诉讼，被告抗辩借贷尚未实际发生并能做出合理说明，人民法院应当结合借贷金额、款项交付、当事人的经济能力、当地或者当事人之间的交易方式、交易习惯、当事人财产变动情况以及证人证言等事实和因素，综合判断查证借贷事实是否发生。"根据《民诉法解释》第一百七十四条第 2 款之规定："负有举证证明责任的原告无正当理由拒不到庭，经审查现有证据无法确认借贷行为、借贷金额、支付方式等案件主要事实，人民法院对其主张的事实不予认定。"

依据上述规定，法官查明事实的过程可归纳为三个步骤。

第一步，原告依据借款合同，请求偿还借款。原告主张权利存在，应对债权成立的要件事实承担证明责任，要件事实包括：①双方有借贷的约定；②原告依据约定履行了借款义务。原告方为支持其诉求提供的证据，为本证。如有金额较大的现金，原告方还应当对现金如何给付进行必要的说明。这一阶段，原告的举证和陈述是努力使法官确信债权达到了"高度盖然性"的证明标准。

第二步，债务人若认可，借款事实则成立。债务人若抗辩债权未发生，并能做合理说明，则借款事实可能不成立，即需继续举证做出判断。案例中，被告常用的解释如：现金部分为断头息、或因旧债未还高额利息的结算，并未实际给付；在赌博、分手费等胁迫下形成的。这一步中，被告为了证明原告本诉主张不成立，可能也会提供证据。但被告方的举证并非承担要件事实的举证责任，而是对其主张的补强，目的是使法官认为借款成立的要件事实不成立。

第三步，原告方具有补强借款事实经过细节的举证之必要，并根据两方提供的证据，法官从借款过程、背景等综合判断借款是否成立，进而做出心证为真、为伪，或真伪不明的判断。真伪不明即依据证明责任判定原告方承担不利后果。

以上即为法官对事实判断认定的全过程，评判对象除了当事人的陈述；评价的客观标准是证明度，详细流程见图2-2。可以用一个专门概念来概括这一活动，即本书提出的证明评价。

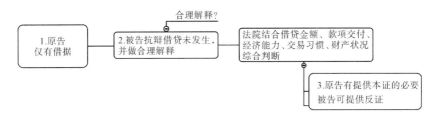

图2-2 借款事实调查流程

从上述分析可见，法官查明事实应当以要件事实为纲，分步骤进行，若没有程序和规则的约束，会造成当事人举证困难和举证责任分配的不公。但从判决来看，法官在认定事实上存在以下不足：①审理程序缺乏步骤。成都、上海的部分判决，在被告未对债权不成立进行抗辩的情况下，就直接进入第二步，要求债权人对债权进一步举证，债权人败诉风险大增。②法官调查缺乏要件事实思维。当事人多项主张、抗辩，法官若不能准确固定要件事实，审理就如没有提纲，无法正确指挥当事举证责任，审理的逻辑不清，陷入混乱，错误分配举证责任。③忽视被告的阐明义务，判决偏重证明责任，凡是主张都要求证据，导致说理的内容不全面。这一现象在北京的判决中比较突出，北京的判决很少分析双方借款发生的原因和经过，多以被告的陈述与书面记载不一致略过，而未回应被告对债权未发生的陈述。

2.3.2.6 依赖规则和惯例，自由心证失位

北京判决的倾向性是认为书证的证明力更大；上海、成都的法官则认为借据中现金可信度较低。北京法官较少审查债务人为何签署借据，而是要求债权人对债权成立进行举证，并对是否完成举证责任做出判断。这是北京与上海、成都判决法官认定事实的根本差异。自由心证过程应该是法官根据个案的具体情况，充分心证后独立做出判断。同一地区判决结果的倾向性和法官理由的高度雷同，暴露出法官的证明评价依赖过往的判例，并未完成独立、充分的心证。

法官在事实认定上对既有判例的集体依赖，表面是遵照同样的司法尺度，其实是回避独立心证。法官本应根据经验规则，综合各种因素，独立地完成事实认定，却几乎简单化、套路化地适用一致的思路，并得出相同的结果。这样集体、普遍的行为，原因是什么？有学者曾指出，不合理的司法责任制和考核机制产生的巨大压力使法官不敢独立的行使审判权，特别是自由心证；而依赖惯例成为很好的卸责道具①。这一现象确实十分的普遍，滥用举证责任、简单地机械地适用经验规则等，其实都是用简单规则或法律概念来替代心证。

我国法律规定和司法解释中，有大量指导法官如何查明事实的规则。包括《民间借贷司法解释》第十六条、十七条，民法中关于买卖合同、侵权等都有类似规定。适用这些规则时需注意的是，法律规定是提供了一种案件查明事实的方法，而不是强行要求法官必须做出同样的事实认定。

近年来，最高人民法院大力推行类案检索制度，要求对类案的裁判文书进行强制检索。2019 年 10 月 20 日最高人民法院印发的《进一步加强最高人民法院审判监督管理工作的意见（试行）》规定，全面推行"类案及关联案件强制检索"制度，要求承办法官在办理案件时，对已审结或者正在审理的类案与关联案件进行全面检索，并制作检索报告。这一制度提高了裁判者的裁判能力，也促进了裁判尺度的统一。但需要引起重视的是，统一司法尺度的要求只是对适用法律的统一，而不是对事实认定的一刀切。

事实认定的过程，不能如自动售货机，只要输入特定的证据，就必然输出

---

① 侣化强. 事实认定"难题"与法官独立审判责任落实 [J]. 中国法学，2015 (6)：289-290.

相应的事实结果。简单机械地使用证明责任、证据或统一的规则裁判都是不可取的。大千世界，同样的证据事实可能千差万别，更何况法庭上当事人提交的证据和说辞都是经过装饰甚至伪装的，事实真伪难辨，需要法官细致的甄别。依赖简单统一的规则认定事实，例如只要当事人提供某项证据，法官就一刀切地认定某些证据的证明力更大，或在某些证据情况下，就简单认定事实成立。其实是用规则替代了事实。这样的做法，只会使法庭越来越远离真相。随着规则被不断使用，成为某一地区法院判决的惯例，法官越来越缺乏挑战惯例，独立查明事实的勇气。这势必会助长当事人为追求胜诉伪造证据、提起虚假诉讼的不良风气。如笔者调研时就发现有这样的案例，因法官通常会将原告提供现金准备的证据作为认定借款成立依据，原本债权人并未提供借据上的现金，但为制造证据，于是专门到银行取款，保留取款凭证，再将款项存入，并将取款凭证作为准备现金的证据，以此骗过法官。

2.3.3 结论

从案例梳理情况来看，有证明责任运用的乱象，而大部分问题其实是法官职权行使不当，甚至是一些低级错误，这些问题被证明责任滥用掩盖了。证明责任运用的失格与法官职权失位，这两个问题也是有关联的。

（1）在证明责任的运用中对理论本身的认识存在误区。实践中证明责任盛行，却并未真正发挥其作用。实务经常混淆了主观证明责任与客观证明责任，客观证明责任在诉讼中指挥棒的功能未显现。实务中盛行主观证明责任逻辑，但并未严格遵照法律规定的证明责任分配规则，反而成为法官随意分配从而回避心证的挡箭牌。结论式的使用举证责任，实则降低了证据在发现事实上的价值。法官不用努力调查事实，不注重对证据和辩论结果的全面考量，这样的做法完全背离了证明责任设置的初衷。业界普遍认为证明责任理论已经成熟，尤其是司法解释也已正式确立，但实践中证明责任滥用的现象依然未得到解决，理论为何会失灵，需进一步探究缘由。

（2）法官职权的缺位与失范。人们总是认为事实认定问题就是证明责任问题，而忽视了法官自由心证的问题。由于对自由心证在内的法官职权活动的不重视，导致法官查明事实中工具短缺、规范欠缺。其一，法官总是依赖惯例或者证明责任来摆脱事实认定的困境，而回避自由心证，造成证明责任机制的滥用。因而造成判决说理简单。其二，存在很多低级错误，如法定证据主义、违反辩论主义和穷尽原则、经验规则运用随意、查明事实调查缺乏必要程序规范、忽视证明度差异、集体依赖惯例和规则等，暴露出法官对证明理论本身掌握有限。其三，证明责任运用过程中的诸多问题需要法官正确行使诉讼指挥权，而这是法律无法规定的，需要在具体证明过程有更精细化的理论支持。其四，证明困难时需要法官职权介入的情形，虽然有事实推定、文书提出义务等制度支持，但相关制度较为零散，并未被广泛地运用。因此，有必要重新审视现有诉讼模式的弊端和不足，加强对法官职权行为的理论研究，尤其是进入具体的诉讼环节时，法官在查明事实中的职权行为如何发挥作用，与当事人举证责任如何配合，从而完整全面地研究在查明事实全过程中理论如何发挥作用。

3 问题的根源

如前文分析，长期以来，无论是理论界还是实务界都认为事实认定问题就是证明责任分配的问题，证明责任掩盖了法官查明事实的职权活动（本书提出的证明评价）的失位和失范。为何证明评价在我国长期不被重视，而证明责任理论虽然已经十分成熟，但实践却容易走入误区？

无论证明责任，还是自由心证，都是老生常谈的话题，但又是长期没有解决的问题。两者作为舶来品，我们没有全面了解其理念、根源，只停留在字面意思，容易落入知其然而不知其所以然的圈套，从而走入误区。错误的理论会给实践运用带来更多的麻烦和迷惑。理论与实践脱节，不能一味批评实务界不懂理论，也需要检视理论自身的不足。有的问题是法官对于理论没有充分理解，如本书发现的法官集体性的错误，就不能简单归咎为实践中没有掌握规则，至少说明理论并没有发挥好指导作用。

法官错误的裁判行为是源自错误的观念，但扭转人们习惯的观念是不容易的，如法国学者曾说过，"改变某一已经形成的内心确信比阻止该内心确信的产生更困难"①。对证明责任的误解、自由心证的偏见，都是历史上长期存在的错误认识。回顾理论发展的历程，探寻理论是如何被误解的及其背后的根源，方能正本清源。

3.1 证明责任功能异化

3.1.1 实务走入简单的主观证明责任误区

现代证明责任理论进入我国有30多年的历史，但事实认定的难题并未得

---

① 盖斯坦，古博. 法国民法总论 [M]. 陈鹏，等译. 北京：法律出版社，2004：582.

到缓解，反而越来越多的学者发现我们对证明责任的理论研究与实务存在不小的隔阂。理论界批评实务界不懂举证责任，只知道"谁主张，谁举证"，不懂证明责任主、客观双重含义，举证责任分配适用混乱。证明责任在大陆法系被誉为民事诉讼的脊梁，然而学者却讥讽其在我国最多只能算"尾骨"[①]。虽然判决书中处处可见举证责任的身影，但错误分配的现象严重，说明证明责任并未真正发挥作用。

3.1.1.1 我国证明责任制度确立的历程

证明责任是一个古老的概念，也在不断被发展和赋予新含义。证明责任的理论起源于12世纪的罗马法时代，最初概念被解释为行为意义的证明责任，确立了两个基本规则：第一，"原告有举证义务"。这并非是被告完全不负举证责任，当被告提出抗辩时，该抗辩有举证之必要。第二，"肯定者应负举证责任，否定者不负举证责任"[②]。这两条规则，不仅是对大陆法系，对英美法系的证明责任理论也影响深远。然而在具体运用中，经常遇到解释性的困难。比如"肯定"与"否定"，系变换用语，即肯定与否定是可以相互变换的，如"未成年人"与"非成年人"，"恶意"与"非善意"，"过失"与"未尽注意义务"等。于是举证责任分配的争论经常演变成文字游戏，无法稳定、有效地解释所有案件。

而且人们逐渐发现：第一，否定事实也并非不能完全被证明。否定事实从直接证明的角度具有客观障碍，但通过间接证明也并非不能完成。第二，从证明难易程度来看，除个别例外情形，主张肯定事实的举证显然比否定事实的一方举证具有更天然的优势。但这两条规则的影响力非常悠久，后来理论基本延续对这一规则的探索，并通过例外规则、补充解释等来弥补规则的不足。直到19世纪末，德国才发展出新的具有代表性的学说。

1900年，德国学者奥莱·罗森贝克出版的《证明责任论》问世，主、客观证明责任逐渐成为德国证明责任领域的通说，确立了证明责任主、客观双重含义和客观证明责任的主导地位，即：客观证明责任是实体法预先规范的，针对法律的要件事实是不变的，后果是事实真伪不明的败诉风险；主观证明责任是客观证明责任的投影，是可变的，是随着法官心证转移的，后果是法官产生对具体事实不利的心证。大多数的德、日学者都认为证明责任主要指的是客观

---

① 胡学军. 论证明责任作为民事裁判的基本方法：兼就"人狗猫大战"案与杨立新教授商榷 [J]. 政法论坛，2017（3）：144-155.

② 王甲乙，杨建华，郑健才. 民事诉讼法新论 [M]. 台中：台湾广益印书局，1983：371. 毕玉谦. 民事证明责任研究 [M]. 北京：法律出版社，2007：70-71.

证明责任，但并未否定主观证明责任。普维庭认为选择"证明责任"一词是不幸的，因为现代（抽象）证明责任既与证明无关，也与责任无关。"证明活动与客观证明无关。加之以'责任'系以当事人的活动前提，否则当事人就得承担不利后果，因此与客观证明责任无关。客观证明责任的概念与当事人活动没有丝毫联系，它针对的事实真伪不明"，并进一步指出，"客观证明责任不过是实体法上的风险分担。因此立法者以及预先对损害的风险和责任风险的承担或免除做了分配，也对真伪不明情况下的风险做了分配"。参见客观证明责任只是立法者预先对真伪不明的风险做了分配①。可见，"证明责任"一词的概念不仅一词二意，而且本质也并非字面意思。

1923年，罗森贝克提出证明责任分配的规范说理论，打开了证明责任研究的大门，德、日为此展开了一个多世纪的学说之争。根据规范说理论，原告主张和证明权利产生规范的构成要件；被告主张和证明权利妨碍规范、权利消灭规范或权利排除规范的构成要件②。规范说以实体法规范为依据，与大陆法系的规范出发型裁判思维一致，逻辑体系完整，又符合大陆法系成文法对法律安定性的价值追求，迅速受到学术界追捧。但作为法律规定，无法避免形式化、机械化的倾向，不能顾及当事人的实际举证能力的困难，影响了实质公平。规范说因为上述缺陷，以及面对现代新型证明的难题上的不足，学者们展开了激烈批评，并从中发展出一些新的学说，如"危险领域说""盖然性说""损害归属说""操作规则说""危险提升说"等，德国证明责任理论发展了多达数十种学说，日本在此基础上又有迭代和发展③。上述学说对罗森贝克的规范说提出了挑战，但这些修正理论的逻辑完整性都难以与规范说匹敌，每一次挑战反而更加巩固了规范说的权威地位。汉斯·普维庭是罗氏理论的继承者，其在1981年出版的《现代证明责任》被誉为证明责任研究的"休止符"④，该书全面分析了证明责任体系，并提出了修正规范说，对"不适用法律"一词的含义重新解释，因为事实不存在，所以不适用法律；事实真伪不明时，通过将真伪不明拟制为真或为伪，进而适用法律做出裁判，这种"拟制"的途径就是证明责任规范。不适用法律并非"不适用法律"，而是通过拟制将实体法规范扩大到适用于真伪不明的状态。由于增加了证明责任规范作为依据，于是

---

① 普维庭. 现代证明责任问题 [M]. 吴越，译. 北京：法律出版社，2000：30.
② 陈荣宗. 举证责任分配与民事程序法 [M]. 台北：三民书局有限公司，1984：4. 罗森贝克. 证明责任论 [M]. 庄敬华，译. 北京：中国法制出版社，2018：131-132.
③ 毕玉谦. 民事证明责任研究 [M]. 北京：法律出版社，2007：88-106.
④ 普维庭. 现代证明责任问题 [M]. 吴越，译. 北京：法律出版社，2000：14.

在事实真伪不明的时候，法官仍可适用三段论进行裁判。证明责任理论的首要任务就是寻找实体法规范中的"证明责任规范"，来确定三段论裁判的大前提。

普维庭的理论提出后，德国对客观证明责任理论的争论就基本休止了。德国的学者转而对实际证明过程进行研究，以弥补抽象的客观证明责任在具体证明环节上解释力不足的问题，以及特殊情况下存在的证据偏在等难题。从20世纪80年代起，德国以阐明义务为主线，发展了摸索证明、表见证明、间接反证、大致推定、证明妨碍等规则。通过这些"补丁"规则弥补实践中举证责任的难题，来减少事实认定上真伪不明而适用证明责任的情形。

日本学界具有很强的学习能力，又兼具批判精神。在继受了德国的经典理论后，又汲取英美法系所长，形成了具有本土特点的自有理论。日本诉讼法理论的改革路径非常具有启示性，我国台湾地区近年的修法和学说明显深受其影响。一方面，日本学者对规范说的批评非常激烈。第一，认为真伪不在明逻辑上并不必然导致法规不适用，这一观点几乎动摇了规范说的基础。第二，对规范说的三种区分方法提出质疑，权利障碍与权利成立也可以描述成一个事实的正反两面，那么到底该证明什么就成为一个问题。比如合意真实，本身也要证明意思表示无瑕疵，那意思表示瑕疵作为权利障碍事实也应承担举证责任。第三，也是最为激烈的，认为日本法律条文根本不符合规范说的构造①。另一方面，对主观证明责任的兴趣也更加浓厚，代表学术流派有"举证必要论""证据提出责任"和"行为责任论"，以及春日伟知郎的"证明责任研究的三部曲"，三月章、新堂幸司的"举证必要论"，松本博之、小林秀之的"证据提出责任"，龙骑喜助、佐上善和的"行为责任论"等②。日本借鉴了美国的证据开示制度后创设了当事人照会制度，扩大了当事人除举证之外的义务，缓解了具体证明中的难题，也促进了具体证明领域理论的发展。日本的证明责任理论认可证明责任规范说的通说地位，并保持反思和批评，将研究方向转向具体提供证据过程的研究，以弥补证明责任功能不足并解决证明难题。

20世纪80年代末，我国学者将德国、日本的证明责任理论引进到国内。此期间，正是我国民事审判方式改革的开始，民事诉讼模式从职权主义向当事人主义转型，证明责任被认为是重要的改革措施之一。此时，对证明责任的目的，更多偏向于减轻法院办案负担，将法院从调查取证的繁重压力中解放出

---

① 高桥宏志. 民事诉讼法：制度与理论的深层分析 [M]. 林剑锋，译. 北京：法律出版社，2003：438-444.

② 胡学军. 具体证明责任论 [M]. 北京：法律出版社，2014：40-50.

来，实际上只是对当事人提供证据提出了要求和减轻法院调查取证的责任。

值得肯定的是，通过学术界多年的努力，证明责任的主、客观双重含义和举证责任分配的规范说，在我国理论界达成了共识。然而，我国在证明责任理论引进过程虽照搬德、日的概念，但却未跟上德、日在具体证明领域转向的步伐。从时间上看，德、日在抽象证明责任转向以实践为旨趣的具体证明行为研究时，正是我国刚开始引进德国的证明责任理论的时候。近年来，不少学者已发现我国证明领域研究的偏颇。证明责任分配在诉讼证明领域固然是主导，但证明责任的功能并不能涵盖证明的全过程，具体证明环节中还存在诸多问题，而证明责任是无暇顾及和解释的。胡学军教授呼吁国内民诉法学界，应从抽象证明责任理论转向解决证明困难的实践场域，对具体证明工具开展研究。胡学军教授提出以"具体证明责任"作为统率性旗帜，整合表见证明、摸索证明、事实推定、阐明义务、证明妨碍制度等规则①。我国台湾地区受到日本诉讼理论的影响，在具体证明过程上的研究已领先一步，对上述具体制度已经有较深入的研究，而且研究大多来自真实的判决，与司法实践紧密联系。我国台湾地区的代表人物如学者黄国昌，提出以"阶段举证责任"作为统率概念将事案解明义务、证明妨碍、证明度的降低、表见证明等统合于这一概念的架构下，并指出举证责任之重心置于客观举证责任之真伪不明的处理，而忽略举证责任概念所具有的规制当事人证据提出之行为责任机能之不当，正是需要"阶段的举证责任"来弥补②。二位学者虽然对于统率概念的定义不同，但基本观点是相似的，都是在肯定证明责任主导地位的前提下，进一步创设具体证明责任或阶段举证责任，以构建完整的证明体系。

1982 年《中华人民共和国民事诉讼法》（简称《民事诉讼法》）第五十六条第 1 款规定："当事人对自己提出的主张，有责任提供证据。"这项规定简称为"谁主张，谁举证"规则。本质上，是主观证明责任逻辑，这条规定后来在 1991 年《民事诉讼法》第六十四条被原文保留，即："当事人对自己提出的主张，有责任提供证据。当事人及其诉讼代理人因客观原因不能自行收集的证据，或者人民法院认为审理案件需要的证据，人民法院应当调查收集。人民法院应当按照法定程序，全面地、客观地审查核实证据。"

主流的教科书大多认为"谁主张，谁举证"规则是我国举证责任分配的基本规则。《证据规则》（2001 年）的第二条第 1 款："当事人对自己提出的诉

① 胡学军. 具体证明责任论 [M]. 北京：法律出版社，2014：56.
② 黄国昌. 民事诉讼理论之新展开 [M]. 北京：北京大学出版社，2008：116.

讼请求所依据的事实或反驳对方诉讼请求依据的事实有责任提供证据加以证明"，被认为是对主观证明责任的规定和举证责任分配一般原则的表述；第2款"没有证据或证据不足以证明主张的，由负有举证责任的当事人承担不利后果"，被认为是客观证明责任。司法解释起草者在《〈最高人民法院关于民事诉讼证据的若干规定〉的理解与适用》中也明确承认《证据规则》（2001年）第二条第1款和第2款分别规定了主观证明责任和客观证明责任。而且在1991年《民事诉讼法》第六十四条的基础上，确立举证责任分配的一般规则，采纳了法律要件分类说的观点①。但学者们认为全文读不出上述意思，这条规定仍然只是简单的主观证明责任的表述②。这里的"不利后果"仍然是当事人在不能举证的情况下应承担的主观证明责任，并没有"真伪不明"时裁判者"拟制"承担客观证明责任一方承担"不利后果"的意思；更没有"规范说"的证明责任分配规则。

《证据规则》（2001年）第二条在1991年《民事诉讼法》第六十四条的基础上，还是有明显进步之处：第一，明确了证明责任是当事人的一种"不利后果"，而不是义务。第二，《民事诉讼法》第六十四条规定的"主张"准确的表述应当是"事实主张"，有别于"权利主张"。第三，《证据规则》（2001年）第二条将《民事诉讼法》第六十四条的"当事人对自己提出的主张"进一步细化为"对自己提出的诉讼请求所依据的事实或者反驳对方诉讼请求所依据的事实"。

2015年2月4日《民诉法解释》颁布，《民诉法解释》第九十条与《证据规则》（2001年）第二条几乎完全一致；《民诉法解释》第九十一条完全按规范说对举证责任的分配做出了规定。最高法院选择了我国实践中用的举证责任，举证责任又称证明责任，举证责任具有主、客观双重含义；待证事实真伪不明才发生结果意义举证责任；举证责任分配上采纳罗森贝克的法律要件分类说、规范说的理论③。《民诉法解释》第一百零八条"对负有举证证明责任的当事人提供的证据，人民法院经审查并结合相关事实，确信待证事实的存在具有高度可能性的，应当认定该事实存在。对一方当事人为反驳负有举证证明责任的当事人所主张事实而提供的证据，人民法院经审查并结合相关事实，认为

---

① 李国光. 《最高人民法院关于民事诉讼证据的若干规定》的理解与适用 [M]. 北京：中国法制出版社，2002：38-41.

② 李浩. 证明责任的概念：实务与理论的背离 [J]. 当代法学，2017（5）：3-10.

③ 沈德咏，民事诉讼法贯彻事实工作领导小组. 最高人民法院民事诉讼法司法解释理解与适用 [M]. 北京：人民法院出版社，2015：312.

待证事实真伪不明的，应当认定该事实不存在。"第一百零八条规定主观证明责任分为了本证、反证，本证的证明目的是使法官确信其主张的事实，证明标准为高度可能性；反证的证明目的是拉低法官对本证的证明度，证明标准是将本证拉低到真伪不明的程度。自此，《民诉法解释》在第九十条、第九十一条和第一百零八条明确确立了现代证明责任的理论成果——证明责任主、客观双重含义和规范说，并对证明度标准做了细分，这一规定具有里程碑式意义。

3.1.1.2 实务缘何偏爱主观证明责任逻辑

一直以来，实务界偏爱认定一方举证不能的主观证明责任逻辑。学术界一再呼吁客观证明责任才是核心，批判"谁主张，谁举证"的内涵不清，逻辑体系不完整①，但实务界依然不为所动，即便在 2015 年《民诉法解释》明确了举证责任理论后这一现象依然未改变。主观证明责任在我国实践中"一枝独大"，既有我国证明责任理论自身发展的问题，也有立法、法律思维传统等多方面的原因：

第一，主观证明责任有更加悠久的历史，在立法上更早确立，概念通俗易懂，广为流传。

即使是在德国，客观证明责任发明之前，证明责任这一概念就早已存在；我国在没有引进客观证明责任理论之前也有证明责任一说。我国对于大陆法系证明责任理论的引进发端于 20 世纪 80 年代末，是在强化当事人诉讼权利和限制职权主义的立法背景下出台的。1982 年的《民事诉讼法》确立的"谁主张，谁举证"的举证责任制度，被认为是民事诉讼模式从职权主义向当事人主义转型的重要改革制度。立法者和学术界认为，通过这一制度的设立，强调了当事人举证义务，约束了法院职权和减轻了法院取证工作压力。当事人举证义务具有明显的"行为"主义的特征。

由于立法确立的是主观证明责任的逻辑，我国又是成文法国家，实践中历来严格遵循法律规定。主观证明责任在实践中超高的出现率，与立法上较早的确立有关；实践运用又强化了主观证明责任的影响力。1982 年《民事诉讼法》第六十四条第 1 款规定"当事人对自己提出的主张，有责任提供证据"，这被视为证明责任制度总纲，从字面意思看，其明显属于主观证明责任的特征，强调当事人的举证义务，并未涉及真伪不明的裁判依据的结果意义证明责任的内容。

---

① 张卫平. 证明责任分配的基本法理 [J]. 证据学论坛，2000 (1)：279-341. 李浩. 民事证明责任研究 [M]. 北京：法律出版社，2003：141；陈刚. 证明责任法研究 [M]. 北京：中国人民大学出版社，2000：228.

第二，理论移植中，证明责任术语不统一，学术流派众多，增加了实践的困惑。

与证明责任相关的术语包括"证明责任""举证责任""举证的必要""主张责任""说服责任"等。术语过多，难免会造成实践在理解与运用上的莫衷一是。虽然我国有学者提出将证明责任称为客观证明责任，而把主观证明责任称为举证责任①，但学术观点难以形成统一有效的规范。《最高人民法院〈民事诉讼法司法解释〉理解与适用》中选择的仍然是举证责任，且认为举证责任就是证明责任。证明责任存在双重含义，名称本身就与其内涵不完全对应。德国学者自己都感慨，选择证明责任这一术语是"不幸"的，客观证明责任既与证明无关，也与责任无关②。一语二意、加上术语不统一，容易造成实务理解不一和适用混乱。

德国对证明责任分配的研究有一百多年的历史，日本也长达半个多世纪，形成了诸多的学术流派，各种学说观点互相补充，又批判和排斥，复杂、繁多的理论让人望而生畏。我国引进域外学说，却未能及时形成本土统一权威的学说。尤其是历史上一些已经被取代的理论，导致错误理念长期地困扰实践。比如"谁主张，谁举证""否认者不承担证明责任"这两条规则，虽然学术界一再提醒这两条规则逻辑不完整，在实践中却仍然经常使用，下面以两类常见案件为例来分析这一问题。

一类是民间借贷案件，原告主张借据的债权，被告主张借据是被胁迫的，债权为不真实的。被告是否需要对"胁迫"承担举证责任，还是原告对债权真实的主张承担举证责任，"谁主张，谁举证"的字面意思并不能有效解释举证责任如何分配。

另一类案件是不当得利纠纷，"没有法律根据"要件的证明责任应该是原告承担还是被告承担，若认为"没有合法根据"是否定主张的话，那被告完成有合法根据的举证，这一认识可能给被告带来极大的举证风险。因为在给付不当得利时，原告的给付行为要求被告对给付原因承担举证责任，被告可能因债务早已履行完毕而陷入无法证明的风险。

按照规范说，上述两类案件其实很容易解答。借款应当由主张债权成立一方承担举证责任。不当得利的"没有法律根据"这一要件事实的举证责任应当由原告承担。

---

① 张卫平. 民事诉讼：关键词展开 [M]. 北京：中国人民大学出版社，2005：210.
② 普维庭. 现代证明责任问题 [M]. 吴越，译. 北京：法律出版社，2000：25.

第三，缺乏逻辑思维传统，影响了证明责任功能的发挥。

中国传统思维方式更偏好主观证明责任。我国的传统思维模式的特征是偏向直觉思维，而不擅长逻辑思辨。对于中国的法官而言，观念上更偏好主观证明责任这样简单直观的概念。"举证"汉语解释就是提供证据，也是主观证明逻辑。从语义上看，显然只有当事人的任务，无论是责任也好，义务也罢，并无须法官完成。

在我国法学理论中，"双重含义"不是一个常用的概念。而客观证明责任以及证明责任双重含义的理论颇为复杂。加之，实践没有理解证明责任的真正含义，对一些规范也存在误解。比如，对自由心证的偏见，对于证明度标准掌握也远不能说精确，"真伪不明"在法官心中的感觉玄乎，难以准确理解客观证明责任适用的条件。关于证明责任分配的规范说，其分配规则源自实体法的规定，是大陆法系规范型思维模式的产物。分配证明责任规范需准确认定法条，提取法律要件，涵摄的过程本就是非常困难的思维活动。这也是我国法学教育薄弱的环节，包括很多法官都没有经历过严格的法律方法论和法律思维的培养。证明责任的分配法律只能确立一般的规则，具体应用需要法官对事实和法律的解释来完成，法官对相关理论工具运用存在短板，造成证明责任分配规则适用困难。

第四，对于法官，主观证明责任是一种取巧和具有诱惑的工具。

徐昕教授很早就发现证明责任已成为部分法官"卸责"的借口，不愿花时间精力去发现真实，甚至不顾案件的具体情况①。就如本书民间借贷的案例，法官事实认定所选分析的原因很少，说理也非常简单。在双方各执一词，缺少直接证据证明的案件中，法官要正确认定事实，需要对当事人进行充分的调查询问，并在对证据和辩论结果进行全面考量的基础上，利用经验规则并通过逻辑完整的推理才能完成。但用主观证明责任将举证的责任推卸给当事人，对法官来说是最轻松又"稳妥"的做法。美国学者及法官波斯纳曾说，法律制度并不能对发生纠纷的社会关系都能完整地解决，当法官找不到线索时，通过运用举证责任作为替代，于是巧妙地避开了这种耻辱。在事实不能确定的问题上，通过这些法律上的通达（手段），也许很聪明，但其实是欺骗了大家。波斯纳对于证明责任机制的限度和法官利用证明责任取巧的判断，源自他长期担任法官的洞见②。

---

① 徐昕. 法官为什么不相信证人？[J]. 中外法学. 2006 (3)：347.
② 波斯纳. 法理学问题 [M]. 苏力，译. 北京：中国政法大学出版社，2002 (1)：272-273.

3.1.2 未真正发挥证明责任的脊梁作用

客观证明责任进入我国已有 30 多年，但理论发展与实务运用之间存在明显的背离。我们经常说证明责任是民事诉讼的脊梁，却并未真正理解其全部内涵和为何会被称为脊梁。学术界普遍认为，客观证明责任是在事实真伪不明时的适用规则，这一认识并没有全面了解证明责任的内涵。由于理解不准确、全面，实践容易走入简单的主观证明责任逻辑。客观证明责任的理论研究，一直是学术界的热点，著作颇多，本书不详细展开，只在学术界和实务界已经形成共识的基础上，把简洁、有效的规则厘清，并将不适用或容易形成误区的理论剔除，讲清客观证明责任为何是民事诉讼的脊梁，也为下文介绍证明评价与证明责任如何共同发挥作用，完成理论的铺垫。

3.1.2.1 证明责任双重含义的厘清

证明责任分主、客观双重含义。客观证明责任是当当事人未举证，或者虽已举证，但却未能达到法官心证的证明标准时，其要承担的不利后果。不利后果在认识事实最终阶段才体现，所以又称为结果意义上的举证责任。主观证明责任是哪一方当事人应对具体要件事实举证，从诉讼开始就发挥作用，促使当事人举证，故又称为行为意义上的举证责任。

普维庭还将证明责任分为抽象证据责任和具体证明责任，于是将主观证明责任分为主观抽象证明责任和主观具体证明责任[1]。我国也有不少学者支持这一观点[2]。笔者认为过于复杂的理论结构，与我国司法实践并不适应。我国没有德国崇尚逻辑推理的思维传统，当前的法学教育并没有使得司法实务者习惯和有能力驾驭逻辑过于复杂的理论结构。既然我国实务界和理论界均已接受主、客观证明责任理论的主流观点，包括最高人民法院出台的解读明确持这一观点[3]，一词二意项下一个概念再拆分子概念，犹如套娃一般，徒增烦恼，反倒可能增加新的混乱。

学术界多数认为客观证明责任是实体法规定的，是不变的；主观证明责任在当事人之间转移，这种转移会随当事人对举证必要性的主观认识变化而在当

---

① 普维庭. 现代证明责任问题 [M]. 吴越，译. 北京：法律出版社，2000：14-15.

② 胡学军. 具体证明责任论 [M]. 北京：法律出版社，2014：64. 肖建华，包建华. 证明责任：事实判断的辅助方法 [M]. 北京：北京大学出版社，2012：11-19.

③ 人民法院民事审判庭. 最高人民法院民事诉讼法解释理解与适用 [M]. 北京：人民法院出版社，2015：310.

事人之间发生转移①。司法解释起草者也认为，行为意义的举证责任是一种"动态的举证责任，它随着双方当事人的证据证明力的强弱变化，影响法官对待证事实的心证强势的变化进而在当事人之间发生转移"②。笔者不赞同主观证明责任在当事人之间发生转移的观点，这种观点容易造成证明责任分配的混乱，甚至把证明责任沦为法官推卸裁判责任的工具。

第一，从"规范说"本身读不出证明责任可以转移的观点。相反，既然证明责任是实体法规定的，则只有法律规定的一方承担，就应该只有一种法定的分配规则。甚至不应当再设立证明责任分配、倒置这样的概念，否则会破坏规则，并给法官任意分配证明责任提供借口。"规范说"在德国和日本的争论长达半个世纪以上，但任何批评都没有动摇其统治地位。我国近年关于"规范说"的争论，袁中华教授曾经对"规范说"提出异议，但遭到吴泽勇教授、胡学军教授撰文反对，学术界更加深了应该坚持规范说的想法③。有学者也认为司法解释的起草者对主观证明责任的内涵解读超出了罗氏规范说本身的范畴。恰恰相反的是，实际上罗森贝克认为证明责任是静态的，其并未回答何时法官可以对某一事实形成确信以及对于法官形成临时心证如何才能将其打破的问题，因此无论是客观证明责任还是主观证明责任都应当与诉讼过程中的具体举证责任相区别④。

第二，保持法的安定性特征，是证明责任机制稳定运行的基础。"规范说"将举证责任分配的基本规则交给法律规定，将举证责任的分配方案和举证不能、事实真伪不明的后果全部由实体法规定。一方面，举证分配和承担真伪不明败诉后果这两项功能与当事人诉讼成败攸关，交由法律规定，对诉讼主体是公平的。另一方面，由实体法来规定符合大陆法系对法的安定性的要求，能够满足人们对诉讼结果预测的需求。"规范说"的这一创设，将证明责任与

---

① 王亚新，等. 中国民事诉讼法重点讲义 [M]. 北京：高等教育出版社，2017：98. 普维庭. 现代证明责任问题 [M]. 吴越，译. 北京：法律出版社，2000：10.

② 沈德咏，民事诉讼法贯彻事实工作领导小组. 最高人民法院民事诉讼法司法解释理解与适用 [M]. 北京：人民法院出版社，2015：310.

③ 袁中华. 规范说之本质确信及其克服：以侵权责任法第79条为线索 [J]. 法学研究，2014 (6)：147-161；吴泽勇. 规范说与侵权责任法第79条的适用：与袁中华博士商榷 [J]. 法学研究，2016 (5)：49-66；胡学军. 证明责任"规范说"理论重述 [J]. 法学家，2017 (1)：63-76. 而早期对规范说较有影响力的文章也是持整体肯定，部分修正的态度，参见毕玉谦."一强多元"模式下证明责任学说：以克服"规范说"局限性为重心 [J]. 政法论坛，2011 (3)：44-50.

④ 任重. 论中国"现代"证明责任问题：兼评德国理论新进展 [J]. 当代法学，2017 (5)：19-32.

当事人诉讼主张和法院事实认定、适用法律连通，是证明责任成为"民事诉讼脊梁"的真正原因。如果否定证明责任法定性，允许其来回变动，就失去了法定性特征，会使好不容易费力设立的证明责任的法律制度被破坏。

第三，肯定主观证明责任来回变动，容易混淆举证责任与法官心证。承担证据责任的一方所提供的证据能够初步形成证据优势，致使对方有进一步举证的必要，否则法官会采信对方主张。实践中，判决书中经常会以一方承担举证责任，来认定其主张的事实不成立。裁判逻辑从表面上看是当事人未能完成举证责任，而本质上是这一方的证据未达到法官心证。实践中，法官经常认定一方未完成举证责任而败诉，但诉讼中往往双方都提交了证据，如果简单用未完成举证责任，为何未完成举证责任不宜说清，举证责任从而成为法官心证的理由，可能成为法官推卸心证的工具。

3.1.2.2　没有理解客观证明责任的脊梁作用

我们经常说证明责任是民事诉讼的脊梁，但为何其在民事诉讼中有如此重要的地位值得深究。举证责任是辩论主义下的产物，目的是在约束法官职权的情况下，解决的是哪一方来承担证据资料提供的责任和事实不能查明产生不利后果的问题。所以举证责任的重点是要求谁来举证的问题，而非解决证明的问题。

第一，客观证明责任是由实体法预先规定的，包括诉讼证明的内容和应当由谁来完成证明。证明责任只能由一方当事人承担，而不是两方承担。因此，正确运用证明责任方能推动当事人举证，促使提交证据，发现事实。证明责任法定，使得当事人在诉讼前能清楚知晓其欲达到法律效果应该证明哪些内容，明确其若不能到法官心证的要求，导致法官心证"真伪不明"，将承担证明责任的后果。

第二，应当负担客观证明责任的一方需采取具体的举证行动——主观证明责任，主观证明责任如同客观举证责任投射的光谱。负有客观证明责任的一方启动举证，在提出主张和证据后，可能会达到法官的心证标准，对方可能否认或提出反证，来对抗本证的证明力，双方可能展开多轮攻防，使得案件事实充分解明，法官最终完成心证。在证明责任机制的驱动下，当事人知晓谁应该提供证据，证明什么内容；为了避免"真伪不明"的结果，一方应尽可能提供证据资料；对方当事人为了对抗，也会尽可能提供反证。诉讼两造在证明责任机制的驱动下，积极提供证据资料，为法官心证提供素材。可见，证明责任的驱动力是其重要的功能，而要使其能发挥作用，需法官正确执行法律的规定

——分配举证责任。关于证明责任只是"谁主张，谁举证"的主观证明责任逻辑，以及"真伪不明"的裁判后果，都是对其功能不完整、片面的看法，将证明责任视为不利后果，是没有认识到证明责任在查明事实的过程中，对于指挥诉讼和促进当事人举证的重要作用。

第三，根据实体法规范，证明责任应如何分配。我国理论界和实务界的共识是采纳罗森贝克的规范说[①]。《民诉法解释》第九十一条明确规定了依据规范说分配举证责任，即根据当事人诉讼请求权，确定当事人提出的实体法依据，实体法所规定的要件事实分为权利存在、权利妨碍、权利消灭的事实。主张相应法律效果的一方，应对该要件事实承担举证责任。

要完成证明责任分配，法官首先应解析当事人的诉求，根据请求权基础理论确立要件事实。举证责任只针对要件事实，实践中提取要件事实是一件困难的工作。不能准确提取要件事实，或可能把间接事实当成举证责任的对象，把不是要件事实的问题作为证明对象，导致当事人举证不能而败诉。当事人提起诉讼，当事人双方应围绕要件事实，展开"主张—抗辩—再抗辩"的攻防对抗，将双方的争议组织到一套结构化，需要完成证明的命题中去，法官最终对案件事实是否满足要件事实做出评判，完成"要件事实—法律效果"的认定。要件事实起着提纲挈领的作用，明确了证明的对象和适用法律需满足的条件[②]。在当事人争辩的五花八门的案件事实中，法官如果不能正确提取要件事实，不仅分不清审理的主线是什么、需要证明什么，也无法对当事人的举证责任分配进行释明。

由此可见，证明责任之所以被称为"民事诉讼的脊梁"，是因其在诉讼中的"纲领地位"，在证明责任指引下，当事人和法官都应清楚其终极证明的对象是什么、由谁来完成证明责任。证明责任正确分配的前提是寻法并准确提取要件事实。上述全过程见图3-1证明责任运行简图。

---

① 沈德咏，民事诉讼法贯彻事实工作领导小组，最高人民法院民事诉讼法司法解释理解与适用 [M]. 北京：人民法院出版社，2015：312.
② 王亚新，对抗与判定：日本民事诉讼的基本结构 [M]. 北京：清华大学出版社，2010 (6)：82-83.

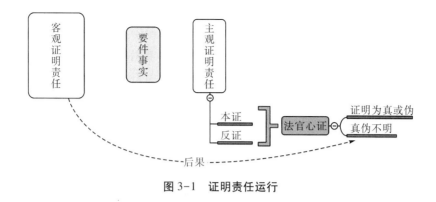

图 3-1　证明责任运行

3.1.3　进口理论的消化不良兼论英美的启示

3.1.3.1　德、日证明责任理论抽象复杂

我国的法律体系较多地沿袭了德国、日本的理论。德国的证明责任理论十分抽象、复杂，充斥着多种学说；日本又在德国的基础上，上演了一套翻版，各种流派的争论、叠加，复杂得让人望而生畏。我国虽然引进了德国、日本的理论，也借鉴了我国台湾地区的各种学说观点，然而并未及时形成自己的主流意见，造成实践理解和应用的标准不统一。

德国是盛产理论的国度，大陆法系当今的重要的法律理论几乎都源自德国。德国法学界热衷于对理论抽象、精致的过分追求，法学家们总是试图把理论构造得十分抽象，但理论过于抽象、复杂，却不能直观地描述生活，造成普通人难以掌握的局面。于是理论也只能靠具备相应知识、技能的法学精英们才能解读，法学理论逐渐沦为法学精英们才能使用的奢侈品。证明责任理论也有"德国制造"一贯的特点。证明责任需要使用实体法规范，高度抽象的规则才能应对千差万别的案件需求。况且，由于证明责任对当事人的诉讼成败和法官裁判的意义非凡，唯有实体法才能满足法律安定性的要求，并符合大陆法系规范出发型的法律思维模式。自罗森贝克提出规范说以来，德国围绕证明责任理论的分配规则，展开了一个多世纪的讨论，对规范说提出各种批评、补充，因此形成了非常多的学说流派。随着社会的发展，不断出现新类型案件，证明责任理论按原来的规则分配，带来一些证明上的困难，可能造成不公平的结果。于是对证明责任的批判也接踵而来，这些批评虽然都没有动摇罗氏理论的地位，但却使理论空间变得更加复杂。

一方面，法律高度的抽象性决定了法律在运用过程中，需要理论对法律如何解释复杂的社会关系予以指导并需要对理论有准确理解的法官，这对理论界和法官都提出了很高的要求。另一方面，德国、日本在近三十年对证明责任理论的研究已经开始转型，从抽象证明责任理论转向解决证明困难的实践场域，这一重要的转向并未引起我国理论界的足够重视。我国学术界对证明责任抽象的理论仍然兴趣浓厚，虽然这部分理论在德国已经没有多大的争议，但对理论在具体案件中如何运用就鲜有人关注。

人们看重的是某种理论指导下的制度能否为行为或诉讼提供明确的规则，而不会去纠缠制度背后复杂的理论问题，不是绝对没有可能，而是没有必要①。理论越简单，越能打动人、说服人；理论过于复杂，则让人望而生畏，弃之不用。心理学家的发现也是如此，简单的口号即使是错误的，也更能打动人，更能深入人心，比一个正确的观念更具有力量。如 14 世纪的"奥卡姆剃刀定律"的格言"如无必要，勿增实体"②，即"简单有效原理"。不能一味追求理论自身的逻辑多么完美、抽象，而忽视理论的实用性，否则再精致的理论也只能被实践束之高阁，也就失去其存在的意义。我国国情不适合太复杂抽象的理论，学术界应当努力让正确的理论更简单一点，以使其更容易掌握和运用。

2021 年 9 月最高人民法院出台的《最高人民法院关于调整中级人民法院管辖第一审民事案件标准的通知》，将中级人民法院管辖诉讼标的额提至 5 亿元、1 亿元，意味着基层人民法院将管辖大部分第一审民事案件，也即大部分民事案件的事实应由基层人民法院的法官审理查明。同时发布的《关于完善四级法院审级职能定位改革试点的实施办法》进一步明确了四级法院的职能定位，为实现审判重心进一步下移，明确基层人民法院重在"准确查明事实、实质化解纠纷"。可以预见，未来基层法官的案件压力势必大幅增长，法官需要更简洁、有力的理论支持。

3.1.3.2 他山之石：英美证据理论的启示

与大陆法系对事实认定和证明责任理论的热烈争论相比，英美法系在这一领域的研究则显得简单、安静得多。笔者曾与英国、美国的执业律师讨论，他们也认为事实认定在英美法系国家的实践中并没有很多的问题。英美法系的理

---

① 叔本华. 人生的智慧 [M]. 韦启昌，译. 上海：上海人民出版社，2001：51.

② 奥卡姆剃刀定律，由14世纪逻辑学家、圣方济各会奥卡姆提出。奥卡姆对当事无休止的关于"共相""本质"之类的正常感到厌倦。他主张的思想经验原则"如无必要，勿增实体"，即"简单有效原理"，号召将空洞无物的累赘全部剔除。自奥卡姆提出这一"剃刀定律"后，引发了欧洲文艺复兴和宗教改革，科学、哲学从神学中分离。数百年的发展，人们越来越感叹这把"剃刀"的深刻意义。

论更注重实际，而不囿于概念，且更加的灵活。例如，英美诉讼法在证明力方面未做严格的规定，而是依法官自由心证作判断，法律也不加以过多限制。近代英美法系影响最大的莫过于证据开示（Discovery）制度。与"任何当事人的主张或防御"有关之事证，不问有利与否，当事人均有开示之义务①。这一制度使得当事人发现与案件相关的必要证据和信息，可以尽可能要求对方提交法庭。法官、陪审团在事实认定上也具有更大的自由和灵活性。于是，举证责任分配在英美法系也就不那么重要。让大陆法系专业的法官都头疼的举证责任分配和事实认定的难题，在英美法系国家，即使是由非法律专业人士的陪审团来判决也能够完成。英美法系的理论简单、实用更加值得我国法学界学习与借鉴。

美国学者创设了举证责任和说服责任，最早提出证明责任双重含义的学者塞耶（Thayer）在1898年发布的《证明责任理论研究》中阐述证明责任第一层含义是"提出证据责任"，即当事人必须提出"表面上充分的证据来证明所主张的每一事实"②。摩根（Morgan）教授认为，与其说当事人负担"提供证据的责任"，不如说负担"不提供证据的危险"更准确。因为当事人不提供充分举证，将会招至败诉。英国法官更多地使用提供证据责任，当事人一方提供充分的证据，足以建立一个争议事实存在与否的争论点，这一争论点的证明责任就是当事人第一层需要完成的任务。如果法官根据初步印象，认为提交的证据不足以证明一个与争议的事实相关的问题，就不会将这些证据及其证明的问题交付陪审团审议③。第二层含义是"法定证明责任"，也被翻译为"说服责任"或"法院证明责任"。《美国1953年统一证据规则》规定："根据法律的要求，一方当事人有义务用优势证据证明或是无合理怀疑的说明争议事实。"我国有学者认为两大法系与证明责任的双重含义具有对应关系，认为本质上和功能上是异曲同工的④。这一认识是不准确的，美国学者威格默对当事人在证明责任的解读是："第一，必须提供足够的证据，防止法官不将争议问题提交

---

① 参见《美国联邦民事诉讼规则》（Federal Rules of Civil Procedure）26（b），转引自黄国昌. 民事诉讼理论之新展开 [M]. 北京：北京大学出版社，2008：190.

② 美国法上举证责任概念介绍，参见 Richard H. Field, Benjamin Kaplan, Kevin M. Clermont. Materials for a Basic Course in Civil Procedure. 1997：670-673. 转引自黄国昌. 民事诉讼理论之新展开 [M]. 北京：北京大学出版社，2008：123. 古弗斯. 法律词典. 英文版. 1975：28. 转引自李浩. 民事证明责任研究 [M]. 北京：法律出版社，2003：4.

③ Peter Murphy. Evidence（7th Edition）[M]. Blacksone Press Ltd., 2000：116-118.

④ 孙锐. 大陆及英美法证明责任制度比较 [J]. 山西省政府管理干部学院学报，2006（3）：11-14.

陪审团。第二，所提交证据必须说服陪审团。"① 学者认为英美法系证明责任带有明显的阶段性，第一阶段是当事人需提供证据足以使法官有理由将事实交给陪审团裁判；第二阶段是当事人对于争论点事实的证明，否则将承担败诉的不利后果。审查了全部证据之后，如果陪审团或法官对争议事实仍然存在着怀疑的话，因此而败诉的当事人需负担责任②。

对于举证责任分配，英美法系也与大陆法系不同。英美法系的主流观点是综合利益说，即认为举证责任分配没有一般性的标准，只能根据个案情况，综合考虑若干因素来决定。这些因素包括：政策、公平、证据远近或有利于举证、便利、盖然性、经验规则、由发起变更现状的一方当事人承担举证责任等。英美法系的陪审团在事实认定上具有更大的自由和灵活性，举证责任分配规则在英美法系也就显得并不是这么重要。英美法系在举证责任分配设置与大陆法系的差异，是由两大体系诉讼基本模式的区别所决定的，也是以各自不同的司法制度来做支撑的。

首先，大陆法系是规范出发型思维模式，追求完全符合成文法的规定。按照法律规定的要件事实进行举证责任分配，法官要如何对要件事实进行举证责任分配的规则隐含在法律条文中，按照三段论规则做出裁判。英美法系是事实出发型思维模式，法官根据双方举证和陈述进行判断，一般不会轻易做出"真伪不明"的裁判。法律没有预设举证责任分配规则，法官的任务是认定案件事实。当事人提出诉讼主张的事实，并拿出这一事实的有关证据，对方展开反驳和反证，法官不会认为举证责任分配规则必须确定由一方承担，而是考虑将证据持有方、举证的难易程度或证明的可能性作为举证责任的分配标准。最后法官根据全案证据判断特定争议事实是否成立。

相较于大陆法系举证责任分配所追求的严密逻辑和规则的统一性，英美法系注重的是经验性与个案的妥当性，充分发挥法官的自由裁量权，而不拘泥于法律规定③。美国历史上最有影响力的法学家、法官卡多佐在《司法过程的性质》中对法官如何进行事实认定的经典论述为：法官不能仅由于某种做法是为先例所规定的，就放弃自己作为法官的责任；但也不能轻易将长期为人们所接受的规则和先例放在一边，仅仅因为这些规则和先例可能得出的结果对某个

---

① RJ Delisle Craigrcallen. The Jurlique Management of Factual Uncertainty, The Inteational Journal of Evidence and Proof. 2003, 7: 192.

② 黄国昌. 民事诉讼理论之新展开 [M]. 北京：北京大学出版社，2008：115-117.

③ 中村宗雄，中村英郎. 诉讼法学方法论：中村民事诉讼理论精要 [J]. 陈刚，段文波，译. 北京：中国法制出版社，2009：268.

具体的诉讼当事人不公道。要反省自己的思想，追寻影响或引导得出结论的种种影响力，掂量各种可能冲突的考虑因素——逻辑的、历史的、习惯的、道德的、法律的确定性和灵活性，法律的形式和实质，等等①。英美法系的法官在事实认定中，不拘于先例，而是充分考虑个案的具体情况，这样灵活又不失原则的做法，正是其被称道之处，同样也值得大陆法系的法官学习。在事实认定上法官不应拘泥于法律和先例，客观世界千变万化，法官应当尊重每一个具体个案的因素。

其次，审理的基本原则，英美法系是当事人对审制度，而大陆法系则是辩论主义。英美法系是当事人对审制度，其影响贯彻到诉讼的每个环节，从两方当事人准备、搜集并主张、提出证据，到裁判者认定事实。该制度的理论基础是诉讼主体平等，两方当事人应当具备相同的举证能力。为了防止一方当事人垄断、隐匿证据，平衡证据偏在造成的实质不公，1938 年制定的《美国联邦民事诉讼规则》（the Federal Rules of Civil Procedure）创设了证据开示制度（Discovery 制度）。证据开示制度要求当事人负有义务主导提示若干基本的核心信息，并广泛地界定了当事人对证据资料的掌握所存在之不公平。这一制度设立促使当事人能发现与案件相关的必要证据及信息，以提出更多有关的事实给法院②。证据开示制度是英美法系诉讼制度从"当事人竞赛"转向"真实发现"的重要标志，大大提升了诉讼程序中证据的质和量，从而使裁判者更容易发现事实。案件证据资料更充分，使得英美法系的民事案和解率高达 80% 以上，而大陆法系只有 10%~40%③。

大陆法系采纳辩论主义原则，也是建立在平等原则基础上的，认为对立双方具有同等的主张和举证能力的一种假设。然而大陆法系并未赋予当事人直接搜集证据的手段，也未对不承担证明责任一方当事人赋予证据开示的义务。调查证据的权利本质上仍是被法院垄断，一方当事人在难以取证的情况下，应向法院申请调查取证，即使法院向律师开具调查令，也是法院行使调查权委托律师完成。对于要求承担举证责任的一方，在缺乏调查证据手段的情况下，证明难度和败诉的风险将大大增加。

再次，英美法系民众对裁判机构的信任度更高。英美法系司法绝对权威，法官地位高，法官的判决基本能被尊重和维护。相比而言，大陆法系法官的地位和权威性都要弱一些，民众对法官并没有足够信任，因此更加要求法官严格

---

① 卡多佐. 司法过程的性质 [M]. 苏力，译. 北京：商务印书馆，2019.
② William A. Glaser, Pretrial Dsicovery and the Adversary System [M].
③ 黄国昌. 民事诉讼理论之新展开 [M]. 北京：北京大学出版社，2008：43.

遵守法律。人们总是试图创设出法律难以约束的办法，对于法律漏洞，法官也束手无策。

两大法系因审理原则不同，在诉讼制度上呈现出完全不同的特征。最近几十年间，两大法系的理论发展在既有的基本规则框架下不断完善，并通过其他工具弥补制度的不足。对于哪一种事实认定模式最终能勾勒出一幅更为准确的真实画面，就成为一个我们不能确切回答的难题。但是真正有意义的问题并不是它们到底有多么完善，而是它们能否在期待有更为称心合意的认知方法的压力下还能相对不错地运行着①。英美法系通过证据开示制度，使诉讼证据资料充足，因而诉讼和解率高，事实认定也变得更容易。德、日为解决证明困难，也创设了一些补丁概念，向扩充当事人证据收集方法和减轻举证责任的方向发展。两大法系尽管采取的具体方法不同，但改革的方向是一致的，通过制度安排，扩大证据收集的方法，可谓殊途同归，这正是我国当前诉讼证明理论中的薄弱环节。

3.2 证明评价的失位与失范

与证明责任长期盛行形成鲜明对比的是，证明评价在我国没有一席之地，学者对于法官查明事实的职权活动并不感冒。美国学者型法官波斯纳指出："缺乏足够的理论规范的司法裁量权，就是一块空洞或一个黑箱；当规则不够时，裁量权不是解决如何判决案件的办法，而只是这个问题的名字。无论你把裁量权想象得多么美好，裁量权都会令法律职业不安。"② 我国司法实践现状以及文章案例呈现的问题，绝大部分也是因为法官职权行使不当。

理论和制度的落后，背后深层的原因是观念走入了误区，由于长期对自由心证认识和自由裁量权存在偏见，总是担心法官的自由裁量权过大，从而抑制职权，寄希望于证明责任的法定规则来约束法官的裁判活动，却并未达到希望的效果，反而使藏在举证责任背后的自由心证，更加的自由、随意。事实认定只能靠证明评价来完成，证明责任无法替代，唯有正视法官的职权活动。

---

① 达马斯卡. 漂移的证据法 [M]. 李学军，等译. 北京：中国政法大学出版社，2003：142.
② 波斯纳. 法理学问题 [M]. 苏力，译. 北京：中国政法大学出版社，2002：27.

3.2.1 法官职权活动的相关理论不足

3.2.1.1 诉讼模式没有紧跟"诉讼合作主义"的趋势

从 17 世纪开始,体现个人主义的近代自然法理论诞生,"市民社会"观念形成,自由、私权、平等理念日益浓厚。政治上强调"最小国家""有限政府",主张国家不能干预经济生活,并给予市场主体完全自由竞争的政策。这一观念也影响了司法,1804 年制定的《法国民法典》,明确排除国家对市民生活的干预,提倡独立平等自由的理念,并确立意思自治的基本原则。在民事诉讼法领域,因为是私人通过国家诉讼制度解决纠纷,不可完全排除国家权力,但也表现出对国家权力的极力限制和对个人处分权的尽可能扩充。1806 年的《法国民事诉讼法》确立了当事人自行处置其权利的处分主义和极力排除国家权力介入的辩论主义两大原则。1877 年的《德国民事诉讼法》和 1890 年的《日本民事诉讼法典》均受其影响,将辩论主义和处分主义作为指导思想。自此,辩论原则和处分权原则作为民事诉讼制度运行的"基石"得以确立,以此形成诉讼中两造对立、法院居中裁判的"对抗·判定"式诉讼结构。

辩论主义来自私权自治和平等原则,在假设双方当事人是平等的,具有相同的主张和提供证据的能力的前提下,理论上要求约束法官的职权行为,从而避免法院职权介入的不公平。辩论原则的规则是:"任何一造无须为对方提供武器,亦无自我揭示不利事实之义务。"[1] 事实只能由当事人自己主张,证据完全由当事人自己提供,法官只能根据当事人主张的事实和提交的证据进行判断。法官的角色是超然的第三方,事实调查拒绝法院主动介入,也不能主动调取证据。为了胜诉,一些当事人对自己不利的事实和证据可以自由隐匿,甚至作不实的陈述,法官并不干预,任由当事人制造谎言,诉讼中因此可能充斥着各种谎话、伪证。法庭犹如一场竞赛场,法官最终的裁判就是给获胜方颁奖,这种一味追求形式公平的模式并没有带来实质公平的结果,反而增加了法庭查明事实的难度,对诉讼效率和效果带来了干扰。

19 世纪末、20 世纪初期,垄断资本主义兴起,社会分工趋于复杂,民众对自由平等提出更高的要求,国家干预凯恩斯主义开始盛行。英美法系和大陆法系都意识到诉讼不能仅仅是对抗和斗争。这也带来了诉讼法理念上的转变,从"当事人竞赛理论"转向"真实发现理论"[2],法官的立场从保持消极及超

---

① 姜世明. 举证责任与证明度 [M]. 厦门:厦门大学出版社,2017:105.

② 参见 Jerome Frank, Courts on Trial95(1950),转引自参见黄国昌. 民事诉讼理论之新展开 [M]. 北京:北京大学出版社,2008:25.

然立场向"诉讼经营"的方向发展，司法干预明显加强。由此各国法律通过植入诚实信用原则对传统当事人主义下的辩论原则和处分原则予以修正。1938年的《美国联邦民事诉讼规则》，创设了著名的证据开示制度，当事人有义务主动地提出若干基本的核心信息，并且广泛地界定了经对方当事人的请求所必须提出的信息及证据范围。通过赋予当事人收集证据的权限，防止一方垄断、隐匿独占证据资料。1993年美国最高法院进一步修正的《联邦民事诉讼规则》第十六条，扩充法官在掌控证据开示制度程序及限缩争点的权力①。德国提出修正辩论主义的观点，提出了当事人的真实且完全义务、不负证明责任的事案阐明义务②，通过法官的阐明权（又称释明权）来调和辩论主义下的困难③。日本1996年修改的《民事诉讼法》，借鉴美国证据开示制度发展而来的当事人照会制度，并扩大当事人文书提出的义务。《日本民事诉讼法》第一百一十二条第2款规定，法院可以让当事人进行必要的陈述，此规定被视为日本关于释明的规定，对当事人进行质询或敦促当事人对事实主张及举证。

进入20世纪，从各国的规定来看，诉讼模式实际上已悄然变化，不再对当事人的诉讼持完全的放任态度，对于法官在诉讼中的职权的需求增大，提出了法官和当事人共同参与的"诉讼合作主义"，又称协同主义④。诉讼合作主义是从修正辩论主义的缺陷发展起来的，所以又称修正辩论主义。如前所述，辩论主义绝对尊重主体的程序自治权和确立法官坚守中立的原则。诉讼中绝对的平等对抗关系，不能兼顾到双方举证能力和客观无法举证的困难，尤其是面对新型案件和诉讼中证据偏在现象的现实困难等，只注重形式上的绝对公平，反而与实质正义的诉讼目标越来越远。尽管学术界还有不同的声音：认为"协同主义"会破坏辩论主义，借助协同主义推动诉讼真实和效率只是美好的愿望而已，是难以实现的⑤。逐步形成的共识是——诉讼合作主义，强化证明

---

① 参见：联邦民事诉讼规则修正委员会1993年第16条之立法说明（Fed. R. Civ. P. 16 advisory committtee's note）（1993），转引自黄国昌. 民事诉讼理论之新展开 [M]. 北京：北京大学出版社，2008：42.

② 施蒂尔纳. 民事诉讼中案件事实阐明时的当事人义务：兼论证明妨碍理论 [M]. 德国民事诉讼法学文萃. 赵秀举，译. 北京：中国政法大学出版社，2005：352.

③ 参见：《德国民事诉讼法》第138条，转引自黄国昌. 民事诉讼理论之新展开 [M]. 北京：北京大学出版社，2008：33. 黄国昌提出的调节手段是"当事人的真实且完全义务"和"法官的阐明权"。

④ 肖建华. 诉讼证明过程分析：民事诉讼真实与事实发现 [M]. 北京：北京大学出版社，2018：6-9.

⑤ 王次宝. 反思"协动主义"[J]. 清华法学，2010（1）：116-127；任重. 民事诉讼协动主义的风险及批判：兼论当代德国民事诉讼基本走向 [J]. 当代法学，2014（1）：111-119.

评价是趋势。对于是否应当干预早已不是问题，问题的重点在于如何干预，通过设置干预的规则和边界，协调职权与私权之间的紧张关系①。

反观我国在 20 世纪末期，民事诉讼理论和司法实践的改革举措却与各国的发展趋势背道而驰。早期我国的诉讼理念受职权主义的影响较大，20 世纪 80 年代末的司法改革着力于破除职权主义的干扰，改革的重点有：程序正义、当事人主义、证明责任、司法审判权应该被动等观念。显然，这些措施都是通过"弱化审判权"来实现辩论主义的要求，建立一个"理想的当事人主义诉讼"②。学术界总是以当事人主义为标准批判职权主义之恶，法院任何形式的职权行为运用都被理解为破坏当事人主义。一味地强调当事人对诉讼程序的主导，法官被限定为消极的"裁判员"角色；法院应当中立审判，不应主动调查证据。这一点在《证据规则》（2001 年）中十分明显，基本放弃法官应当履行必要职权的规定，法官的职权失位，主观证明责任盛行也就不足为奇了。

3.2.1.2　法官职权活动范围不明晰

我国的证据法理论，很少将法官查明事实的职权活动作为一个专题系统地进行研究，导致法官可能对应当履行的职权范围不明确。那么，法官有可能故意回避或遗漏一些职权，也可能因为理论工具掌握不全面，不清楚可以使用哪些方法。可见，有必要确立一个专门的概念用于归纳法官查明事实的职权活动，研究这一职权活动的理论基础，并对所有需通过法官主观判断的职权行为进行全面梳理，为法官行使职权提供清楚、完整的指南，这也是法官不能失位和越权的规则。这一概念就是本书提出的证明评价，具体理由、理论基础和根据我国现行规则梳理的可纳入理论的"补丁"在 4.1 证明评价理论与框架体系中详述。

大陆法系规范出发型思维模式下，王泽鉴教授借鉴德国学说大力倡导的请求权基础方法，近年来在我国实务界和理论界非常流行。根据请求权基础理论，需要寻找要件事实。如前文所述，要件事实是法官查明事实过程中的纲领，确立要件事实，证明责任制度分配方能正确开启。在当事人五花八门的主张抗辩中，正确提出要件事实，是一项十分复杂的法律思维活动，也是法官职权活动中一项重要的任务。要件事实应当由当事人承担证明责任，但为了证明要件事实的其他间接事实、辅助事实可以由法官自由心证。确立要件事实也是

---

①　肖建华. 诉讼证明过程分析：民事诉讼真实与事实发现 [M]. 北京：北京大学出版社，2018，4-19.

②　肖建华. 诉讼证明过程分析：民事诉讼真实与事实发现 [M]. 北京：北京大学出版社，2018：9.

分清证明责任与法官证明评价各自作用区域，确立法官职权过分干预的界限。

抽象的证明责任理论由于无法兼顾具体证明领域证据偏在、证明难题等，近三十年来，德国和日本对证明问题的研究已经从抽象的理论转向具体证明问题研究，从证明责任转向如何扩充法官事实认定方法，以事案阐明义务为主线，创造了一批新的"补丁"工具，包括摸索证明、表见证明、事实推定、间接反证、举证妨碍等，这些"补丁"工具的行使需要法官通过行释明权指挥当事人运用。经我国学者的引入，我们对于这些理论工具及概念已不陌生，也能在司法实践中见到它们的踪影。但是在德国和日本对上述理论的理解依然存在不同的见解，如对于摸索证明，德国原则上是禁止的，仅仅在公益诉讼或一方有根据的合理推测等情形下，有很小的适用空间。表见证明的适用规则在德国、日本和我国台湾地区也存在不同的看法。由于"补丁"工具零散存在，而且域外理论也存在争议，如果再盲目引进这些独立工具概念，势必造成实践的混乱。这些"补丁"工具的应用，其实都属于法官主观判断活动，应当纳入法官职权体系。

无论是大陆法系事案阐明义务、法官行使释明权等来促使当事人提交证据，还是英美法系通过证据开示制度，赋予当事人收集证据的权力和持有证据一方负有开示义务，来扩大能收集证据的范围，两大法系的做法可谓殊途同归。从实际效果来看，由于英美法系赋予当事人收集证据的权力，证据资料更充分，使得自由心证更容易；而大陆法系扩充证据资料需借助法官履行释明权，若法官未履行职权，实际效果可能会打折扣。这也进一步印证了，大陆法系的诉讼模式的有效运行离不开法官释明权的介入。一是，法官行使释明权或释明义务，对当事人的某些主张或提供的证据，初步判断后需向当事人澄清、调查某项事实。这一初步判断的行为，是法官已经完成了一次证明评价的活动。在当事人面临陈述不明、证据偏在、举证困难等特殊情况时，需要法官行使释明权指导。二是，通过释明再对当事人提出具体要求后，当事人完成的诉讼活动（举证、陈述、不作为）又成为法官证明评价的内容，最终帮助法官完成证明评价。日本的民事诉讼法就规定了，通过释明处分获得的资料应属于自由心证的内容。

综上，法官查明事实的职权，不仅仅只有审查判断证据和认定事实。确立要件事实、运用"补丁"工具和行使释明权是法官三项重要且又具有难度的职权活动。从案例折射的问题来看，这三项职权在实践中的运用不多。如果没有正确确立要件事实，那么证明责任难以正确分配；若不运用"补丁"工具、释明权，面对证据短缺时，只能简单运用证明责任裁判。虽然证明责任理论规则建立，但是由于法官职权没能有效介入，证明责任不能有效运行，事实认定难题不能被解决。

3.2.1.3 机械理解证据裁判和证明责任，抑制了法官职权发挥

证据裁判原则是诉讼的基本理念，俗话说：凡事要讲究证据。所以自由心证是建立在已有证据的基础之上的，两者看似是一致的，但实际错误地理解了证据裁判原则，将证据裁判与自由心证混为一谈。但凡对证据规则有了解，都知道法律可以对证据资格做出规定，但如果不放弃查明真相的追求，自由判断对法官来说，至关重要。从本质上看，自由心证是基于自由判断而形成的相信或确信，是法官基于对证据的观察而做出的；证据本身不会说话，法律不能直接规定证据的证明力大小和证明的内容，证据裁判本质上就是法定证据主义。

我国早期的诉讼理论受苏联影响较大。在苏联的职权主义诉讼模式中，查明事实及调查证据是法官的职权和职责。诉讼中法官不是旁观者，法院有职责查明案件的真实情况。职权主义模式与辩论主义模式在证明上的区别是：第一，法院的审判活动也是一种证明活动，法院有义务主动收集证据。第二，法院认识事实不受当事人主张的约束，不问当事人是否曾经提出过，法院有职责查明重要的案件事实①。苏联民事诉讼法学家认为，在证据不足的条件下，法院有权认定利害关系人所举出的事实不存在。证明责任是利害关系人的义务，对自己主张的事实有提供证据的必要②。这里会产生一个问题，既然法院有职责查明案件事实，那么当事人即使没有积极主张并提供证据，法院仍有义务查明事实。当事人是否履行义务都不重要，即使不举证，也不一定会承担不利后果，在这样的诉讼体制下，证明责任也就没有多大的意义。我国早期受这一观念影响很大，司法实践中法院依职权调查取证的情形非常常见，而且《民事诉讼法》第六十四条第2款明确规定了法官的这一职权③。理论界普遍认为，法官的职责就是查明事实，对于职权行为对公平的破坏并不重视。而当时对于举证责任的认识，认为这只是当事人的责任，即当事人不能证明自己主张时需承担不利后果，这也是一种典型的主观证明责任。这一错误观念在我国的影响非常深远，1991年《民事诉讼法》修改时，甚至还有人提出，如果举不出证据就败诉，不利于保护那些法律知识水平较差的人的利益，法院没有履行调查

---

① 多勃洛沃里斯基．苏维埃民事诉讼 [M]．李衍，译．北京：北京法律出版社，1985：198-199．

② 张卫平．民事诉讼：关键词展开 [M]．北京：中国人民大学出版社，2005：214．

③ 《民事诉讼法》（1991年）第六十四条第2款："人民法院认为审理案件需要的证据，人民法院应当调查收集"。

取证的职责①。

我国法律规定的部分条文，也是受证据裁判影响下的产物，这抑制了自由心证的发挥。比如《证据规则（2001年）》第七十六条："当事人对自己的主张，只有本人陈述而不能提出其他相关证据的，其主张不予支持。但对方当事人认可的除外。"第七十七条："人民法院就数个证据对同一事实的证明力，可以依照下列原则认定：（一）国家机关、社会团体依职权制作的公文书证的证明力一般大于其他书证；（二）物证、档案、鉴定结论、勘验笔录或者经过公证、登记的书证，其证明力一般大于其他书证、视听资料和证人证言；（三）原始证据的证明力一般大于传来证据；（四）直接证据的证明力一般大于间接证据；（五）证人提供的对与其有亲属或者其他密切关系的当事人有利的证言，其证明力一般小于其他证人证言。"第七十六条和第七十七条实际是对于不同证据区分证明力大小，对法官的自由心证形成了干扰。所幸《证据规则》（2019年修订）已将该条删除。还有《民事诉讼法》第七十五条，对当事人的陈述需"结合本案其他证据"判断能否作为认定事实的根据。这一规定，实际是要求对当事人的陈述必须有补强证据方能采信，不能单独证明案件事实，立法规定某种证据证明力评价的降级，延续了法定证据制度的错误。这一规定，造成实践中将当事人陈述视为证据采信的困难，为什么当事人陈述就必须配套其他证据方能采信，如果法官对当事人陈述十分确信也不行吗？这样的规定，严重束缚了法官的自由心证，如在北京判决书中，法官直接认定书面证据证明力更大，而不分析债务人否认的事实，就是深受上述规则的误导。

证明责任的适用缺乏规制，导致自由心证的适用空间被严重压缩。民事审判中，经常会遇到"证据短缺"导致"事实真伪不明"的情形，证明责任不可或缺，否则法官将无法完成裁判。面对认定事实有风险的案件，理论工具匮乏增加了法官查明事实的难度，压力之下的法官很可能会选择本不应当适用的证明责任。正如本书所举的现金交付的民间借贷案件，原本诉讼中应当十分常见的"原被告各执一词"和对立双方提交的"证据有矛盾、不一致"，法官却往往避而不谈，就直接得出"证据不足、事实不清"的结论。民事法官在查明事实过程中依赖"证据裁判主义"与"证据不足"的方法，交替灵活地使用②。法官并非严格按照证明责任的规则运用证明责任，而是将其作为法官想要得到某项结论的道具。

---

① 张卫平. 民事诉讼：关键词展开 [M]. 北京：中国人民大学出版社，2005：220.
② 侣化强. 事实认定"难题"与法官独立审判责任落实 [J]. 中国法学，2015（6）：292.

证据裁判原则是现代诉讼的基本理念，查明事实需要依靠证据；证明责任机制是诉讼的推进器，证明责任促使当事人举证。二者对于查明事实至关重要，与此同时，我们又要避免法官将证据裁判原则和证明责任作为卸责的工具，这确实是一个棘手的问题，但抑制心证显然不是正确的解决之道，希冀证据裁判和证明责任约束法官自由心证更不可取。

3.2.2 一个深层因素——自由心证受抑制

虽然大部分学者都认可我国采用的是自由心证而非法定证据制度，认为我国《证据规则》（2019 年修改）的第八十五条①蕴含了自由心证的原则。实务中，尽管民事法官也均在运用"自由心证"，但从判决说理来看却对自由心证讳莫如深，法官不愿意详细披露心证的理由，而更习惯运用证明责任，可见法官对心证的担忧和顾虑。理念上对自由心证存在偏见，抑制法官自由裁量权的发挥，造成法官职权活动的理论和规范的匮乏。

3.2.2.1 对自由心证偏见由来已久

证据判断的过程是主观的，证据的判决方法是人类理性对裁判者主观能动性的承认②。13 世纪的欧洲，就已经告别了神示证据制度，步入法定证据制度，与宗教神示的判断相比，法定证据制度通过预先规定证明力的判断规则，缩小了法官的随意性，限制了法官的恣意裁判。法定证据制度的历史悠久，但其局限性日益显现。它将证据的证明力在形式上、表面上绝对化，不需要法官去感知、判断，导致诉讼中的虚假行为盛行，更大的危害是在刑事侦查中出现刑讯逼供。18 世纪，文艺复兴推动了启蒙思想的萌发和发展，这一时期崇尚自由、理性和良心，促使自由心证的确立。1791 年法国民法典正式确立自由心证主义，之后欧洲大陆及日本也在立法中确立，并将自由心证确立为判断证据的基本原则，被认为是"发现真实与抑制随意性这两种要求在近代诉讼制度中的体现"③，但是对自由心证的误解一直存在。

自由心证能否作为我国的证据制度，从引进到主张，经历了争论和交锋，再到反对、敏感直至冷落。我们对于自由心证的批评，主要针对"理性""良心"，认为自由心证意味着法官要运用自己的主观知识做出判断，一旦涉及主观判断，在我们长期受唯物主义哲学观的思维模式的影响下，就与"主观随

---

① 《证据规则》（2019 年修订）的第八十五条，将原《证据规则》（2001 年）第六十三条、第六十四条合并。

② 肖建华. 论法官心证的客观化［J］. 金陵法律评论，2002：158-164.

③ 王亚新. 社会变革中的民事诉讼［M］. 北京：中国法制出版社，2001：294.

意""主观任性"等联系在一起，主观即唯心，就不能反映事物的客观规律。而"自由"也是不被接受的，意味着随意没有约束。于是自由心证被贴上"唯心主义""主观""随意""自由裁量权滥用"等标签。相反，只有依据法律，才是客观的、唯物的。即便法律规则存在固有局限性，不能有效地解释社会生活和解决问题，也会被认为是选择法律所必须承受的代价，对社会全体成员也是公平的。

我国台湾地区学者姜世明说，自由心证在台湾地区有被"污名化"之现象，部分情形可能系台湾地区实务对民事证据法学未有足够认识，部分情形可能系实务上有包藏祸心之滥用状况，而更多情形可能系外界对于自由心证内涵之误解，产生对法官恣意之疑虑。李学灯先生曾言："民刑诉讼法用自由心证或自由判断一词，多年以来，不独为一般人所误解，且在实务中亦流于草率擅断，以致仅凭臆想推测，或违背日常生活上之经验法则或伦理法则者，屡见不鲜。此于历来判牍反复纠正之情形，可以见之。"① 李学灯先生还建议，"此种用语，在法律条文内，自以不再沿用为宜"②，以纠正人们观念上的偏见。可见，对正确理解自由心证理论异常关键。

自由心证在当今的证据科学中被认为是一个具有多种内涵的概念。有学者指出，在我国学术界，自由心证至少有三种所指：一是作为证明标准的自由心证，二是作为证明模式的自由心证，三是作为证明力评价的自由心证③。通常而言，我们多从证明力评价角度来谈论自由心证，并将之与"法定证明制度"相对比。然而，"从根本意义上讲，自由心证是探索事实真相的直觉感知模式，指法官通过证据自由评价实现从客观确信至判决责任伦理的跨越"④。自由心证的制度体系包含"证据自由""证据自由评价"与"判决的责任伦理"三个方面。所谓"自由"，是指法官基于"良心"和"理性"对证据做出的判断，不受任何其他限制和约束。"心证"是指法官通过对证据的判断而形成的内在信念。信仰是一种精神状态，人们通常会处于这种状态，而无须受到任何检查，法官需以此状态作为裁判的依据。被普遍视为自由心证的经典表述，是法国重罪法庭用粗体大字张贴于评议室最明显的位置的这句训词："法律不过问法官形成自我确信的理由，法律也不为法官规定某种规则并让他们必须依赖

---

① 李学灯. 证据法比较研究 [M]. 台北：台北五南图书出版有限公司，1998：704.
② 姜世明. 证据评论 [M]. 厦门：厦门大学出版社，2017：1.
③ 施鹏鹏. 刑事裁判中的自由心证：论中国刑事证明体系的变革 [J]. 政法论坛，2018 (4)：17.
④ 施鹏鹏. 刑事诉讼中的证据自由及其限制 [J]. 浙江社会科学，2010 (6)：39-46.

这种规则去认定某项证据是否完备，是否充分。法律只要求法官平心静气、集中精神、自行思考、自行决定，本着诚实，本着良心，依其理智，寻找针对被告人及其辩护理由所提出之证据产生的印象。法律只向法官提出一个概括了法官全部职责范围的问题：您已有内心确信之决定吗?"法国《刑事诉讼法典》第三百五十三条规定，重罪法庭退庭之前，审判长应宣读上述训词①。

当代自由心证的合理性在于：自由心证主义的隐含前提即是每个人都具备普遍理性，具备人类共有的认识能力，并且这是其获得科学知识的唯一正确途径；而法律事务中确认事实的规则与在其他领域内进行调查的规则是相同的，因而任何人都可以根据自己的能力来评断案件中的证据②。这种具有普遍理性的所谓普通人和由约翰·斯图亚特·穆勒首先明确提出并成为正统经济学核心概念的经济人一样，他们的共同形象是：意志绝对自由、具有理性和人类共有的认识能力、会根据趋利避害原则对其所面临的一切机会和目标及对实现目标的手段进行优化选择。而且，理性人是普遍性的。诺贝尔经济学奖获得者英国的哈耶克提出"心智共同结构"，认为个人之见在心智模式方面存在内在关联，正如人们之间存在着一种共同的思想结构（a common structure of thought）的事实乃是他们彼此交流、沟通，以及他们有可能理解某个人所说的意思的条件一样，这种共同思想结构也是无数人据以解释诸如他们在经济生活或法律中、语言中以及习惯中所发现的那些复杂社会结构的基础③。由于人们具备共同心智结构，通过经验规则推理完成心证则具有可能性，而且任何一个普通人都可以完成。

法国罗伯斯庇尔在论述陪审制度的合理性时指出，"在法律复杂的地方，应用法律较为困难；但判定事实是否存在的困难是与这点无关的。在一切国家里，在一切立法制度下，罪证都是属于事实的范围；借以发现罪证的概念和推理是相同的。为了看到和认知罪证所必需的能力也是相同的。……无论你们如何挖空心思想出各种困难的事例，我既不能同意它们（指事实问题）的识别能力与某种方式或某种职业有关，也不同意这种能力是超过有理智的人，甚至于受社会信任来承担这种责任的有识之士的理解力的"④。普通人理性和共同

① 樊崇义，刘涛. 论韦伯的"形式理性"理论与刑事证据法律的"理论基础"[J]. 证据法学论坛，2003 (5): 261-277.

② 科恩. 证明的自由 [J]. 何家弘，译. 外国法评译，1997 (3).

③ 哈耶克. 社会科学的事实，个人主义与经济秩序 [M]，邓正来，译. 北京：生活·读书·新知三联书店，2003: 114.

④ 罗伯斯庇尔. 革命法制和审判 [M]. 北京：商务印书馆，1965: 25-26.

心智的理论证明了，通过共同的经验规则可以完成推理，而且这一理性是普遍存在的，是我们每个人都能具备的，自由心证也是每一个普通理性人都能完成的任务。陪审团制度进一步印证了这一理论的正确性。理性抽象人，为自由心证主义的出现奠定了哲学基础，也成为自由心证作为法律制度的正当性基础。

纵然我们对于自由心证有各种偏见，也难以抹杀主观知识和判断的存在及其意义，更不能因为可能导致潜在的擅自主观判断而因噎废食。解决之道，别无他法，唯有正视自由心证，全面地审视自由心证，完善规则。

3.2.2.2 司法公信力欠缺，法官自由心证的压力大

法律只能解决举证责任分配的问题，认定事实只能依靠法官的自由心证来完成，这需要由法官主观加以判断，而另一方面我们又不信任法官，担心法官擅断，恣意裁判。长期以来，我们都处在一个矛盾之中：一方面，渴望造就一批高素质、有担当的法官，能独立行使审判权，公正司法；另一方面，现实中，由于法官违规乃至腐败的现象时有发生，司法公信力不高，因此又希望通过证据规则、证明责任、司法责任制等来约束审判权，防止权力的滥用。如此一来，在民事诉讼中，不得不在期待法官独立与约束审判权之间摇摆不定。实践中明显对后者的要求更多，因此也带来了审判权的弱化。即便是在强调司法责任制的改革背景下，对"审理者裁判、裁判者负责"的强调，也抵消不了对法官审判权的顾虑。本轮司法改革，司法员额制大幅提高了法官的政治地位和薪酬待遇，司法责任制也对法官的履职构成了一定约束。然而改革带来的法官利益和地位的变化，并不必然保证法官公正；司法责任制中的责任追究措施也远达不到对法官行为的有效约束[①]。

实践中，司法责任制运行并不顺畅。一方面，被追究责任的案件数量整体不多，有问题案件未被问责。另一方面，在维稳压力下，也有不少不当问责的案件。比如曾经轰动的"莫兆军案"，莫兆军法官审理一起1万元的借款案件，张某主张借条是在威逼下写的，法官认为没有证据证明该主张，于是判决认定借条有效，张某夫妇应当还钱。随后莫兆君法官被检察机关以玩忽职守罪逮捕关押317天，最终被改判为无罪[②]。回顾莫兆军一案，莫兆军法官在刑事案件程序中答辩称，由于被告一方提出被胁迫的问题没有证据证实，且被告长达几个月的时间里没有报案，也没有像亲属反映的表现不正常，在与本庭同事

---

① 顾培东. 法官个体本位抑或法院整体本位：我国法院建构与运行的基本模式选择 [J]. 法学研究，2019（1）：14.

② 顾万明. 广东四会市一被告败诉自杀 法官被判无罪 [EB/OL].（2020-02-11）[2022-04-30]. https://www.chinacourt.org/article/detail/2003/12/id/94921.shtml.

商量后做出判决①。法官根据"谁主张、谁举证"，原告完成了举证，而被告的辩解胁迫没有证据，这一裁判逻辑本无可厚非，也与大多数法官的思路相同。试想，若法官在审理中，内心真的认为原告在撒谎，借据是胁迫的，法官敢于推翻欠条吗？显然难度和压力远比适用证明责任更大。基于维稳等因素，这会对法官造成巨大的心理压力。法官因履职被追究刑事责任的案例，无疑加重了法官对自由心证的心理阴影，更加惧怕和排斥自由心证。

法官职业素养的高低，决定了审判权是否能公正运行。只要存在主观判断的地方，就需要依靠高素质的人来完成。在笔者看来，真正有效约束审判权的方式，并不是一味地束缚，而是借助职业伦理的"内嵌化"，让法官获得良心上的安宁。毕竟，再多的外在约束，都不如让法官追随良心、追随职业伦理裁判更加有效，这就是内在的激励约束机制。相比于薪酬待遇、责任机制等外部激励约束机制而言，法官这一种特殊职业无疑要求更多内在的激励约束机制。有研究指出："当以任务为导向的机构想要使用外部奖励的策略，比方说承诺将论质计酬，结果很可能会事与愿违。在具有高度内部兴趣的工作上使用外部奖励策略，会导致人们只专注在工作的奖励上，而非自身的内部兴趣或是更远大的目标。而结果就是对内部动机产生'排挤'：若大家一直持续被引导，认为工作主要就是一种达成金钱目标的方法，那么他们就会对努力达成组织机构更宏大的使命这件事失去兴趣。……想要把所有机构单位都变成公司来经营，反而会对实际的运作状况造成很大的阻碍。"②诚然，对法官而言，优渥的待遇是确保其能公正审判的重要因素。但是，法官不是简单的生产标准化产品的职业，这一职业会不可避免地涉及对人与事的内心判断。就此而言，司法绩效考核制度是否适得其反，值得深思。

信任是法律系统正常运行的润滑剂，也是司法权威的源泉。在没有信任的制度下，法官无法保持稳定安宁的内心状态判断。当前我国民众对司法还不敢说完全放心，一次判决腐败不公，就能轻易挥霍掉前人累积的信任资本，但想再重新聚集这样的资本，可以说是难上加难③。从司法改革至今，这一工作始终都推进艰难，就印证了这一点。建立司法信任的良性机制是自由心证的保证，也是所有法官群体任重道远的目标。

---

① 详细案情参见广东省高级人民法院刑事裁定书（2004）粤高法刑二终字第24号。

② 穆勒. 失控的数据 [M]. 张国仪，译. 台北：台北远流出版事业股份有限公司，2019：79-80.

③ 福山. 信任：社会道德与繁荣的创造 [M]. 李苑蓉，译. 呼和浩特：远方出版社，1998：174.

3.2.2.3　自由心证的机制尚需完善

纵然我们对于自由心证有各种偏见，也难以抹杀主观知识和判断的存在及其意义，更不能因为可能导致潜在的擅自主观判断而因噎废食。解决之道，别无他法，唯有认真对待自由心证，全面地审视自由心证。自由心证承认法官依照良心和理性，能够完成事实认定，心证的完成靠人的主观行为落实。但如何保证法官的主观行为是否符合自由心证规则的要求，若自由心证能够在一个国家的司法体制中顺畅运行，需有配套制度支持。检视我国司法体制现状和相关证据制度，都远远不能说已经健全了。

（1）法官的职业化、精英化。

自由心证的原则对法官有两个要求：高道德素质和深厚的专业素养。自由心证给予法官更大的自由裁量权，而这种自由裁量权存在被滥用的危险。只有具有较高道德素养的主体，对于各方才容易信任并接受。基于此，各国法律对法官的道德素质、法律素养和专业背景提出了很高的要求。例如，在德国，担任法官有两个阶段。第一阶段是正规的大学学习。这种学习的平均持续时间约为五年。学生接受正规教育后，必须参加第一次考试。如果他通过了考试，这个人就被称为实习裁判。然后他在相关的法律领域实习了两年。实习结束后，该人将参加第二次国家考试，考试持续几天，将通过笔试和口试进行。通过第二次国家考试后，该人被称为候补法官。日本的助理法官是从通过司法考试并接受司法培训的人中被任命的。高等法院院长、法官由具有十年以上工作经验的助理法官、检察官、律师等法律人员任命。简易程序法庭的法官由上述具有三年以上工作经验的法律人员任命。在英国，只有执业满 10 年及年满 50 岁的大律师才有资格获法官提名，并获英女王委任为高等法院法官。根据大法官的推荐，只有出庭满 10 年的女王大律师和获委任超过 3 年的记录法官才有资格获女皇委任为巡回法官。虽然记录法官是业余法官，但他们也是由女王根据首席大法官的推荐，从执业至少 10 年的大律师或律师中任命的。副巡回法官、助理记录法官和受薪法官的任命资格也受到服务年限和专业背景的限制。在联合国相关法律文件中，也对法官素质提出了更高要求。《司法独立基本原则》（1985）第十条规定："被选任司法职务的人应当是受过适当法律培训或者具有一定法律资格的诚实称职的人"。从大多数国家和联合国的有关文件来看，选拔法官的重点是审查法官的内部条件和选拔高素质人才。为避免外界干扰法官裁判的正确形成，除了对法官自身素质提出较高要求外，也在工资、任期、免税等方面给予其保障，确保其在审判和作出司法判决方面拥有独立自主权，在解聘方面进行了处罚，并试图通过保障法官身份，提高法官作为个体的抵御干扰能力。近年来，我国法官的素质在逐步提高，尤其是员额制改革以来，法官精英化、职业化的趋势已经明了。如前文所述，在对法官提出学历和专业要求的同时，高尚的道德和强烈的社会责任感是更不容忽视的。

（2）完善的证据制度。

设定证据制度绝不意味着要完全剥夺法官在证据判断方面的自由裁量权，否则便是退回到法定证据制度的老路。在证据证明力的判断领域，"莫若加重法官自由裁量之权限，而又明示其所得拒绝容许之范围。是不独就证据能力放宽其限制，且对有证据能力之证据，有时亦得不予容许"①。

证据裁判主义被认为是自由心证的前提，是现代各国的诉讼制度，这均要求法院判决认定的事实必须以证据为基础，不允许裁判者仅以纯粹的猜测或想象来进行事实认定。而且在诉讼证据资料非常充分的情况下，即使不对法官的判断施加限制，也能实现高度盖然性的认定。与之相反，如果应该加以审酌的诉讼证据资料不充分，纵使法官自由判断，效果也难以达到。因此，自由心证应当建立在确保法官能取得充分完整的资料的前提下。哪些可以作为证据使用，需由证据制度规定，这些规则都是法律规定的，是法官所必须遵守的，这也说明心证并不是随心所欲。

一是自由心证受心证的对象制约。自由心证的内容包含事实认定的资料以及审酌资料的方法。具体来讲，事实认定的资料是指，作为证据调查结果的证据资料和当事人陈述的内容，最终在法庭上出示的证据。证据方法原则无须限制证据能力，所谓书证、物证都没有限制，依据证据共通原则，一方当事人提出的证据也能为对方所用。法官心证的范围不能违反辩论主义的限制。唯有当事人主张的要件事实和重要的间接事实才能作为心证的对象②。对于当事人自认的事实，法官应当予以确认。

二是举证责任分配的法定化。唯有举证责任的法定化，方能促使应当举证的一方提交证据，保证法官心证的资料尽可能充足。举证责任法定化，也是法官正确行使诉讼指挥，促使当事人履行相应诉讼义务的重要保障。证明责任法定性方能避免证明责任成为法官逃避心证、推卸责任的工具。证明责任的客观性与自由心证的主观性相互分工配合，对于各自适用的空间又是明确区分的。

三是自由心证的适用依据经验规则和标准证明度都是客观的。自由心证的适用依据是经验规则，台湾地区学者蔡墩铭先生指出："经验法则属于客观且

---

① 李学灯. 证据比较法研究 [M]. 北京：五南图书出版公司，1992：483.

② 详细阐述见本书 4.3.2.1。

普遍之法则，故此为大多数人可以接受之法则，是以依此法则而为证据判断，当具有相当之客观性；反之，非依据经验法则实难为正当之证据认定。然而，无论经验法则或论理法则均用于认定事实，此为有关事理方面之因果关系知识及推断事理之历程定则，是以认定事实不得违背吾人日常经验所得之知识，亦不得违背逻辑推理，否则难免被认为判决不适用法则或适用法则不当。"① 法官心证达到最低证明度识别，就可以利用自由心证作出事实认定。而这一证明度的标准，是法定的，也是客观的。证明度是适用自由心证还是证明责任的刻度，未达到心证的真伪不明标准即适用证明责任。

四是直接言词原则。法官必须本人亲自听取原、被告，证人和其他诉讼参与人的陈述。事实必须以口头形式陈述给法院，调查证据应通过当事人口头辩论，法官盘问来进行。这一原则不仅保证了起诉和答辩在平等条件下进行，而且辩论的对抗性有利于诉讼活动的有效性和充分实施。双方意见的异同可以得到清晰的印象，这有助于确定证据的真实性。相反，如果诉讼的当事方或其他参加者通常不出庭，或者法官不能亲自对证据进行审查和判断，如何才能确定证据的真实性和可靠性，据此得出心证的结论也是值得怀疑的。审判委员会决定的案件事实，以及委派法官助理取证、质证甚至代为认定事实等做法，都是违背直接言词原则的。

（3）健全的判决书说理制度。

传统意义中，自由心证是隐秘心证，而在现代诉讼中，自由心证必须公开。除了公开审判外，心证公开的要求是通过判决公开心证的理由，心证的结果是如何形成的，以及有哪些证据可以支持自己的心证，使用了哪些证据，哪些证据不被采纳，对证据形成的链条所得出结论应当充分合理地解释。必须公开判决理由是对法官滥用自由裁量权的有效约束，以便于公众对审判进行监督，这也是公正审判和审判质量的保障。同时，心证必须在判决中公开，如此，对于原审心证及事实认定正确与否，在二审、再审时才有审查的依据。

心证公开也是对法官的有效约束。每一位认真的法官，撰写一份充分阐明案件事实，具有说服力的判决，这样的履职行为本身就是对自由裁量权的抑制②。德国的法定庭审权制度规定当事人辩论中主张、反驳的所有观点，法官有全面回应的义务③。日本的辩论全旨趣原则，也对法官公开心证范围及必须

---

① 蔡墩铭. 刑事诉讼法裁判百选 [M]. 北京：五南图书出版公司，1993：131-135.

② 沃尔德. 哈佛法律评论 [J]. 法学译丛，1988（1）.

③ 德国民事诉讼法中法定庭审权原则和日本辩论全旨趣原则都是对于法官心证必须全面穷尽当事人所主张的规定，详见下文 4.1.1 证明评价的概念。

公开作了强制性规定。我国对法官在判决中应全面回应的义务，法律上未作明确规定，实践中出现判决书说理不全、遗漏当事人诉辩理由的现象也是常态。如果理由不完整、不全面，自由心证就有"秘密"之嫌。提升判决文书质量和说理的说服力，不仅需要法官提高专业功底，应对当事人全部的主张，不遗漏当事人的理由是起码的要求。对此法律应明确规定。只要规定了全面回应制度，没有法官愿意或敢于公开说谎。对事实遵循逻辑和经验法则，根据良心正义进行评价，作为一般的普通人都很难越权，因为常理就是生活中的普通道理，一眼便知。何况评价的主体是当前越来越重视职业化、精英化而选拔出的法官。即便是法官可能存在不公正的想法，在强制公开心证的规则下，要完成一篇违背基本常理的文书，也并非易事。

由此可见，穷尽心证是可以设置标准的，公开心证也是可以检验的。打造高素质的法官队伍，建立配套完善的证据制度和心证公开制度，自由心证也并非洪水猛兽不能约束。制约法官恣意裁判，防止司法腐败，不能抑制心证，而是必须正视心证，健全自由心证运行的配套机制。

4 解决路径：
正确理解和运用证明评价

    长期以来我们对证明责任、证明评价在认识上存在误区，理论发展严重不平衡，事实认定的理论体系不完整。证明评价理论严重匮乏，造成证明评价失位和失范。相应的，证明评价研究薄弱也阻碍了证明责任的运用。例如用尽自由心证的标准是什么？如何完成自由心证？应当或可以使用哪些理论工具？如果没有完整的规范，用尽自由心证只能是一句空话。没有充分的心证，适用证明责任也就只能是一个结论，一个概念而已。过去我们不仅忽视了证明评价，也没有搭建证明评价与证明责任共同作用的完整的事实认定体系，造成了证明责任的滥用，沦为法官卸责的工具。既然认定事实只能依靠法官良心和理性，解决之道唯有正视以自由心证为核心的法官证明评价行为，规范法官查明事实的职权行为，才能构建完整的事实认定体系。

    学术界很少将法官查明事实的职权活动选择一个专门概念，作为专题研究对象，与之相关的自由心证、释明权以及法官查明事实的职权活动零散地存在于诉讼法理论中，没有系统整合。而且自由心证、审查判断证据等概念也无法统领所有的法官查明事实职权。对于法官查明事实过程中的职权活动，确立了一个专门概念——证明评价，这一创见十分必要。一是，将查明事实有关的职权活动都纳入证明评价的范畴，完成系统整合，以规范法官的职权活动。二是，理顺证明评价与证明责任二者的关系，厘清二者的功能和各自作用的边界，使其协同配合，构建完整的事实认定理论体系。

4.1 证明评价的理论概述

4.1.1 重构证明评价概念

前文已经论述了，法官查明事实的职权活动需要一个专门的概念来概括，并进行系统研究，而在我们的诉讼法学领域中并没有设置这个概念，本书认为用证明评价来概括是适宜的。

我国证据法学和诉讼法学的教材中不常使用证明评价的概念，常见的类似表述有"审查判断证据""证据评价"等。如樊崇义的《证据法学》用的是"审查判断证据"，指的是"法官或裁判者对所收集的证据材料进行分析、研究、鉴别，判断证据材料的证据能力和证明力，分析证据材料证明的事实与案件事实之间的关联性，从而认定案件事实的一种活动"[①]。张卫平主编的《民事证据法》在经验法则中提到了"证据评价"[②]；江伟主编的《民事诉讼法》使用的是"证据审查"和"证据认定"[③]。他们所指的"证据评价"大部分都是对证据真实性、合法性和关联性"三性"和证明力的认定。上述教科书中所指的证据评价等概念并不能囊括法官所有应当完成的事实判断活动。《证据规则》（2019 年修订）第八十五条提出法官如何对证据证明力进行审查和对事实作出认定[④]。

段厚省教授是国内最早提出"证明评价"概念来归纳法官发现事实活动的学者，他发现由于没有证明评价的概念，容易对法官查明事实和证据审查这两种不同性质的行为造成混淆。学术界习惯使用"审查判断证据""证据评价"等，从字面上看，一般只会认为是对证据进行审查核实，而不会认为是法官对事实的判断。在实践中，也经常将证据的审查与事实认定活动混淆[⑤]。在德文中，"自由证明评价"（Freie Beweiswürding）也可翻译为"自由证据评

---

① 樊崇义. 证据法学 [M]. 北京：法律出版社，2001：227.

② 张卫平. 民事证据法 [M]. 北京：法律出版社，2017：128.

③ 江伟. 民事诉讼法 [M]. 北京：北京大学出版社，2015：212-214.

④ 《证据规则》（2019 年修订）第八十五条"人民法院应当以证据能够证明的案件事实为根据依法作出裁判。审判人员应当依照法定程序，全面、客观地审核证据，依据法律的规定，遵循法官职业道德，运用逻辑推理和日常生活经验，对证据有无证明力和证明力大小独立进行判断，并公开判断的理由和结果。原《证据规则（2001 年）》第六十三条、第六十四条.

⑤ 段厚省. 证明评价影响因素分析 [M]. 北京：法律出版社，2009：5-11.

价"，但它与"自由心证"（Freie Überzeugung）不是同一德文词①。而按照段厚省教授的说法，罗森贝克所使用的"自由证明评价"，其实就是我国学理通常所说的"自由心证"概念②。段厚省教授认为以"证明评价"作为法官对当事人证明进行评价的活动的概念是比较适当的，这是段教授在考证了罗森贝克《证明责任论》的中译本、普维庭《现代证明责任问题》的中译本和陈刚教授的《证明责任研究》等著作中提到的"证明评价"一词，并与陈刚教授探讨后得出的结论。段教授给证明评价所下的定义是：法官通过对当事人的证明活动进行评价，从而对作为裁判基础之事实进行确定的证明活动③。笔者也完全同意段厚省教授提出的应当用证明评价统率法官查明事实的职权活动及对证明评价概念的界定。

就比较法层面而言，在德国民事诉讼法学界中，无论是罗森贝克的《证明责任论》，还是普维庭的《现代证明责任问题》，都使用了"证明评价"的概念。罗森贝克认为："自由的证明评价和证明责任统治着两个领域，虽然这两个领域有着密切的联系，但它们之间的界限还是非常明确的。自由证明评价教导法官根据其修养和生活经验，从诉讼辩论的全部内容中，对其在诉讼中提出的有争议的主张的真实与否自由地获得心证；证明责任则教导法官，一旦自由证明评价使其一无所获，就必须做出判决，证明责任会给予其自由证明评价所不能给予的东西。"④证明评价的原则，是法官自由地根据其心证来认定一主张是真实的。罗森贝克指出："即法官根据其自由的、有根据的心证，能够并应当认定一主张是真实的。不再履行特定的形式，而是以法官的心证来认定一主张是真实的。法官根据一般经验规则来获得这样的心证，此等经验规则不符合源自科学研究的结果，不符合源自对于人类生活、行为和繁忙的活动的观察。借助这样的经验规则，法官检验证据的证明价值，尤其是检验证人证言的证明价值，同时检验证据是否能够对有争议事实真实性的心证。"⑤ 无独有偶，在普维庭看来："证明评价就是检验证明的程序，亦即法官要检验某项事实主张是否需要证明，具体情况下一项事实主张是否已经得到证明。只有在证明评价结束，法官认为待证事实真伪不明时，这时法官才可能借助客观证明责任对

① 罗森贝克. 证明责任论 [M]. 5 版. 庄敬华，译. 北京：中国法制出版社，2018：516.
② 段厚省，张峰. 证明评价原理兼对民事诉讼方法论的探讨 [M]. 北京：法律出版社，2011：9.
③ 段厚省. 证明评价影响因素分析 [M]. 北京：法律出版社，2009：13-15；段厚省，张峰. 证明评价原理兼对民事诉讼方法论的探讨 [M]. 北京：法律出版社，2011：11-12.
④ 罗森贝克. 证明责任论 [M]. 5 版. 庄敬华，译. 北京：中国法制出版社，2018 年：77.
⑤ 罗森贝克. 证明责任论 [M]. 5 版. 庄敬华，译. 北京：中国法制出版社，2018 年：78.

纠纷做出判决。因此证明评价就是实际的具体评价（事实问题）；而证明责任乃是法律适用问题，即立法者的抽象规则问题（法律问题）。"①由此可见，对于"证明评价"这一概念，德国民事诉讼法学者并不陌生。并且，他们对证明评价与证明责任进行了明确的区分，且肯定了两者的功用之不同。

与此同时，汉斯·约阿希姆·穆泽拉克在其《德国民事诉讼法基础教程》提到"证据评价"。《德国民事诉讼法》第二百八十六条第 1 款规定了法官自由评价证据的原则中描述的含义是：在民事诉讼中，法官在确认法律上具有显著意义的事实时不受"评价事实时确定各证据手段的价值"的法律规范的约束，而是依照自己的确信裁判"某个事实主张是否应被看作真实或不真实"，法官在判决书中必须说明该理由②。汉斯·约阿希姆·穆泽拉克书中的"证据评价"就是指法官自由裁判事实真伪的活动。虽然中译本没有使用"证明评价"一词，但《德国民事诉讼法基础教程》中，对法官发现事实的活动，是有这一概念的，并作为事实认定重要部分专题介绍。德国诉讼法中的法定听审权原则，是对法官的证明评价活动的约束。根据《德国基本法》第一百零三条，法院有义务使得当事人能够在诉讼中以充分和恰如其分的方式陈述他们所持有的看法。并给予当事人提起申请、主张事实和对此提供证据，保证另一方及时知晓对方当事人的陈述以至于能对之发表意见的权利。如果法院调查某项事实，则必须将之通知双方当事人并且听审他们，也必须能从法院所作裁判中看出：法官以及诉讼参与人的陈述并且已经与他们进行过探讨③。可见，法定听审权不仅赋予当事人有充分提出申请、证据以及陈述的权利，也要求法官必须完整地在裁判中回复当事人的全部陈述，而且明确了法官有全面回应的义务，也是对"法院审酌义务的固化"④。法定庭审权既是当事人的权利，也是约束法官的规则，其实也是法官庭审时应当遵照的指南，法官应当对当事人的全部陈述予以回应。法定听审权是德国程序法上的基本原则，具有宪法的地位，若违反法定听审权基本原则的，当事人在穷尽所有诉讼程序后，可向联邦

---

① 普维庭. 现代证明责任问题 [M]. 吴越，译. 北京：法律出版社，2000：89.

② 该书第六章"事实与陈述"的第三节是"法官对当事人的事实陈述评价"、第六节是"证据评价"。穆泽拉克. 德国民事诉讼法基础教程 [M]. 周翠，译. 北京：中国政法大学出版社，2005：266.

③ 穆泽拉克. 德国民事诉讼法基础教程 [M]. 周翠，译. 北京：中国政法大学出版社，2005：61.

④ 蓝冰. 德国民事法定庭审请求权研究 [M]. 北京：知识出版社，2019：87.

宪法法院提起宪法抗告①。

在日本民事诉讼法学界，新堂幸司所著的《新民事诉讼法》中事实认定方法一章包括"自由心证主义"和"证明责任"。自由心证主义的内容包括：证据调查中所有的证据资料和辩论全旨趣。即诉讼参加人在口头辩论中出现的除证据资料之外的其他所有资料，包括辩论全部内容、通过释明处分获得的资料、当事人或代理人陈述时的神情态度、攻击防御方法提出的时间等都属于辩论的全旨趣，可作为法官心证的依据②。辩论全旨趣是日本诉讼法中非常重要的一项制度，不仅为法官心证提供了充分的资料和依据，也是对法官认定事实范围和规则提出的具体要求。按照辩论全旨趣的要求，日本法官对于案件事实认定的依据显然不只是证据资料，还包括当事人的辩论内容，甚至庭审中的态度、提出主张的时间等这些不能直接证明案件事实的内容，这些都可作为法官评判事实的依据。

德国、日本的民事诉讼研究中对此均有专题介绍，只不过由于翻译的原因，我国在引进德、日教材中使用的用语不统一，存在"证明评价"与"证据评价"两种翻译。我国的教材中并没有将证明评价作为专题讨论，部分文献和著作虽有所提及，但只是将其作为一般的一个理论术语，而没有对其内涵、外延进行系统的研究。学术界将证明评价作为专题的研究成果很少，仅有的一些研究也只是停留在证明评价的主体、内容、方法、监督规范等方面。因此，关于证明评价的概念，理论上需重新予以界定，应当是法官审查判断证据、发现事实的职权活动；其内涵、外延，在事实认定体系中的地位与功能都需进一步研究。

4.1.2 证明评价的理论基础——真实完全义务

任何法律概念和制度构建，都必须建立在深厚的理论研究基础上。理论基础是制度系统搭建和顺利运行的保障。

民事诉讼的基本模式从职权主义到辩论主义，再到诉讼合作主义，是从对法官在查明事实中职权的完全无限制，到绝对禁止，再到对职权介入的肯定。诉讼合作主义既是现代民事诉讼的基本模式，也是证明评价的理论基础。考察

---

① 参见《德国基本法》第 93 条第 1 款 4a 项、《联邦宪法法院法》第 13 条第 8a 项、第 90 条及之后，转引自尧厄尼希. 民事诉讼法 [M]. 27 版. 周翠，译. 北京：法律出版社，2003：161.

② 该书第五章举证活动与事实认定的第三节事实认定的方法之第 1 款和第 2 款分别介绍了"自由心证主义"和"证明责任"。高桥宏志. 民事诉讼法：制度与理论的深层分析 [M]. 林剑锋，译. 北京：法律出版社，2003：388.

大陆法系其他国家的规定，通过课以当事人"真实完全的义务"和法官履行释明权（又称"阐明义务"）来扩充当事人的举证范围。对当事人而言，不仅只是按举证责任分配规则完成举证，还应按法官指挥诉讼的要求进一步提交证据、如实陈述；对法官而言，不仅只是对证据评判完成事实认定，还要对当事人的诉讼活动通过释明权进行干预，指挥当事人进行举证、陈述。真实完全义务的设立，扩大了法官在诉讼活动中证明评价的范围，释明权扩大了法官证明评价的职权。以这两项制度为主线进行研究，分别对真实完全义务项下的具体制度进行整合，并通过对法官释明权行使的研究探寻法官证明评价应如何运用，以完成证明评价体系的建立。笔者的这一设想，在《证据规则》（2019年修订）中得到了契合。最高人民法院副院长江必新在《证据规则》（2019年修订）发布会上介绍了本次修改的主要内容，第一条就强调了法院依职权取证应进行严格限制，应通过释明权的行使加强对当事人的举证指导和履行真实完全义务。本次修改相应地也增加了涉及当事人真实义务和扩大法官释明权等职权行为的规则，比如第十七条依职权调查取证、第四十五条至第四十八条对文书提出义务提出了更明确的规则、第九十五条证明妨碍制度。

4.1.2.1　真实完全义务设立的必要

理论界对是否有必要设立真实完全义务也存在分歧。笔者赞同设立真实完全义务的观点。诉讼中当事人的义务不仅只有举证责任，真实完全义务扩大了当事人诉讼资料提供的义务，真实完全义务项下可包括多项具体制度，相应地扩大了法官的职权范围和查明事实的依据。

对是否应设置真实完全义务，学术界存在非常大的争议。有学者认为，真实完全义务是与辩论主义相抵触的。民事诉讼系当事人之间的争执，应容许其运用所有的手段，甚至包括欺诈，而法院的任务就是评判真假。强制要求真实义务，无疑让当事人自己承认对自己不利的事实，从策略上来说，如果承认了自己不利的事实，必然产生败诉后果；如果当事人撒谎，则有胜诉的可能，那么撒谎只是普通人的选择，强制要求真实完全义务是反人性的，因此只能靠誓言、道德来约束。法官不是神，又如何判断当事人是否违背了誓言呢？律师和法官对此问题的见解也不同，法官出于对查明事实职责的要求，大多支持对当事人赋予真实义务；律师们认为这不仅限制了律师辩护职能的发挥，也给予了法官更大的自由裁量权，而反对设立此项义务。

反对真实完全义务的另一个理由是真实完全义务是无制裁的义务，没有实际意义，尤其是真实义务；是否真实主要取决于法官的心证，真实与否本身也是案件事实需要解决的问题，再设置真实义务没有意义①。徐昕教授指出，假定当事人有绝对陈述真实情况之义务，那么我们可能看到一幅无法想象的图景。当事人都陈述真实，以真为本，纠纷还会发生吗？当事人无须抗辩，直接自认，坦诚相待，诉讼将不需要法官和律师②。笔者认为这样的推断并不成立，确立真实义务有重要的意义。

第一，真实完全义务是法官介入诉讼，开展必要调查活动的理论基础，并可以此为主线将其他相关的具体制度整合到其旗下。

法官在诉讼中不再是最终裁判的旁观者，除了指挥当事人举证，在真实完全义务的要求下，还应对当事人的诉讼活动进行初步评价，并采取一系列职权活动，以做出具体的要求，真实完全义务项下即可统率这些具体制度。如果没有真实完全义务，法官对当事人除了举证外进一步完成具体诉讼活动的理论基础则不复存在。

第二，真实完全义务也是对当事人诉讼行为的具体要求，是法官证明评价的指标。

法官行使释明权，要求当事人阐明其观点，或提交相应证据，是诉讼中法官的重要职责，而除了举证责任的分配，还要求当事人履行其他的陈述、举证义务，理论上出自真实完全义务。判决经常用某一方关于款项给付的事实"前后矛盾"，或以"前后一致"作为理由，说明真实完全义务是实务考虑的重要指标。

第三，真实完全义务并非没有客观标准。

虽然真实是法官的主观标准，但也是法官应依据自由心证，全面审酌全案证据后做出的判断，并非随意断定。只要法官在自由心证时，是正直、公允的做出，真实完全义务的标准是能够把握的；在心证公开制度要求下，法官完全黑白不分、不顾客观事实的情形并不多见。如果说真实义务的标准不容易具体化，那么"完全"的标准则非常容易操作。根据"完全"的要求，基本要件是时间、地点、人物和事件的主要经过。据此，应当把握案件关联性及与法律效果关联的事实，包括间接事实。一般而言，对与案件相关的事件描述得越详尽、越具体，资料越翔实，越能促进真实的发现。

---

① 高桥宏志. 民事诉讼法：制度与理论的深层分析 [M]. 林剑锋，译. 北京：法律出版社，2003：382.

② 徐昕. 民事诉讼中的真实与谎言：论当事人的真实陈述义务 [J]. 人民法院报，2002（5）.

第四，真实完全义务下，是有明确的后果的。

法官不仅可依据真实完全义务对当事人提出相应的要求，并对当事人对违反真实完全义务课以不利的证明评价，本身也是一种不利后果。立法中也规定了相应的处罚责任，尽管有学者指出这种处罚并没有立即体现出后果，但如果没有真实义务，相应的行政责任、刑事责任的法理基础在哪里。即便作为倡导性原则，也有其存在的价值，当事人的义务并不是民事诉讼中的异物，如同私人的法律交往对于不诚信的不赞同，为权利而战不能允许采用不择手段的方式，认为真实义务没有体现直接后果就没意义的观点是偏颇的。

真实完全义务的特征有：第一，真实完全义务具有主观性，而非绝对客观真实的。虽然一般来说，当事人对案件事实具有较清楚的了解，但客观真实和主观认识仍可能有偏差。真实义务并不是要求当事人的陈述必须与客观状况完全一致，主观上必须达到确信无疑。当事人对真实性存在怀疑的情况下，是可以提出主张，也不违反真实完全义务。第二，真实义务应当是消极义务。当事人没有向对方提供诉讼武器的义务，真实义务并非要求当事人主动承认对己不利的事实。因此，违反真实完全义务可概况为，在明知陈述和争执非真实的情况下，故意违反客观真实的陈述和争辩①。据此，判断违反真实完全义务的标准是："违反客观真实"和"故意"两项条件。

违反真实义务的法律后果包括：第一，对法官证明评价的影响，对于虚假的陈述必然应当做出不利的证明评价，对违反真实义务一方的其他主张的证明力也可能被影响。第二，民事责任，因违反真实义务，给对方当事人造成损害的，应承担侵权损害的赔偿责任。第三，行政处罚责任，虚假陈述属于妨碍民事诉讼的行为，法院可向其做出罚款等处罚。第四，刑事责任，从各国法律规定来看，严重违反真实行为，可能造成刑事上的诉讼欺诈罪②。

4.1.2.2 真实完全义务扩大了证明评价的范围

真实完全义务虽然一直存在争议，但这项制度仍然延续至今。自罗马法时期的诉讼法，即有真实义务的要求，若违反此义务者将被惩罚；另外，诉讼中强制当事人善意宣誓，借以约束双方当事人和避免当事人在诉讼中恶意说谎。其后，优帝法时期，这项制度更被严格执行，诉讼前若拒绝宣誓将导致败诉③。这一特别宣誓制度，日后也为日耳曼法所继承，但德国1887年的民事

---

① 任重. 民事诉讼真实义务边界问题研究 [J]. 比较法研究，2012 (5).
② 参见德国刑法第 263 条，我国台湾地区刑法第三百三十九条。
③ 姜世明. 举证责任与真实义务 [M]. 厦门：厦门大学出版社，2017：324.

诉讼法典并没有对真实义务的明确规定①。德国 1933 年修正的《民事诉讼法》将其予以明确规定下来。德国《民事诉讼法》第一百三十八条第 1 款规定："双方当事人有义务完整并且真实地发出关于事实状况的声明。"② 自此，对真实义务有无必要的争论也暂告一段落，之后的理论也转向对真实义务与辩论主义之间的冲突应当如何克服的问题③。日本的诉讼法虽未规定，但通说是有此规则的④。我国台湾地区"民事诉讼法"效仿德国，也对真实义务进行了规定⑤。

真实完全义务要求当事人在诉讼上不得作违反其主观真实的主张及陈述。德国学者将其概括为禁止当事人对其确信为非真实者加以主张或争执⑥。广义的真实完全义务，应包括具体化义务，禁止当事人在诉讼中的空言的主张或抗辩。如债权人主张借款 100 万元，证据为借据一张，并通过现金给付。虽然形成了借据，但借据不能反映借款给付的事实，法官对借款成立存疑，应要求原告对借款发生的详细经过进行陈述。真实完全义务下，可对一些证据资料提出明确要求，如文书提出义务，德国民事诉讼和我国台湾地区"民事诉讼法"都有这一规定，德国《民事诉讼法》第四百二十一条至第四百三十六条，我国台湾地区所谓的"民事诉讼法"第三百四十四条规定："下列各款文书当事人有提出义务：（1）该当事人于诉讼程序中曾经引用者；（2）他造依法律规定，得请求交付或阅览者；（3）为他造之利益而作者；（4）商业账簿；（5）就与本案诉讼有关事项所做者。"前项第五款之文书内容，涉及当事人或第三人之隐私或业务秘密，如予公开有致该当事人或第三人受重大损害之虞者，当事人得拒绝提出。但法院为判断其有无拒绝提出之正当理由，必要时得命其提出，并以不公开之方式进行之。

我国现行诉讼法、司法解释以及司法实践中已有关于真实完全义务的具体制度和规则，而当事人是否满足，具体包括以下规则：

（1）真实、完全陈述的义务。《民事诉讼法》规定了诚实信用原则⑦，真实完全义务与诚实信用原则对于当事人的基本要求是一致的。

---

① 姜世明. 举证责任与真实义务 [M]. 厦门：厦门大学出版社，2017：325.
② 德意志联邦共和国民事诉讼法 [M]. 谢怀栻，译. 北京：中国法制出版社，2001：58.
③ 穆泽拉克. 德国民事诉讼法基础教程 [M]. 周翠，译. 北京：中国政法大学出版社，2005：134-135.
④ 高桥宏志. 民事诉讼法：制度与理论的深层分析 [M]. 林剑锋，译. 北京：法律出版社，2003：373.
⑤ 我国台湾地区所谓的"民事诉讼法"第一百九十五条。
⑥ 姜世明. 举证责任与真实义务 [M]. 厦门：厦门大学出版社，2017：357.
⑦ 《民事诉讼法》第十三条第 1 款："民事诉讼应当遵循诚实信用原则。"

（2）文书提出义务。《民事诉讼法解释》第一百一十二条规定了文书提出义务①，即"有证据证明对方持有""对方无正当理由不提交"，即推定文书内容为真或不利于文书持有人的事实成立。这一规定即包括了文书提出义务和证明妨碍的规则。

《证据规则》（2019年修改）第四十五条至第四十八条，对文书提出义务提出了更明确的规则（具体规定详见附录2），具体规则：①需当事人申请、对申请对方提交书证的理由和重要性予以说明。对方否认的，法院对是否控制在当事人的事实做出判断。②法院应当听取双方意见，必要时可要求当事人提供证据，并进行辩论。当事人申请不明确、书证对待证事实无必要、对结果无实质影响、未在当事人控制下或不符合第47条的法院不予准许。理由成立做出裁定；不成立通知当事人。③控制书证的当事人应提供证据的具体情形：当事人在诉讼中曾引用；为对方当事人的利益制作；对方当事人依照法律规定有权查阅、获取的书证；账簿、记账凭证；法院认为应提交的。若涉及法律规定应当保密的文书，也应提交，但不公开质证。④若控制书证当事人无正当理由，法院可认定对方当事人所主张的书证内容真实。

当事人是否应负文书提出义务，法官需根据庭审的证据和陈述完成一次证明评价；待当事人根据法院裁定的指示提交证据后，需再次对当事人提交的证据或未提交的理由进行证明评价。

（3）当事人询问制度。《民诉法解释》第一百一十条第1款、第3款规定②，法院可要求当事人接受询问，对拒绝询问的将承担不利后果，这是法官对当事人本人要求履行真实义务的要求。《民贷司法解释》中也特别规定了法院可要求原告本人到庭接受询问③。与文书提出义务的行使一样，是否启动当

---

① 《民诉法解释》第一百一十二条："书证在对方当事人控制之下的，承担举证证明责任的当事人可以在举证期限届满前书面申请人民法院责令对方当事人提交。申请理由成立的，人民法院应当责令对方当事人提交，因提交书证所产生的费用，由申请人负担。对方当事人无正当理由拒不提交的，人民法院可以认定申请人所主张的书证内容为真实。"

② 《民诉法解释》第一百一十条第1款、第2款、第3款分别规定："人民法院认为有必要的，可以要求当事人到庭，就案件有关事实接受询问。在询问当事人职权，可以要求其签署保证书。作为对当事人真实陈述义务的保证。""保证书应当载明据实陈述、如有虚假陈述愿意接受处罚等内容。当事人应当在保证书上签名或者捺印。""负有举证证明责任的当事人拒绝到庭、拒绝接受询问或者拒绝签署保证书，待证事实又欠缺其他证据证明的，人民法院对其主张的事实不予认定。"

③ 《民贷司法解释》第十八条规定："……负有举证证明责任的原告无正当理由拒不到庭，经审查现有证据无法确认借贷行为、借贷金额、支付方式等案件主要事实，人民法院对其主张的事实不予认定。"

事人询问制度，也是基于法官"认为有必要"时，即完成一次证明评价后的决定，再对当事人询问后的行为进行证明评价。

（4）签署保证书的义务。《民诉法解释》第一百一十条第2款、第3款规定了签署保证书，和拒绝签署保证书的后果。当事人应保证陈述义务真实，如有虚假自愿接受处罚。负有举证责任拒绝到庭，拒绝接受询问、签署保证书，待证事实无法证明，法院可以对其主张不予认定。当事人签署保证书，是向法庭保证的一次法定程序，类似于域外的宣誓制度，既能对当事人形成心理威慑，也使法官可通过对当事人进行察言观色以判断其陈述的真实可靠性。

（5）参考测谎心理测试。我国法律没有明确规定测谎作为辅助证据，通过援引违反真实义务的规则可推出，测谎心理测试也是可以使用的。本书上海、成都法院的案例中，由于当事人不愿意进行测谎试验，遂认定为其陈述的可信度低，法官据此做出了对其不利的证明评价。因此对于测谎结论，可视为是对当事人陈述的辅助证据[1]。美国学者曾做过统计，测谎结论认定"说真话"和"说假话"的准确率分别为97%、98%以上；我国学者的相关研究也显示测谎结果的准确率也在90%以上[2]。科学上，将测谎结论作为辅助证据是具有较高可信度的。

（6）依职权调查取证。《证据规则》（2019年修改）第十七条和《民事诉讼法》第六十四条，规定了在当事人或代理人客观不能取证时，可申请法院调查取证[3]。

（7）证明妨碍制度。《证据规则》（2019年修改）第九十五条、《民诉法

---

① 见附表一沪案例3、（2016）沪02民终10598号；成案例37、（2017）川01民终9852号民事判决。

② 美国学术界做过1909起案例的调查表明：检测结果认定被测人"说真话"的结论准确率是97%；认定被测人"说假话"的准确率为98%。参见付有志. 犯罪记忆检测技术 [M]. 北京：中国人民公安大学出版社，2004：278.

③ 《证据规则》（2019年修订）第十七条符合下列条件之一的，当事人及其诉讼代理人可以申请人民法院调查收集证据：（一）申请调查收集的证据属于国家有关部门保存并须人民法院依职权调取的档案材料；（二）涉及国家秘密、商业秘密、个人隐私的材料；（三）当事人及其诉讼代理人确因客观原因不能自行收集的其他材料。《民事诉讼法》第六十四条：当事人对自己提出的主张，有责任提供证据。当事人及其诉讼代理人因客观原因不能自行收集的证据，或者人民法院认为审理案件需要的证据，人民法院应当调查收集。人民法院应当按照法定程序，全面地、客观地审查核实证据。

解释》第一百一十三条，对故意隐匿、毁灭、妨碍取证的对其克以处罚①。理论上认为，上述文书提出义务、当事人讯问制度、签署保证书、测谎试验等，当事人未按法院要求履行相应义务又无正当利益的，将被视为是证明妨碍行为，法官可对其妨碍举证之事实拟定成立，而对这系列行为的评判本质上都是法官的证明评价活动。

4.1.2.3　违反真实完全义务的法律后果

近年来，我国立法对民事诉讼中违反真实完全义务应当承担的责任越来越重视，尤其是对于虚假诉讼行为的惩治，我国法律及相关司法解释，对当事人违反真实完全义务的后果都有明确的法律规定。

（1）当事人违反真实完全义务，法官在事实认定中对其课以不利的证明评价。

（2）对严重违反真实义务，法院可以对其课以行政处罚。《民事诉讼法》第一百一十一条、第一百一十五条规定了罚款或 15 日以下拘留②。

（3）以非法牟利为目的的虚假诉讼行为，应承担刑事责任。2015 年 8 月 29 日通过的《中华人民共和国刑法修正案（九）》，对虚假诉讼行为处以更严厉的刑事责任。2018 年两高又专门针对虚假诉讼出台了司法解释，罗列了哪些行为属于虚假诉讼行为。《民事诉讼法》还对双方恶意串通的虚假诉讼损害他人利益的行为规定了应追究刑事责任。（我国关于虚假诉讼刑事责任的法律规定，详见附录3）

实践中，对虚假诉讼的处罚力度也逐渐加大。笔者在威科先行数据库检索法院 2017 年、2018 年、2019 年对虚假诉讼的罚款决定书，案件数分别为

---

① 《证据规则》（2019 年修订）第九十五条："一方当事人控制证据无正当理由拒不提交，对待证事实负有举证责任的当事人主张该证据的内容不利于控制人的，人民法院可以认定该主张成立。《民诉法解释》第一百一十三条："持有书证的当事人以妨碍对方当事人使用为目的，毁灭有关书证或者实施其他致使书证不能使用行为的，人民法院可以依照民事诉讼法第一百一十一条规定，对其处以罚款、拘留。"

② 《民事诉讼法》第一百一十一条规定："诉讼参与人或者其他人有下列行为之一的，人民法院可以根据情节轻重予以罚款、拘留；构成犯罪的，依法追究刑事责任：（一）伪造、毁灭重要证据，妨碍人民法院审理案件的；（二）以暴力、威胁、贿买方法阻止证人作证或者指使、贿买、胁迫他人作伪证的……人民法院对有前款规定的行为之一的单位，可以对其主要负责人或者直接责任人员予以罚款、拘留；构成犯罪的，依法追究刑事责任。"《民事诉讼法》第一百一十五条规定："对个人的罚款金额，为人民币十万元以下。对单位的罚款金额，为人民币五万元以上一百万元以下。拘留的期限，为十五日以下。被拘留的人，由人民法院交公安机关看管。在拘留期间，被拘留人承认并改正错误的，人民法院可以决定提前解除拘留。"

5 321 件、6 771 件、6 281 件①。就笔者在成都市中级人民法院调研的情况来看，2017 年、2018 年、2019 年，对当事人伪造证据、拖延举证期限等违反真实义务的行为处罚的案件数量分别为 12 件、23 件、25 件。在威科先行数据库检索了 2017 年、2018 年、2019 年依据《中华人民共和国刑法》（以下简称《刑法》）第三百零七条判决的"虚假诉讼罪"，案件数分别为 130 件、170 件、281 件②。虽然刑事处罚案件总体上数量不大，但其作为一种最严厉的法律制裁，适用刑事处罚的范围本不宜过宽，能够保持对虚假诉讼行为的威慑力就已经能显示出其实效，而且从数量上看，刑法对虚假诉讼的打击力度也逐渐加强。

（4）从民事侵权角度，虚假陈述行为损害了相对方的实体权利与诉讼权利，可要求侵权者赔偿责任。对于虚假诉讼的民事赔偿责任，我国虽暂未专门出台相应的法律规定，但学术界普遍认为，虚假诉讼完全符合一般侵权行为的构成要件。最高法院近年来出台的规定中，也是对其持肯定态度，认为虚假陈述行为应承担相应的民事赔偿责任，可据此提起民事损害赔偿之诉。

以本书所举借款案件为例，原告提出被告偿还借款 10 万元。根据《民贷司法解释》第十六条第 2 款规定"被告抗辩借贷行为尚未发生的并能做出合理说明"，"合理说明"即是履行真实完全义务的要求。当事人是否履行了"合理说明"义务，法官可从以下几个方面完成证明评价：

第一，合理说明没有要求举证，不应要求当事人必须举证，可以只是对案件有关事实的陈述。第二，被告的陈述应该详细、完整，而不是没有事实理由的否认，或者是"忘记了""借据是写着玩"等空言。第三，攻守顺序的问题。是否在诉讼中存在一律要求被告对借贷合理说明的情况。若原告提供了借据，就应让被告做合理说明吗？首先，大额现金如何给付的问题应由原告先阐述，审查攻方主张的事实是否完全真实。其次，再审查守方反驳借款事实，其合理说明及相应的证据。前述判例，法官的审查缺乏顺序，成都和上海的部分判决中，被告并未对收到借款做出合理解释，甚至未抗辩借款未发生，法官就要求原告对借款如何发生举证，导致原告败诉风险大增。

---

① 笔者在威科先行数据库进行高级检索，检索条件为案由"虚假诉讼罪"，法律依据为《刑法》第三百零七条，并剔除二审程序。

② 笔者在威科先行数据库进行高级检索，检索条件为《民事诉讼法》第一百一十五条、文书类型为罚款决定书。

4.1.3　诉讼合作主义运行的重要制度：释明权

4.1.3.1　释明权之比较法研究

释明权是克服诉讼当事人主义诉讼模式的弊端，行使法官职权的重要制度。德国诉讼法理论界认为民事诉讼虽然是处理私人间的事务，但因交给法院处理，就与公权力相关，法官有义务保证公平、公正的审判目标的实现。即便民事诉讼是以当事人主导的辩论主义为原则，司法权也应有其适用的空间。德国 1877 年《民事诉讼法典》就已放弃了日耳曼"被动法官"的设计，采纳普鲁士"主动法官"的思路。此后一百多年的法律修订也以"持续加强法官的主动地位"为主线，2001 年引入法官实质指挥义务，被誉为民诉法的大宪章的事实上阐明义务①，并在德国《民事诉讼法典》第一百三十九条第 1 款中得以规定②。通过真实完全义务和实质指挥诉讼义务的设立，使得纯粹的辩论主义得以修正。法官与当事人形成"工作共同体"，共同促使案情经过一个审级即被阐明③，建立了协同主义的诉讼模式。

《日本民事诉讼法》参照《德国民事诉讼法》的规定，早在 1877 年就规定了释明权。《日本民事诉讼法》第一百四十九条第 1 款规定了释明行使的时间范围，从原来的庭审阶段扩充到诉讼的全过程。第 3 款、第 4 款规定法官以发问的方式进行释明；法官应公开释明的内容，以致达到矛盾点的一致认同和有效解决纠纷的目的④。日本民事诉讼法还吸收了英美证据开示制度，设立照会制度与释明权配合。我国台湾地区所谓的"民事诉讼法"，也有类似规定，第一百九十九条："审判长应注意令当事人得为适当完全之辩论，审判长应向当事人发问或晓谕，令其陈述事实，声明证据或为其他必要之声明及陈述，其所声明或陈述有不明了或不完足者，应令其叙明或补充之。陪审推事告明审判长后，得向当事人发问或晓喻。"

---

① 周翠.现代民事诉讼义务体系的构建：以法官与当事人在事实阐明上的责任承担为中心 [J].法学家，2012（3）.

② 德国《民事诉讼法典》第一百三十九条第 1 款规定："审判长应该适用当事人就一切重要作充分说明，并且提出有利的申请，特别在对所提事实说明不够时要加以补充，还要表明证据方法。为达此目的，在必要时，审判长应当与当事人共同从事实和法律两方面对于事实关系和法律关系进行释明，并提出发问。审判长应当依职权，要求当事人对应斟酌的、并尚有疑点的事项加以注意。"参见江伟，刘敏.论民事诉讼模式的转换与法官的释明权 [J].诉讼法论丛，2001（1）：319-349.

③ 刘明生.辩论主义与协同主义之研究 [J].政大法学评论，122.

④ 高桥宏志.民事诉讼法：制度与理论的深层分析 [M].林剑锋，译.北京：法律出版社，2003：357-360.

美国对抗诉讼下，当事人承担广泛的开示义务，法官扮演案件管理人的角色。美国法官管理案件义务与德国法官形式指挥诉讼的义务近似，因为在美国审前开始程序中，律师有较强的调查取证能力，加之陪审团制度发挥功能，使得美国法官无须承担更进一步的诉讼指挥角色。

可见，各国的民事诉讼制度中，纯粹的当事人主义已不复存在，反而对法官诉讼的实质指挥权越来越重视。我国台湾地区邱联恭教授指出："在现代，要实现法治国家的理念或贯彻实体法及诉讼法的理论，就阐明的行使方式而言，如果没有包含有法官公开心证及表明法律见解方式在内，而以此作为程序内容的话，尚难说法官已尽阐明之能事，其程序运作仍是有问题！"① 日本学者认为，释明内容不仅限于质询或敦促当事人事实的主张，还包括敦促当事人进行举证活动，分为"澄清不明确的释明""消除不妥当的释明""补充诉讼材料的释明""新提出诉讼裁量的释明"以及"举证方面的释明"②。可见日本学术界对释明的广度更宽，授权更明确。日本判例也广泛适用释明制度，并认为释明可以消除因"机械地、形式地"适用辩论主义而产生的不合理因素③。

释明权蕴含着法官对当事人诉讼活动的指导，然而一旦法官职权介入诉讼中去，诉讼平等对抗的局面就会被打破，防止法官职权的过度行使，是释明权的重要理论问题。辩论原则和处分原则被誉为现代民事诉讼的基石，证据资料的提供首先是当事人的责任，这一原则不能被打破，而法官行使释明权应当作为特殊情形下的补充。无论是文书提出义务、法官询问制度、测谎测试，还是这些具体制度的启动，都应满足特定条件。法官行使释明权不能越俎代庖，代替当事人发表主张和行使权利，而应更加严格遵守释明权和真实完全义务的相关规则，并且自律、谨慎地释明，可以避免错误诱导而使当事人歪曲案件事实。作为当事人，是否听从法官的释明，最终由当事人自己来决定。

如何规制释明权？德国在判例中认为对法官释明的要求需以"必要"为限度，并形成了如下规则：第一，关于事实主张，当事人对（重要）事实的陈述，出现不具体、存在漏洞、明显错误、相互矛盾或歧义等，法官应清楚无误地指明并给当事人补足的机会。第二，关于诉讼请求，若当事人请求不明确

---

① 邱联恭，骆家勇，等. 阐明权 [M]. 台北：台湾三民书局有限公司，1993：195-196；肖建华. 诉讼证明过程分析 [M]. 北京：北京大学出版社，2018：249.

② 奈良次郎《诉讼资料收集中的法院的权限与责任》，载新堂幸司编集带《讲座民事诉讼第四卷》，弘文堂，昭和59年，第125页以下。转引参见：高桥宏志. 民事诉讼法：制度与理论的深层分析 [M]. 林剑锋，译. 北京：法律出版社，2003：358.

③ 日本最高裁判所昭和45年6月11日判决，转引参见：高桥宏志. 民事诉讼法：制度与理论的深层分析 [M]. 林剑锋，译. 北京：法律出版社，2003：358.

或明显有误的，法官应建议补充、纠正。第三，关于举证，法官应对当事人举证责任分配和证明必要告知。尤其是在证据调查结束时，有义务向当事人探讨案件和争议情况，述明自己的心证①。第四，对于诉讼主张和实体抗辩，法官的发问、探讨应以当事人提交的诉讼资料为基础，当事人陈述中未提出的理由、抗辩，法官则不得使用。第五，为了避免突袭裁判，法官晓谕应以书面形式记录在案，并给予当事人表达意见的机会②。

4.1.3.2　我国释明权制度与运用

我国司法解释中对"释明权"的表述首次出现在《证据规则》（2001 年）第三十五条第 1 款中，《证据规则》（2001 年）第三十五条第 1 款："诉讼过程中，当事人主张的法律关系的性质或者民事行为的效力与人民法院根据案件事实作出的认定不一致的，不受本规定第三十四条规定的限制，人民法院应当告知当事人可以变更诉讼请求。"但是这条规定仅仅是对法律适用问题的释明，实践中长期忽视法官对事实问题也有释明的义务。加之在辩论主义的影响下，法官行使释明权，可能会被认为是破坏了当事人诉讼平等的原则，甚至被指责偏袒一方，故法官对该不该释明——尤其是事实问题，存在一定的顾虑和担忧。

《证据规则》（2001 年）中关于法官释明权的规定还有：第三条第 1 款、第八条、第三十三条第 1 款、第三十五条、第七十九条第 1 款。包括举证责任及举证期限；对当事人的默示应释明要求明确，如坚持默示后果的晓谕；关于自认的后果；必要共同原告或被告权利或责任的释明等内容。这几条在《证据规则》（2019 年修订）中仍得以保留，分别是第二条第 1 款、第四条、第六条、第七条、第八条、第五十三条、第九十七条。当前司法指导思想对释明权的明显加强。《全国法院民商事审判工作会议纪要》（以下简称《九民会议纪要》）关于释明的规定多达 14 处，分别涉及诉讼标的释明（第十三条第 3款、第三十六条、第四十四条第 2 款、第三十九条、第四十五条、第四十九条、第一百零二条、第一百零四条第 2 款）、抗辩权释明（第三十六条和第四十九条）和法律释明（第二十九条、第八十五条、第一百零七条第 2 款、第一百一十条第 3 款、第一百一十七条、第一百二十三条）。第三十六条，在合同无效的释明问题中，要求法官不能继续适用"不告不理"，而是更为积极主动地释明当事人变更、追加诉讼请求以及主张同时履行抗辩权，以实现纠纷的一次性解决③。（我国关于释明权的法律规定，详见附录 4）

---

① 德国《民事诉讼法典》第二百七十九条第 3 款。
② 周翠. 现代民事诉讼义务体系的构建：以法官与当事人在事实阐明上的责任承担为中心 [J]. 法学家，2012（3）.
③ 《全国法院民商事审判工作会议纪要》，法〔2019〕254 号。

实践中，法官对于诉讼中哪些问题是否该释明把握不准。从梳理的判决来看，使用释明权以及要求履行相应具体诉讼行为的案件的比例并不高，仅有个别案件中法官要求当事人到庭接受询问或做测谎测试等。法官在诉讼程序中运用释明权的基本方法是：

第一，当事人的诉讼请求和主张的要件事实。包括诉讼请求本身是否明确、具体，确立请求权基础应包含的要件事实；所述事实是否具体、全面、没有明显矛盾及违背真实，即是否满足真实完全义务的要求。对方的否认、抗辩的陈述，也应满足真实完全义务的要求。如果是抗辩，则应根据实体法要件事实的要素判断要件是否齐备。

第二，关于举证责任分配，法官应行使释明权。尤其是双方对举证责任分配相互推诿，均不提交证据时，法官应明确释明告知该由哪一方对何事实承担举证责任。对于提交的证据，若内容形式存在瑕疵，或未正当行使本该履行的具体证明活动，法官应释明提示补充或纠正。

若法律辩论终结前，法官认为事实真伪不明，未获得明确心证应向当事人反馈这一看法，给予其补充证据、陈述主张和就此发表辩论意见的机会。法官披露事实真伪不明的心证评价，当事人可多一次辩论的机会。当事人对法官分配举证责任、是否穷尽调查手段以及做出判断的依据能够再次进行说明。通过这一制度的设立，法官可对举证责任分配这一重要问题进行重新检视；再度听取意见有可能进一步了解事实真相，避免心证真伪不明；还能监督法官是否完成穷尽证明评价的手段，避免滥用举证责任分配来推卸责任。

第三，对于法律问题的释明，应注意不应超出当事人未提及的诉讼证据资料以及当事人未提出的诉讼主张和实体抗辩权；对于法律问题的释明，一般应对明显的误解才需提示，对当事人委托了律师代理的情况下，在行使时应当更加保守。

第四，在双方存在恶意串通可能损害第三人利益的情况下，法官审查后认为有必要即应通知第三人。如本书中的案例，当债权人和债务人的借款，可能由双方恶意串通损害到第三人利益，虽然双方对于借款事实没有异议，但法官也必须进一步调查借款事实的真实性，必要时需通知第三人进一步地调查核实。实践中，通过诉讼，虚构债权损害第三人利益的案例不在少数，法官不仅要甄别诉讼双方的纠纷，还要警惕双方恶意串通，这无疑给法官查明事实增加了难度。

第五，关于释明的方式应当对造双方均到场，公开进行，法院不应单独为一方当事人提供咨询。法官的释明，以及当事人对释明发表的意见，都应当一一记录在案。

释明权的运用，必然会打破诉讼当事人双方的平衡。法官行使释明权的界限，应坚持辩论主义原则。辩论主义也应是所有法官职权行为的边界。

4.1.4 证明评价内容、范畴、体系

4.1.4.1 证明评价的内容

证明评价的内容，又称客体或对象。对证明评价活动概念、范畴认识的局限，从而造成对证明评价内容的认识过窄，认为法官只需对证据"三性"和证明力做出判断。但如果证明评价只是判断证明力，对应的评价内容未完全涵盖，将影响法官事实认定证据资料的质与量，把一些可以用于评价的资料或可以探索证据的方法挡在了事实认定的大门之外。从德国的法定听审权制度、日本辩论全旨趣原则可见，法官对当事人的证据、陈述和全部诉讼活动全面证明评价，是法律规定法官必须承担的义务。确定证明评价的范畴，既是提供充足资料完成事实认定的必要步骤，也是规范法官证明评价行为的关键。如将上述证明评价仅仅定义为自由心证，也是限制了证明评价的内容。虽然自由心证包括对证据的审查和对事实的认定活动，但却无法概括法官在事实认定中的其他职权活动。所以如果将证明评价等同于自由心证，也会使得证明评价的内涵不够全面，不仅会使法官不清楚可以使用哪些理论完成事实认定，也会使法官没有用尽应尽职责，并轻易逃避责任，设立证明评价并明确其内涵的重要性可见一斑。

段厚省教授认为证明评价的内容有四项：①当事人的事实主张是否需要证明进行评价，一是该事实是当事人必须以证据进行证明的事实，如自认、司法认知、推定等；二是法律规定或法官判断，无须提供证据证明的事实。②证据的证据能力，即符合证据的真实性、合法性、关联性。③证据的证明力，即对证据证明力强弱进行判断。④作为证明对象的事实真伪。笔者认为，这四项组成中，①是需要审查证据，是法官证明评价的起点，判断当事人主张事实是否与案件有关，是否需要提交证据；②和③分别是对证据能力和证明力的评价，是证明评价的具体过程；④是完成事实真伪，是判断的结果，输出的产品。这一分类方法，是依据证明评价在动态过程中每阶段的任务来分类的，分别为"确定对象—对证据的认定—事实认定"。这样分类有一定道理，法官证明评价就是从证据到事实的过程，笔者认为分为证明评价内容确定为：证据资料和案件事实更准确，证据资料包括证据、当事人陈述、诉讼活动。

4.1.4.2 证明评价的范畴与体系

证明评价范畴，哪些法官查明事实的职权活动应纳入证明评价，成为证明

评价体系的组成部分。以往认识将证明评价活动等同于"审查判断证据""证据的评价",或自由心证、事实认定,这些认识都是片面的。对于"审查判断证据""证据评价"等含义的通常理解只是对诉讼中的证据进行评价,并没有涵盖法官发现事实的所有活动。根据法官查明事实的职权活动的性质,证明评价的范畴可包括以下两类活动:第一类,判断证据资料和认定事实,也就是自由心证。第二类,释明权和依职权的调查活动。前者是对证据和诉讼活动的评价,后者是在诉讼过程中基于初步评价对诉讼进行干预以获取更多的评价依据。

第一类,判断证据资料和认定事实包括:①证据资料的审查判断;②事实的判断。具体内容和活动如下:

(1)证据资料的审查判断,审查内容包括:①证据资料;②当事人的陈述;③当事人的其他诉讼活动。对于将①②作为证明评价内容已经是共识,对第③项其他诉讼活动,可认为当事人在诉讼中所有的活动都可作为评价的内容,法官释明后当事人完成的具体活动等。如超过举证期限提交证据的行为、法官释明要求其文书提出义务后当事人的具体行为等。对证据审查判断,不应忽视当事人的陈述。但实践中,法官审查偏重于书证,经常忽视当事人的陈述。当事人的其他诉讼活动,既包括当事人庭审上的表情、语气、举证和主张的时间,还包括法官向其询问、释明后,当事人的回应。当然,对事实认定应遵守辩论主义的原则,不能超越当事人的主张。

(2)事实判断,包括:①提取要件事实;②考察全部事实;③完成事实认定。提取要件事实,是法官必须完成的且又十分复杂的法律思维活动。

提取要件事实是正确开启诉讼,证明责任分配的前提,也是法官必须完成的任务,是一项非常复杂的法律思维活动。应当将提取要件事实纳入证明评价,以明确属于法官的职权活动的范围,也有助于对法官事实认定活动的精细化研究。关于提取要件事实的具体运用详见4.3.1。

第二类,释明权和依职权的调查活动,后者又称避免证明责任减轻的"补丁"工具。

以往的认识对于证明评价概念未包括释明权和其他职权活动,笔者认为应当包括。理由是:

第一,由于理论界没有将法官查明事实的职权活动纳入一个专门的概念,导致实践中对法官应当履行的职责范围不清晰,可能遗漏、甚至有意回避一些职权活动的履行。

国内外在理论上对于"补丁"工具纳入证明评价是有一定共识的。普维庭曾说过，抽象证明责任是一个纯粹的法律问题；而具体的证明责任取决于每一次的证明评价，是事实问题①。王亚新教授也认为法官对证明妨碍行为的制裁和下令当事人协助查明案情，目的在于使负有证明责任的当事人举证负担得到减轻，是在法官心证下做出的，与证明责任分属不同领域②。胡学军教授也认为避免证明裁判的"补丁"是"与法官心证联系紧密"，在当事人的角度是具体证明责任，在法官的角度可归于"证明评价的范畴"③。

将法官查明事实的职权活动纳入一个统一的概念，使得法官明确履职的范围，法官需用尽所有证明评价的活动，方能避免法官轻易用证明责任裁判。剩下的问题就是理论上如何规范制定法官履行职权。

第二，释明权和其他职权活动，性质上是一致的。

释明权和其他职权活动都是法官事实查明过程中主观判断后做出的职权活动。法官每一次释明权及依职权的调查活动都是建立在法官初步评价下的，从性质上与审查判断证据和事实认定一样，都是法官的主观判断行为。法官通过释明权的行使向当事人阐明观点，提出要求等。比如，当事人起诉，依据的事实是否完整，是否需要其进一步补充说明，其具体诉讼请求是否需要具体、明确；当事人的举证活动是否适宜，是否提交伪证、是否存在虚假诉讼，是否应出庭或签署保证书；当事人是否有意隐瞒对其不利的事实和证据，是否行使文书提出义务或认定证明妨碍都需要法官要求一方提供证据或主动调查某项事实。

第三，释明权和其他职权活动共同的理论基础诉讼合作主义。

诉讼合作主义的建立，一是通过法官释明权的干预去减轻举证责任一方的困难，对证据和事实持有方提出更多要求，以挖掘更多的诉讼证据资料。二是通过真实完全义务抑制程序异化，注重遵循诚信原则，对于当事人的诉讼义务提出除举证之外的更多要求，形成"事案阐明义务""当事人询问制度""文书提出义务""证明妨碍""签署保证书""参考心理测谎测试"等具体制度，从而拓宽法官证明评价的范围。真实完全义务与法官的释明权相辅相成，共同搭建起证明评价制度。一方面，真实完全义务对法官释明提出了具体要求和内

---

① 普维庭. 现代证明责任问题［M］. 吴越，译. 北京：法律出版社，2000：137-152.

② 王亚新. 对抗与判定：日本民事诉讼的基本结构［M］. 北京：清华大学出版，2010：177-178.

③ 胡学军. 从"证明责任分配"到"证明责任减轻"：论证明责任理论的现代发展趋势［J］. 南昌大学学报（人文社会科学版），2013（2）：86-92.

容。当事人并非仅仅完成举证责任，还应履行完整真实的阐明义务，以及对法官的询问或提出举证的要求应如实回答并提交证据。而这些具体要求也进一步拓宽了法官证明评价的范围。另一方面，上述对当事人真实完全义务的具体要求，需通过法官行使释明权方能完成。

诉讼合作主义下，真实完全义务并未改变原有的举证责任分配规则，而是要求当事人应承担更多的诉讼资料提供义务，既有举证责任下提交的证据，也有真实完全义务规则下的具体诉讼活动，相应的法官评价范围不仅是证据还有其他诉讼活动。法官证明评价行为不再只是证据和最终事实的判断，从"认证—认定事实"变为"认证—释明—认定事实"，证明评价贯穿诉讼过程的始终。释明权的行使促使当事人提供更多的资料，法官因此充分与当事人沟通观点，以防止诉讼突袭。释明权是在法官进行初步证明评价后做出的，故可归入证明评价中。法官行使释明权后，要求当事人履行上述义务，并对当事人的全部诉讼活动进行评价，以完成自由心证，这就是诉讼合作主义下新的事实认定体系，见图 4-1 诉讼合作主义下事实认定体系。

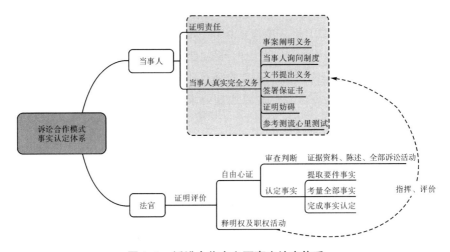

图 4-1　诉讼合作主义下事实认定体系

4.2 证明评价主体、依据与标准

4.2.1 证明评价的主体

4.2.1.1 法官

证明评价的任务当然应归法官。虽然司法权的主体包括法院和法官，而从法院体制内部来说，有法定审判权的至少还有审判委员会，但就证明评价这一发现事实的活动，只能由法官来完成。理由是：其一，证据是无法转述的，尤其是人的陈述。卷宗主义的致命缺陷就在于，文字记录根本无法反映言词陈述的全部内容，当事人、证人的语言、语气、表情，在单调呆板的记录中几乎消失得无影无踪，没有亲历审判，是无法直观感受的。其二，庭审的证据资料都是当事人、律师有意加工的产品，转述的信息资料不仅不全面，还可能有偏差。只有尽可能地获取第一手的信息，才能更接近真相。正因为如此，《日本民事诉讼法》第二百四十九条规定："判决应当由参与过该案基本的口头辩论的法官做出；在更换法官的情况下，对以前已询问的证人，如果当事人提出再询问的申请时，法院应当进行询问。"①直接言词原则普遍认为是约束法官自由心证的重要手段，因此各国都有司法亲历性的规定，即必须由经历庭审的法官完成事实认定，裁判者必须直接接触证据，听取当事人和证人的陈述。

我国近年来相关司法改革的规则和文件也是强化裁判者的职权。2014年中国共产党第十八届三中全会明确提出"让审理者裁判、由裁判者负责"的政策后，最高人民法院陆续出台落实司法责任制相关指导意见，2015年9月21日出台的《最高人民法院关于完善人民法院司法责任制的若干意见》，明确划分了法官、庭长、院长和审判委员会的职责清单。最高人民法院关于印发《最高人民法院关于深化人民法院司法体制综合配套改革的意见——人民法院第五个五年改革纲要（2019—2023）》的通知（2019年2月27日法发〔2019〕8号），对落实"让审理者裁判，由裁判者负责"，设立了"权利清单"。最高人民法院于2019年8月2日印发了《关于健全完善人民法院审判委员会工作机制的意见》，最高人民法院审管办负责人答记者问中明确："法官负责认定事实，审判委员会讨论决定法律适用。"但在实践中，各地在改革和落实时，却出现许多与改革以及和司法亲历性原则相悖的现象。

一是我国有部分法院为了减轻员额法官的办案压力，指派法官助理完成证

---

① 肖建华. 论法官心证的客观化 [J]. 金陵法律评论，2002.

据交换。一时间在很多地方甚至被视为提升效率的改革亮点。我国法律虽未明确规定直接言词原则，但从《证据规则》的具体规定来看，证据交换也应在审判人员主持下进行①。《最高人民法院关于完善人民法院司法责任制的若干意见》（法发〔2015〕13 号）第十九条"法官助理在法官的指导下履行以下职责：（1）审查诉讼材料，协助法官组织庭前证据交换……"可见最高人民法院并没有将组织证据交换完全授权给法官助理。如果主审法官可以不亲自质证，那么查明事实的责任应该由谁承担，又如何落实司法责任制。

二是承办法官组织证据交换，开庭时省略法庭调查，直接进入法庭辩论，表面是合议庭审理，实际是主办法官独自完成，有的合议庭甚至连判决内容都不清楚。这种表面上是合议庭集体决定，不仅弱化了合议庭的作用，还可能导致司法责任制因集体决策而落空。既然合议庭的功能名不副实，不如将审判权明确交给承办人，以落实"审理者裁判，裁判者负责"。2020 年 1 月 15 日发布的最高人民法院《民事诉讼程序繁简分流改革试点实施办法》（法〔2020〕11号），在部分试点城市扩大了独任审判范围，二审事实争议不大的案件可适用独任审判。这也说明，我国在制度上也已认可需由合议庭审理案件的范围在缩小。

三是院庭长的审判监督权干扰法官独立审判。审判监督权是否符合法理，万毅教授对此提出了质疑②。院长、庭长在行使审判业务监督权过程中，必然会对法官包括事实认定在内的审判权产生干扰，那么法官的独立行使审判权该如何保证？既然审判委员会的权力清单都明确了仅对法律适用予以指导，审判业务监督权就没有指导法官查明事实的权利。否则，如果行使审判监督权存在故意或重大过失，造成裁判错误严重后果的，如何落实监督管理责任？

4.2.1.2 人民陪审员

人民陪审员制度是我国富有特色的一项制度，依据《中华人民共和国人民陪审员法》的规定，"对于事实认定问题，由人民陪审员和法官共同评议的基础上进行表决"③，人民陪审员应当是证明评价的法定主体。人民陪审员与

---

① 《证据规则（2019 年修订）》第五十七条。

② 万毅. "审判监督"之惑：解读院庭长审判监督权 [J]. 人民法治，2016（6）：20-22.

③ 2018 年 4 月 27 日公布并试行的《中华人民共和国人民陪审员法》，第二十一条规定："人民陪审员参加三人合议庭审判案件，对事实认定、法律适用，独立发表意见，行使表决权。"第二十二条规定："人民陪审员参加七人合议庭审判案件，对事实认定，独立发表意见，并与法官共同表决；对法律适用，可以发表意见，但不参加表决。"2019 年 5 月 1 日起施行的《最高人民法院关于适用〈中华人民共和国人民陪审员法〉若干问题的解释》第十三条规定："七人合议庭评议时，审判长应当归纳和介绍需要通过评议讨论决定的案件事实认定问题，并列出案件事实问题清单。……对于事实认定问题，由人民陪审员和法官在共同评议的基础上进行表决。对于法律适用问题，人民陪审员不参加表决，但可以发表意见，并记录在卷。"

法官相比，具有以下优势：

第一，人民陪审员的事实认定能力可能比资深法官更强。案件事实的判断，一般都是根据生活常理和一般的生活经验推理的，在这一问题的判断上，职业法官并不具有明显优势。波斯纳曾经做过职业法官和陪审团思维模式的比较，他发现经验丰富的资深法官审理案件，容易进入过往经验影响的思维定式，而忽视个案的特征。以犯罪案件为例，如果初步判断有罪，即使法庭上的证据显示很有可能无罪，则资深法官认定其犯罪概率会比较高[①]。这说明，经验丰富的法官作为认定事实的主体，并不比普通人具有更高的评判能力，反而可能因思维惯性或偏见，错误率更高。

第二，人民陪审员作为事实认定主体，能促进司法透明，并抵制腐败。人民陪审员来自法院之外，不受法律组织约束，具有更强的独立性。律师和法官因长期的接触，彼此更容易熟悉，两个陌生人之间产生腐败要比两个熟人之间的可能性低得多。

因此，加强人民陪审员参与审理案件，尤其是发挥人民陪审员在事实认定中的参与度，既符合现行的法律规定，也是提高证明评价主体事实认定的能力，提升司法透明度和司法公信力的有益尝试。在合议组织中，人民陪审员往往处于从属地位，人民陪审员的观点如和合议庭其他成员意见不一致，很难被采纳。而且法官还可将案件提交审判监督管理和专业法官会议、审判委员会进行讨论，人民陪审员在后续的案件评议环节没有参与，人民陪审员的裁判权力就难以发挥作用。因此，制度上还应进一步加强保障人民陪审员评议案件的权力。

4.2.2　证明评价的依据：经验法则

4.2.2.1　经验法则的概念

经验法则既是证明评价的基本依据，也是规制法官证明评价的规则，规范运用经验法则对于完成证明评价至关重要。经验规则是自由心证正当化的"基石"，通过对经验规则的分类，可以更明确地指导法官哪些规则可用、哪些不可用，从而有效地规范自由心证。

法定证据原则下，证明评价只能依照明确、固定的规定，从而使认定事实

---

① 一名法官，根据他曾经审判许多类似案件的经验，一开始就认为案件中被告有罪的可能性是100∶1，即使法庭上的证据显示被告无罪的可能性为8∶1，该法官认定被告有罪的可能性仍高达12.5∶1。参见波斯纳. 证据法的经济分析［M］. 徐昕，徐钧，译. 北京：中国法制出版社，2002：67.

法定化。自由心证的原则和证明评价必须遵循的依据均是经验法则。经验法则是人类在长期生产和生活中形成的，以经验归纳和逻辑抽象后所获得的关于事物属性以及事物之间常态联系的一般性知识①。法官如何运用自由心证是主观心理活动，难以知晓，那么经验法则就是自由心证的客观化、外在化的表现形式。经验法则可以通过裁判文书或法官释明告知当事人，因此心证的依据是可知的。

4.2.2.2 经验法则分类与功能

针对经验法则的功能，日本学者认为有三种类型：一是事实认定；二是法律行为；三是权力滥用、诚实信用、公序良俗、过失等抽象概念适当性判断的经验法则②。了解经验法则的机能，可知晓经验法则和证明评价在哪些环节发挥作用，这进一步提示我们，运用经验法则的证明评价活动，贯穿了事实认定的每一个环节。

普维庭提出，根据盖然性程度的高低，将经验法则分为四类：第一类，生活规律（自然、思维、检验法则），这些法则或用数学可证明，或符合逻辑，或不可能有例外的经验，足以构成表见证明。第二类，经验基本原则，具备高度盖然性，如有必要可经得起科学检验。可表述为"如果……则大多数如此"。第三类，简单的经验规则，以较低的盖然性为标志，可表述为"如果……则有时如此"。第四类，纯粹的偏见③。

普维庭对经验法则的四项分类原本是为了阐述证明责任与表见证明的关系，但同样对于经验法则的应用有重要的启发。我国实务界对于表见证明、大致推定、间接反证等概念虽不陌生，但运用却并不常见。关于我国经验法则的规范，笔者认为与其强推德、日的概念，不如讲清其适用的原理，总结出一套原理性的方法，对实践更有指导意义。关于推定和类似概念间接证明、表见证明、大致推定等，本来就是一个极富争议的话题。罗森贝克曾说："没有哪个学说像推定学说这样，用语不规范，概念混乱。可以肯定地说，迄今为止还不能成功地阐明推定的概念。"④ 普维庭也曾说："推定概念及其内涵在法学界长期处于不确定状态。"⑤ 美国曾有学者统计有八种用法，推定的用语不规范，

---

① 张亚东. 经验法则：自由心证的尺度 [M]. 北京：北京大学出版社，2012：12.
② 肖建华. 诉讼证明过程分析：民事诉讼真实与事实发现 [M]. 北京：北京大学出版社，2018：380-381.
③ 普维庭. 现代证明责任问题 [M]. 吴越，译. 北京：法律出版社，2000：147-154.
④ 罗森贝克. 证明责任论 [M]. 庄敬华，译. 北京：中国法制出版社，2018：241.
⑤ 普维庭. 现代证明责任问题 [M]. 吴越，译. 北京：法律出版社，2000：73.

相关类似概念又众多，对于是法律推定还是事实推定，属于法官心证还是证明责任降级，学术界长期争执不下①。

在德国、日本，表见证明、大致的推定都是在大量的案件中积累确立起来的相对统一的原则，德国联邦最高法院在判决中仍然强调法院适用表见证明时应当保持谨慎与克制。我国对于推定和间接证明判例的实践性研究远远谈不上深入和丰富，一直是简单地移植域外概念，提出过多概念而没有准确理解原理，在实践中容易被误读，造成适用的混乱。无论表见证明，还是大致推定，本质都是不同等级的经验法则的间接证明问题。理论将不同等级经验规则如何适用讲清，法官只需根据经验规则的盖然性不同，与本证和反证所要求不同的证明度，结合案件的具体、个别情况，完成心证。对经验规则的运用，应遵循以下几条规则：

第一，对第一、第二类盖然性极高的经验规则，法官原则上应当援用，不援用应说明理由；对第三类经验规则，在分析了其与个案其他事实的关联后，可保守适用。

第二，经验法则因为是生活普遍规律或自然规律，一般无须证明，尤其是第一、第二类属于高度盖然性的经验法则，是无须证明的；但第三类这种比较偶然的经验法则，法官适用时应当向当事人披露，提示相对方有无相反意见和证据。

第三，若类似于表见证明的概况推定时，因不容易细分个案的特殊情况，即使适用第一、第二类的经验法则，也应披露并提示相对方有无相反意见和证据。

关于第一类和第二类经验法则，德国在因果关系和过错中的证明上，发展出表见证明理论，即使用高度盖然性的经验法则，无须像一般生活经验那样详细解明，就可以认定事实存在，在日本的判例中就其表述为"大致推定"②。比较多的适用场景，如交通事故、医疗责任诉讼、有保护义务的侵权赔偿，法官虽无法查明具体个别的原因，但基于这类事件具有较"典型的事实经过"，可采纳高度盖然性的经验法则，认定事实存在，法官也不需要对事实进行细微、具体的分析，采用"存在某种过失"这样概况性的事实认定即可。需要注意的是，虽然高度盖然性的经验是建立在普遍性的认识的基础上的，但在实

① 参见 CHARLES V. laughlin, In Support of the Thory of presmptions [J]. Michigan Law Review, 1953, 52：195-205.
② 高桥宏志. 民事诉讼法：制度与理论的深层分析 [M]. 林剑锋，译. 北京：法律出版社，2003：460-461.

际生活中使用时不排除会有个别现象存在。所以在使用高度盖然性经验法则时，因为推理被简省了，更不能忽视个别现象的可能性。应提示相对方发表对适用经验规则的意见，并允许其提供反证。这在理论上称为间接反证，就是对于本证一方的事实需用间接事实推定完成时，为阻止推定，通过其他间接事实使本证事实陷入真伪不明的状况①。如交通事故驾驶员驾驶车辆撞到大树造成车内乘客受伤，在没有特殊情况下，正常行驶时不会撞到路边大树，可据此推定驾驶员过失。但如果驾驶员能证明偏离方向是因为前方突然驶来摩托车，为紧急避让，遂突然偏离道路。通过证明前方来车紧急避让这一其他间接事实反证"驾驶员的过失"不成立，就是间接反证。当然间接反证并非必须提供的，也可以是一种单纯的抗辩，目的都是为了对抗间接本证事实。

间接反证是推定中另一个比较困难且重要的理论②。间接反证的证明度包括间接反证自身的证明度 b 和阻碍本证间接事实的强度 c，以及本证间接事实的证明度 a。对于 b、c 证明度要求是与 a 的证明度对应的，a 高则 b、c 也应高③。因为，法律规定本证证明度"高度可能性标准"，反证的证明度只要将本证拉低到真伪不明即可④，所以本证的证明度应高于反证，间接反证作为反证也应低于间接本证。

第三类经验法则的适用同样很重要。比如民间借贷案中，家中一般不会存放大量现金的经验规则属于不是很强的经验法则，如案例中，有当事人提出正好从银行取了相应现金，或收彩礼没去银行存款等间接事实印证⑤。还有的案例中，债务人主张大额现金给付支付的原因是本人已经被银行纳入失信名单，正常情况下，债权人不可能向其借款。对于一个失信人员，借款人不敢向其借款，这条经验法则不算强逻辑，但也有一定可能。但债权人提出，正是由于债务人被列为失信人员，账户可能被法院查封，于是才向其提供的现金。债权人提出的因债务人被列为失信人员，遂提供现金，加上有借据印证，不仅推翻了债务人提出的经验法则，而且增加了借款事实成立的可信度⑥。由此看来，即使对于第三类较弱的经验法则也不应绝对的排除。

---

① 高桥宏志. 民事诉讼法：制度与理论的深层分析 [M]. 林剑锋，译. 北京：法律出版社，2003：448.

② 关于间接反证文献可参见曹云吉：《间接反证论》2012 年西南政法大学硕士学位论文；黄磊：《间接反证论》2018 年西南政法大学博士学位论文。

③ 段文波. 间接反证：事实认定中的效用论 [J]. 宁夏大学学报，2008（3）：102-106.

④ 《民诉法解释》第一百零八条对于本证、反证的证明度规定。

⑤ 成都市中级人民法院（2017）川 01 民终 7672 号民事判决书。

⑥ 成都市中级人民法院（2018）川 01 民终 5643 号民事判决书。

4.2.2.3 经验法则运用的规则

法官运用经验规则，容易引发争议，经常被指滥用自由裁量权，导致法官在实践中顾虑重重，不愿冒险运用推定去认定事实。但具体案件中，法官能够凭直接证据认定案件事实是极少的，大部分案件都必须通过经验法则推定方能完成事实认定。比如在民间借贷案件中，原被告双方对现金是否给付各执一词，关于自然人之间借款通常会约定利息，关于前债未还后再借款不符合常理而应是结算原借据，等等。从判决来看，法官的推定确实有随意之嫌，主要问题有：

一是，说理简单，经常以"符合常理""不合常理"结论化的观点。同一个经验法则时而合乎常理，时而不合乎。

二是，经验法则的盖然性高低没有做细致的区分，缺乏对个案的具体情况的分析，以确定不同经验法则能否运用于个案中；采用盖然性不高的经验法则，不重视相对方对于经验法则的反驳意见；对一些盖然性较低的经验法则又轻易地排除其适用范围。

三是，庭审中，经验法则停留在法官心中，未组织双方当事人充分争论，判决关于经验法则运用的说理也较简单。

针对以上法官随意适用经验法则的现象，应当对法官运用经验法则设立必要的规则，以规范其行为。

第一，经验法则的选用，原则上应由当事人自己提供，但不禁止法官自行选择经验法则。

对于当事人未提及的经验法则，法官认为这是存在可能性的，只是还存在能否直接援用的问题。笔者认为，从自由心证的角度，不能绝对禁止，经验法则只是提供了一种合乎常态的逻辑，法官根据当事人提出的具体事件，有自主选择逻辑依据的权力，否则就禁锢了法官的思想。但这个问题，通常也是不会发生的，事物发展是否符合逻辑常理，符合哪一条常理，作为亲历事件的当事人自然应该比法官更清楚。所以面对当事人未援引的经验法则，法官应当高度警觉，而不可擅自使用，稳妥方案是向当事人释明，并允许其辩论；释明也不可明示经验规则有利的一方，而应先侧面询问关联事实的可能性，所谓"小心求证"。因为经验法则是生活中客观存在的，当事人提出与否都是生活的客观规律。但为了避免对当事人权利的过分干预和诉讼突袭，对当事人未提出的经验规则应保持警惕，谨慎释明，并允许不利一方辩论。

第二，适用经验法则时不可绝对化。社会生活千姿百态，存在就有其合理性，通过对行为合理性的探寻，可能发生就能够作为经验法则。经验法则的数量是无穷多的，规则和逻辑也不尽相同，不能完全绝对化、标准化。盖然性高的经验法则并不一定就能推导出待证事实，而盖然性低的经验法则也不一定就不成立，待证事实是否成立取决于个案的具体情况。所以，经验法则的适用不可一刀切。

第三，既然个案的经验法则各不相同，那么就应该允许当事人对适用经验法则进行辩论，并可提供反证。《德国民事诉讼法》第二百八十六条规定了违反经验法则可作为上诉理由①。日本和我国台湾地区实务中和理论通说也认可将此作为具体理由②。我国大陆地区对此没有明确规定，而且由于法官在运用经验法则推定时的种种顾虑，其往往不愿在判决中详细披露适用经验法则的理由，法官运用的经验法则的错误不容易被发现，也就难以成为明确的上诉理由。双方有争议的经验法则，应当通过辩论程序加以明确，充分陈述是否可作为经验法则运用，防止法官事实认定的突袭。庭审时双方虽进行了质证，但关于事实认定的结果，法官往往不会在庭审时做出判断，对经验法则适用的争议难以展开辩论，这就要求法官在庭审时需指明双方适用经验法则的争论点，并组织双方进行辩论。将经验法则作为争议焦点提前提出，有助于双方更充分地举证和阐述以帮助法官查明事实；提前公开适用经验规则，能遏制法官秘密心证，从而有效地监督自由心证的完成。

4.2.3 证明评价的标准：证明度

4.2.3.1 证明度概念及相关规定

证明度又称证明标准，指证明足以形成心证时，认定事实的证明程度，或指事实认定所必要之心证的最下限。段厚省提出，证明标准是法官在证明评价中用以衡量当事人的证明活动是否使得其主张的事实为真的尺度，达到这一标准，法官须认定事实为真、为伪还是真伪不明③。

我国学术界曾认为，民事诉讼的证明标准与刑事诉讼一样，都是"事实清楚，证据确实充分"④，这一标准可以界定为"客观真实"。直到 20 世纪 90

---

① 罗森贝克，施瓦布，戈特瓦尔德. 德国民事诉讼法 [M]. 李大雪，译. 北京：中国法制出版社，2007：1095.

② 伊藤真. 民事诉讼法 [M]. 有斐阁，2004：660；曹鸿兰，等. 违背经验法则之研究 [J]. 民事诉讼法之研讨（四），台北：台北三民书局，1995：161-195；张亚东. 经验法则：自由心证的尺度 [M]. 北京：北京大学出版社，2012：241-242.

③ 段厚省. 证明评价影响因素分析 [M]. 北京：法律出版社，2009：103.

④ 李浩. 民事证明责任研究 [M]. 北京：法律出版社，2003：234. 张卫平. 证明标准建构的乌托邦 [J]. 法学研究，2003（4）：60-69.

年代，认识才完全转变，摒弃了客观真实说，采纳了法律真实说；认识到刑事诉讼和民事诉讼的证明标准的差异①。

《证据规则》（2001年）第七十三条"双方当事人对同一事实分别举出相反的证据，……判断一方提供的证据的证明力是否明显大于另一方提供证据的证明力"，这一规定被认为正式确立了民事诉讼高度盖然性的证明标准②。学者们认为高度盖然性是指，法官基于盖然性认定案件事实时，应当能够从证据中获得事实极有可能是如此的心证，法官虽然还不能完全排除其他可能性，但也应该是极有可能、十之八九③。

《证据规定》（2019年修订）删除了原第七十三条，新增第八十六条。《证据规定》（2019年修订）第八十六条，除了再次规定了2014年发布的《民诉法解释》第一百零九条，增加了保全、回避等程序事实，只需达到"可能性较大"的证明度。结合《民诉法解释》第一百零八条，我国法律对不同证明对象存在以下四个等级证明度之规定：第一，本证的证明度"确信"。第二，反证的证明度是使本证"真伪不明"。第三，欺诈、胁迫、恶意串通及口头遗嘱、赠予的事实应达到"排除合理怀疑"。第四，如上所说的保全、回避等程序性事项，"可能性较大"④。

4.2.3.2 证明度的运用

尽管证明标准是证据法学的一个基本问题，但我国学术界并没有将其视为重要的理论问题进行研究，有学者还对其功能和意义提出过质疑。张卫平教授就认为证明标准是一个无法实现的"乌托邦"，只是一个抽象的概念，而无法具体描述，更不具有操作性⑤。关于证明标准没有意义的观点被提出后，引发了部分学者的反对，何家弘教授认为，从证明标准的定性、司法解释对不同证

---

① 何家弘. 论司法证明的目的和标准：兼论司法证明的基本概念和范畴［J］. 法学研究，2001（6）：40-54；毕玉谦. 证明标准研究［M］//诉讼法论丛：第3卷. 北京：法律出版社，1999：463.

② 黄松有. 民事诉讼证据司法解释的理解与适用［M］. 北京：中国法制出版社，2002：353.

③ 李浩. 民事诉讼证明标准的再思考［J］. 法商研究，1999（5）：19-21.

④ 《民诉法解释》第一百零八条："对负有举证证明责任的当事人提供的证据，人民法院经审查并结合相关事实，确信待证事实的存在具有高度可能性的，应当认定该事实存在。对一方当事人为反驳负有举证证明责任的当事人所主张事实而提供的证据，人民法院经审查并结合相关事实，认为待证事实真伪不明的，应当认定该事实不存在。法律对于待证事实所应达到的证明标准另有规定的，从其规定。"第一百零九条："当事人对欺诈、胁迫、恶意串通事实的证明，以及对口头遗嘱或者赠予事实的证明，人民法院确信该待证事实存在的可能性能够排除合理怀疑的，应当认定该事实存在。"

⑤ 张卫平. 证明标准建构的乌托邦［J］. 法学研究，2003（4）：60-69；王敏远. 一个谬误、两句废话、三种学说［M］//王敏远. 公法：第四卷. 北京：法律出版社，2003：208.

明标准的具体规定、建构指导性证明标准三个层次来看，这一问题具有重要的研究价值。吴泽勇教授也提出证明标准应当是"正义标尺"，会影响法官的证据评价过程，可提升法官事实裁判的稳定性和可预测性①。关于证明标准功能和意义的讨论，使人们加深了对其意义的理解。

从本书2.3.2.4节判决书梳理出的问题来看，法官对不同类型待证事实的证明标准的差异化认识不到位，判决书缺乏对证明度、心证强弱的描述，判决书对《民诉法解释》第一百零八条、第一百零九条的引用率较低，都说明了实践对证明度的理解和运用较薄弱。这也与理论研究还停留在概念及意义等抽象理论的阶段，没有进入证明度的实证分析有关。

法官对证据证明力的判断，无论是优势证据还是高度盖然性，都是对证明标准的主观描述，究竟何种程度能满足确信或高度盖然性标准，学者们一直试图将这一主观判断，用精确数据来体现心证"决算量"②。大陆法系和英美法系国家差不多同时提出了用概率论来研究证明度，即：从0～100%，90%以上为"非常高盖然性"，75%～90%为"高盖然性"，50%～75%为"优越盖然性"，25%以下为"低盖然性"③。但在实践中，两大法系却发展成两种截然不同的样态，大陆法系对证明度讨论兴趣明显低于英美法系，实践中法官运用证明度的自觉性也更低④。除了对这一问题本身的轻视之外，还有一个重要原因是两大法系对证明标准的掌握不一，大陆法系偏重"发现真实"的目标下，法官被要求须尽力达到"确信""完全证明"的证明标准。在过高的证明度标准下，证明度精细化也就没有多大的实际意义，导致实践中证明度的问题被大大简化。而英美法系以"解决纠纷"为目标，"优势证据""盖然性优势"的裁判是正当的。英美法系学术界和裁判者认为用数字的方式表达证明度，能够更方便并准确地理解证明标准。

大陆法系在"发现真实"的目标下，证明度标准的过高要求，造成证明标准的虚化，法官依赖"正当合法性"的证据制度，裁判结果反而远离客观真实。这些证据制度没有促使事实的发现，实际只是作为法官裁判的合法依据，反而为法官提供了一块"躲避的石头"，比如签字文件的偏好、专家鉴定

① 何家弘. 司法证明标准与乌托邦：答刘金友兼与张卫平、王敏远商榷 [J]. 法学研究，2004 (6)：94-105；吴泽勇. "正义标尺"还是"乌托邦"？：比较视野中的民事诉讼证明标准 [J]. 法学界，2014 (3)：145-162.

② 李学灯. 证据法比较研究 [M]. 台北：五南图书出版有限公司，1998：392.

③ 姜世明. 举证责任与证明度 [M]. 厦门：厦门大学出版社，2017：123. 易廷友. 证据法的体系与精神：以英美法为特别参照 [M]. 北京：北京大学出版社，2018：317.

④ 黄国昌. 民事诉讼理论之新展开 [M]. 北京：北京大学出版社，2008：89-113.

意见的尊重、对自认的依赖等。而举证责任也为法官提供了最后一块"石头"来使其躲藏在背后①。如本书第 2 章实证分析总结的我国法官事实认定的主要问题，与上述法国学者对法国民事诉讼的实证总结几乎完全一致，我国法官同样重视书证，回避口头证据，对测谎结论全部采纳，举证责任沦为法官拒绝心证的挡箭牌。可见，没有证明度这一标尺，法官的证明评价缺乏检验标准，并且"正当合法性外观"的证据规则掩盖了法官评价的错误。

诚然，对于法官认定事实的活动，用数学计算出的盖然性数值并不能就说是准确的，虽然难以评估，但亦绝非毫无价值。符合逻辑的计算方法至少离真实状态"虽不中，亦不远"。但若因证明度难以客观化就将其忽略，对法官证明评价的错误，尤其是法官对证明标准掌握的差异的问题，就无法明了。只有确定证明度的数值，对不同的待证事实，本证、反证是否达到证明度或拉低证明度等问题进行讨论，才能具体且明确，有利于准确了解心证强弱大小。证明度的数值有利于法官自由心证活动的实证研究，明确的数据支撑，有利于深入、精确地对不同类型案件的心证活动进行数据分析，若证明度只有笼统的概念，研究难以精细化。

4.3　诉讼实践中证明评价的运行

在证明评价静态理论建立后，应当进入诉讼动态过程，在事实认定过程中研究如何运用证明评价，以及证明责任与证明评价如何协同配合。

4.3.1　证明评价的关键：提取要件事实

大陆法系规范出发型思维模式，诞生了"要件事实"这一概念。要件事实是证明责任正确分配的前提，从要件事实到法律效果，要件事实在民事诉讼中有至关重要的作用，是当事人诉讼行动的指南、法官审理的纲领。不仅如此，包括诉讼请求权基础理论、既判力、一事不再理这些诉讼法中的基本理论问题，也是围绕要件事实展开分析的。可以说，要件事实勾连起民事诉讼法全

---

①　法国证据法是追求真实发现的目标，但规则上更多的是对司法裁判加以正当合法性，并不利于发现真实。参见 see　Xavier Legarde, Réflexion Critique Sur le Droit de la Preuve (1994)；Jean Vincent & Serge Guinehard , Procedure Civile, at 634 (24th ed. 1996)；Lagarde, Vérité et Légitimité Dans Le Droit de La Preuve, 23 Droits 31, 32 (1996). 黄国昌. 民事诉讼理论之新展开 [M]. 北京：北京大学出版社，2008：111.

程所有重要的法律理论适用问题。

提取要件事实要求法官从抽象法条中提取要件，再与事实对照分析，进而从当事人主张的五花八门的事实中提取与案件有关的事实，目光在法条和事实中来回穿梭。提取要件事实是一项十分复杂的法律思维活动，法官需熟悉法律理论和规范，并运用逻辑思维推理，这也是法官证明评价必须完成的任务。

4.3.1.1 从请求权基础理论出发：寻找要件事实

法官裁判的逻辑为"司法裁判三段论"，即从民事实体法出发，法律规范（T）是大前提，特定的案件事实（S）为小前提，以一定法律效果（R）的发生为结论。王泽鉴先生对于这一推论过程简化为如下的逻辑结果[①]：

$T \to R$（具备 T 要件，即适用 R 法律效果）。

$S = T$（待决案的案件事实 S 符合 T 的要件）。

$S \to R$（该案件事实 S，可以适用 R 法律效果）。

这就是大陆法系裁判的基本思维模型，通过"请求权基础理论"[②] 确立要件事实，将诉讼从查明事实到适用法律的全过程放置在实体法规范中进行。

根据实体法规定提供的大前提 T 要求的要件对于具体事实，直接导致权利发生、变更、妨碍、消灭的法律效果，直接且必要的事实，被称为要件事实[③]。

对法律规范的大前提 T 可能具备多个要件，若 $T = M1 + M2 + M3$，则 $S = M1 + M2 + M3$，满足全部要件，方能适用法律。以民间借贷为例，原告起诉要求被告还款，要件事实应为：a. 双方有借贷的约定；b. 原告依据约定履行了借款义务；c. 偿还借款本息期限届至。当案件事实满足这三项要件，要件事实成立，可产生被告向原告还款义务的法律效果。

诉讼开始，如果当事人对法律效果的前提事实产生争议，法官就必须判断该事实是否存在。对当事人的攻击防御提取出"主张—抗辩—再抗辩"，再分别确立这些主张、抗辩的要件事实，再将要件事实进行举证责任分配。要件事

---

① 王泽鉴. 法律思维与民法实例：请求权基础理论体系 [M]. 北京：中国政法大学出版社，2001：201.

② 最早提出请求权基础理论的是德国学者梅迪库斯，后经我国台湾地区的王泽鉴教授引进。参见梅迪库斯. 请求权基础 [M]. 陈卫佐，等译. 北京：法律出版社，2012. 王泽鉴. 法律思维与民法实例：请求权基础理论体系 [M]. 北京：中国政法大学出版社，2001. 王泽鉴. 民法思维：请求权基础理论体系 [M]. 北京：北京大学出版社，2009.

③ 我国民法学界如梁慧星教授、郑玉波先生等将其称为法律事实；要件事实的概念由我国学者段文波教授和章恒筑先生在博士论文中提出，后由许可教授、段厚省教授发展，逐渐被我国学者普遍接受。笔者认为要件事实更能准确表达其含义。

实是如提纲挈领的审理提纲，法官才能明确需要证明的对象是什么，以及应该由哪一方承担举证责任，而不至于在当事人诉辩主张的各种事实中迷失方向。

4.3.1.2　分清事实问题与法律评价问题

根据当事人诉求所陈述的事实，去寻找法律条文中要达到法律效果所需要具备的法律要件。法律规定是对生活事实抽象的、简要的表述，有时法条本身并未涵盖全部要件，需要法官对法条进行补足并解释。法官从当事人陈述的生活事实中确定真实性后，从中提炼、归纳出具有法律意义的案件事实，再根据所需要件提取要件事实。提取要件事实和寻找法律并不能截然区分，二者一般是同步进行的。当法官听取当事人起诉意见时，就开始对事实进行归纳，法官就会对法律关系和应当适用的法条大致进行判断，确定法条寻找要件。法律规定本身是来自于对生活事实的抽象概况；诉讼中当事人对生活事实的表述，又是带有个人法律观点的评价。一个是法律对自然事实的表述，一个是当事人对自然事实带有个人主观（包括法律观点）的表述。法律事实和生活事实是对同一事物、行为在不同层次的归纳，两者相互缠绕。在提取要件事实过程中，法律对自然的表述需要由法官解释，是抽象到具体的演绎；案件事实应满足要件事实的需求，又是具体到抽象的提炼。因此，提取要件事实被认为是一项非常复杂的法律思维活动，事实与法律之间相互解明，"在大前提与生活事实之间眼光的往返流转"①。

对生活事实的叙述，转化为案件事实的构建过程，需要凭借感知和经验法则完成。首先，感知是通过感官明辨真伪的，即何时、何地、发生了什么事或者物品的大小、重量、外观等。其次，对人的行为的解读、契约性质的解释、以及关于善意、恶意、故意、自愿、胁迫、欺诈、恶意串通等内心活动，以及过失、缺陷、诚实信用等属的评价性事实，须由法官依赖经验规则和法律规定完成评价。而第二步是最困难的，如前所述，事实问题与法律问题（又称评价问题）本身就是相互交织的，德国学者拉伦茨这样总结法官对要件事实的评价："法律之适用的关键，实际上并不在于其最后的涵摄阶段，而在于该涵摄阶段的先行评价：该生活事实所具有之特征，正与该构成要件所指称者相符。"② 作为当事人，只能提供可感知的原始事实的证据，对于事实完成法律评价则应当是法官的任务，但当事人对于法官准备评价的事项是可以进行辩论的。

---

① 拉伦茨. 法学方法论 [M]. 陈爱娥，译. 北京：商务印书馆，2004：162.
② 黄茂荣. 法学方法与现代民法 [M]. 北京：中国政法大学出版社，2001：246.

实践中，由于法官经常将需要证明的事实问题表述成法律问题，对根本不应该当成证明对象的法律事实去要求由一方举证，造成本应由法官对当事人陈述事项完成到评价的认定，变成了需要当事人承担举证责任；本应由法官证明评价的任务，却变成当事人承担举证责任。于是错误地认定当事人承担举证责任或造成查明事实的困难，试以下述两个著名案例来进行阐述：

案例1 人猫狗案①。该案中，流浪猫和某大型犬狗冲突，导致狗主人被流浪猫抓伤，起诉要求经常喂养流浪猫的饲养人赔偿，法院判决流浪猫饲养人承担赔偿50%的损失。流浪猫饲养人该不该承担赔偿责任，如果承担责任，则应该适用《中华人民共和国侵权责任法》（以下简称《侵权责任法》）第七十八条还是第八十二条或第八十三条②，学术界曾对此展开过激烈的争论③。

从法教义学分析，第一，流浪猫的饲养人是否为《侵权责任法》第七十八条中的饲养人或管理人。基于风险利益一致原则，流浪猫的经常喂养人不是具有利益的饲养人也非具有占有意图的管理人，不应是动物饲养人或管理人。第二，被告显然也不是遗弃流浪猫的原饲养人。第三，喂养行为本身也不存在增大风险及其他过错行为，不应属于第八十三条的有过错的第三人。本案被告不是流浪猫饲养人（非法律规定的饲养人和管理人），不应适用上述条款。有学者认为，本案为一般侵权案件，应当按照第六条，考虑双方过错，若均无过错按照第二十四条公平责任赔偿④。从上述的分析可见，本案难题并不是适用哪条法律规定，而是对于法条中饲养人、管理人概念的解读问题，即长期喂养流浪猫的个人是否属于《侵权责任法》中饲养人、管理人、原饲养人等法律条文中所涉概念的认识问题，而解决了这一事实问题，本案法律适用问题也就迎刃而解了。

---

① 基本案情及判决结果参见：北京市第二中级人民法院（2012）二中民终字第16207号民事判决。

② 《侵权责任法》第七十八条："饲养的动物造成他人损害的，动物饲养人或者管理人应当承担侵权责任，但能够证明损害是因被侵权人故意或者重大过失造成的，可以不承担或者减轻责任。"第八十二条："遗弃、逃逸的动物在遗弃、逃逸期间造成他人损害的，由原动物饲养人或者管理人承担侵权责任。"第八十三条："因第三人的过错致使动物造成他人损害的，被侵权人可以向动物饲养人或者管理人请求赔偿，也可以向第三人请求赔偿。动物饲养人或者管理人赔偿后，有权向第三人追偿。"

③ 学术界曾对该案适用《侵权责任法》第十章的规定的问题展开过激烈的讨论，参见杨立新：《饲养动物损害责任一般条款理解与适用》，载《法学》2013年第7期；王崇华：《再议饲养动物损害责任的归责原则》，载《法学论坛》2013年第4期；胡学军《论证明责任作为民事裁判的基本方法——兼就"人狗猫大战"案与杨立新教授商榷》，载《政法论坛》2017年第3期。

④ 王竹，杨彧. 论饲养动物损害责任中动物饲养人和管理人的概念：兼论"流浪猫伤人案"处理 [J]. 民商法争鸣，2013（2）.

案例 2 张志强起诉苏宁电器销售案①。张志强因苏宁电器销售给其的冰箱有质量问题要求更换，但更换后的第二台冰箱，张志强认为不是新机，构成欺诈，请求按《中华人民共和国消费者权益保护法》第五十五条的规定三倍赔偿②。张志强主张是"旧机"，并提供了"录像冰箱有使用的痕迹""苏宁电器未取回第一次销售的合格证、保修单等"来主张第二台冰箱没有随机交付该冰箱的合格证、保修单，由此可推定第二台冰箱为旧冰箱。该案经过一审、二审、再审，法院对于举证责任分配给出两种不同意见，导致案件处理结果一波三折。

表面上是法官在证明责任分配上前后做出截然不同的意见，实际是法院对证明对象的认识错误，以及证明责任分配的规则运用不当。"第二台冰箱是旧机"成为需证明的对象，若该事实成立，法官方能认定销售行为构成"欺诈"；"欺诈"不能成为证明对象，而是法官评价的事项。而关于"旧机"，张志强是在使用过一段时间后提出的，无直接证据证明，法官需凭借双方的间接证据，通过自由心证进行判断。类似的案例，还有上海的水晶球案。顾客主张水晶球是玻璃球，被告抗辩此球非彼球。也有不少学者从举证责任对该案进行分析③。这个案件的难点也不是举证责任分配的问题，而是要件事实的提取以明确证明对象。证明对象并非是欺诈本身，而是原告索赔的水晶球是否为被告所销售的。

综上，举证责任分配难题是对举证对象的错误认识。提取要件事实是法官认定事实的关键，而事实问题与法律问题的区分是这一问题的难点和起点。正确提取要件事实后，举证责任分配也就迎刃而解了。

4.3.1.3 识别当事人的否认与抗辩

当事人否认与抗辩也需要由法官正确地识别，抗辩当事人需对抗辩之要件事实承担举证责任，否认则对方当事人应对主张的要件事实承担举证责任。抗辩和否认都是针对原告主张的反驳，实践中容易混淆。

本书中的大额现金给付的案例，被告辩称款项未发生的常见理由包括：A1 断头息；A2 赌博、分手费胁迫下的借据；A3. 双方其他往来款系转账，现

---

① 原告张志强诉被告苏宁电器有限公司侵犯消费者权益纠纷案，载于 2006 年第 10 期的《最高人民法院公报案例》。

② 2014 年 3 月 15 日起施行的《中华人民共和国消费者权益保护法》第五十五条规定："经营者提供商品或者服务有欺诈行为的，应当按照消费者的要求增加赔偿其受到的损失，增加赔偿的金额为消费者购买商品的价款或者接受服务的费用的三倍。"

③ 张榕. 事实认定中的法官自由裁量权［J］. 法律科学，2009（4）：71-79；卢申玲. 对民事诉讼证明分配的实证分析［J］. 政治与法律，2005（1）：122-125.

金给付不合常理；A4. 前债未还；A5. 债务人曾索要借据。被告是否应对这些理由承担证明责任？取决于被告辩称是否认还是抗辩，抗辩分为权利妨碍（阻碍）和权利消灭两种①，按照《民诉法解释》第九十一条确立的规范说原则，主张抗辩应当对其抗辩依据的权力妨碍或权利消灭的要件事实承担证明责任。对于否认，只是对原要件事实的不认可，而不产生新的要件事实，因此无须承担证明责任。这一规则被概括为"抗辩者承担证明责任，否认者不承担证明责任"②。

依据《民贷司法解释》第十六条第 2 款，"被告抗辩借贷行为尚未实际发生并能作出合理说明……"，法条此处使用的"抗辩"，但又只规定做"合理说明"，未明确规定承担举证责任。上述理由究竟是对借款债权的否认还是抗辩有待说明。

权利消灭的抗辩容易识别，如原告起诉请求偿还借款，被告辩称已经还借款是抗辩。实践中，权利妨碍的抗辩容易与积极的否认（又称附理由的否认）混淆。普遍认为，抗辩与否认的区别是：抗辩事实能够与原告请求的要件事实在逻辑上同时存在，而否认事实则不能与之并存③。权利妨碍的抗辩与否认虽然都是反对"诉讼请求的要件事实"，但前者是在认可"请求的要件事实"的基础上，认为由于有抗辩事由，遂不能产生要件事实所欲达到的"法律效果"；后者则是根本不认可"请求的要件事实"，二者反对的路径是不同的。比如提出欺诈、胁迫、重大误解等"意思表示不真实"的抗辩，是认可有意思表示，但因"妨碍事实"存在而使意思表示不能生效。否认则认为根本不存在该意思表示，即否认的事项与要件事实"意思表示"势不两立。从法律行为"成立"与"生效"的角度来看，抗辩认可"成立"，但对"生效"要件提出异议；否认则是对"成立"要件都不认可。对生效要件的异议产生了新的"妨碍要件事实"及相应证明责任；对"成立"的异议实质"请求的事实"并未发生，故否认不产生证明责任，这也契合了"消极事实不产生证明

---

① 许可. 民事审判方法：要件事实引论 [M]. 北京：法律出版社，2009：136.

② 关于"抗辩者承担证明证明责任，否认者不承担证明责任"这一原则，前注多篇文章提到应当贯彻，该原则由罗马法确立，德、日、苏联沿用至今。

③ 关于抗辩权与否认的区别，参见陈刚. 论我国民事诉讼制度的体系化建设 [J]. 中国法学，2014（5）：201-218. 杨立新，刘宗胜. 论抗辩与抗辩权 [J]. 河北法学，2004（10）：6-12. 柳经纬，尹腊梅. 民法上的抗辩与抗辩权 [J]. 厦门大学学报》（哲学社会科学版），2007（2）：89-97. 占善刚. 附理由的否认及其义务化研究 [J]. 中国法学，2013（1）：103-113. 袁琳. 证明责任视角下的抗辩与否认 [J]. 现代法学，2016（6）：184-193. 上述多篇文献也提"抗辩者承担证明责任，否认者不承担证明责任"自罗马法确立，并为德日、苏联沿用至今，应当贯彻这一基本原则。

责任"的原理。

本书民间借贷案件中被告辩称因胁迫等事由（A2）导致借据不成立，是权利妨害抗辩还是否认呢？欺诈、胁迫等表意不真实是典型的权利妨碍抗辩，那么此处 A2 是不是抗辩呢？借贷请求偿还的要件包括借款合意（M1）和款项已交付（M2）。针对 M1，"胁迫"应当是抗辩；针对 M2，就是"积极否认"。所谓积极否认，又叫附理由否认或间接否认，即提出一个新的事实，间接否认对立事实。比如 A2 被告提出款项未收到，借据是在胁迫下形成的；A4 提出前债未还，借据是对前债的结算而非新发生借款，这些实质都指向"否认"借贷发生的要件事实，与要件事实不能并存，应当是积极否认，而非抗辩。

虽然 M1、M2 的理由都有可能达到否定诉求要件事实成立的效果，但二者的性质是不同的。若借款人依据借款合同约定请求出借人履行借款义务，该请求的要件只有借款合意（M1）；被告提出合同是胁迫，但这里的应当是抗辩。

从上述分析可知，《民贷司法解释》第十六条第 2 款使用被告"抗辩"一词，是法律用语的失误，混淆了抗辩与否认的概念，上述理由均属于否认，被告只需"合理说明"，并不承担举证责任。这说明由于司法解释用语的失范，会造成实践中举证责任分配的混乱。

《民贷司法解释》第十七条的规定，也存在类似错误，即："被告'抗辩'转账系偿还双方之前债务……被告应当对其主张提供证据证明""被告提供相应证据证明其主张后，原告仍应就借贷关系承担举证证明责任"[1]。原告提起诉讼主张欠款，仅提交了转账凭证作为证据，其主张的事实是否就已被证明了。这里规定的被告提出偿还双方之前的债务是"抗辩"，被告应承担举证责任，而且规定也要求被告承担举证责任，显然被告将背负较大举证责任。这一规定存在一个逻辑错误，既然被告提供证据证明了"抗辩"，那么原告自然应败诉，为何规定原告仍要承担举证责任。对这一问题，就连学术界的认识都不统一。杨立新教授、刘英明认为这是举证责任转移；包冰锋则提出此处被告的抗辩是积极否认而非抗辩，不存在举证责任的转换[2]。从本诉请求的要件分析，原告起诉偿还借贷的请求权，要件事实应包括建立了借贷合同（M1）和

---

[1] 《民贷司法解释》第十七条："原告仅依据金融机构转账凭证提起民间借贷诉讼，被告抗辩系偿还双方之前的借款或债务，被告应对其主张提供证据证明。被告提供相应证据证明其主张后，原告仍应就借贷关系成立承担举证证明责任。"

[2] 参见杨立新.《最高人民法院关于审理民间借贷案件适用法律若干问题的规定》理解与适用 [M]. 北京：中国法制出版社，2015：107；包冰锋. 论民事诉讼中当事人积极否认义务 [J]. 证据科学，2015（4）：440-449；刘英明. 仅有转账凭证的民间借贷诉讼的举证责任：对民间借贷司法解释第 17 条的分析 [J]. 政治与法律，2017（9）：153-161.

款项给付（M2），现原告起诉只提供了 M2，要件是不完备的。而被告"抗辩"付款是偿还先前的借款，不认可款项给付（M2），被告主张的事实与 M2 逻辑上不能并存，应当是否认。笔者同意包冰锋的观点，司法解释中被告的抗辩应当是"积极否认"，不应表述为"抗辩"。司法解释中"被告提供证据证明"的规定，可以看作是提供举证的必要，应为反证，而不是举证责任的转移。为何在原告关于诉求的借款的要件事实 M1、M2 不完备的情况下，司法解释会要求被告提供证据，说明立法者认为，大多数情况下，作为转账凭证一般能够证明款项实际支付，即 M2 的事实发生；由于民间借贷中经常欠缺手续或口头约定等，存在 M1 借款关系的可能性较大，可以视为法律推定 M1 的事实成立。这属于法律推定，而且是可以反驳的法律推定，对方可据此提供反证推翻。

法官如果简单机械地适用《民贷司法解释》第十七条确定的规则，要求被告提供证据，将导致被告败诉的风险大增，并且导致事实认定错误。比如原告凭借银行转账凭证起诉被告，被告称该笔转账系偿还之前原告对被告的债务，在原告转账给被告后，被告当场就撕毁借据或将借据还给原告。这类"钱货两清""钱据两清"的现象是十分常见的，也符合日常交易习惯。但如果法官照搬第十七条，径直要求被告举证证明先前的债务，对销毁的借据被告如何证明呢？最终被告方极容易败诉。对于这类案件，是否就难以证明了呢？只要法官全面运用证明评价的规范，也并非难解。第一，被告的抗辩应当是否认，被告举证只是针对本证的反证，并不产生举证责任的问题。第二，证明评价应按攻守顺序。原告并未提交 M1 的证据，法官应当依照真实完全义务要求原告对 M1 进行具体化陈述，在对借款成立初步评价具有一定盖然性的情况下，被告才负有举证的必要。如果被告未举证，法官可释明要求被告举证。再根据被告的陈述、反证进行第二次证明评价。如果原告未对 M1 完成具体化陈述，直接要求被告提供证据，被告举证责任的风险大大增加。第三，厘清本证、反证，才能在证明评价中准确把握证明度。被告主张的反证事实（双方存在旧债），根据法律规定，反证证明度无须达到"高度盖然性"的标准，能够将本证要件事实（诉求借款合同成立）拉低到"真伪不明"即可[①]。

可见，实践中的证明难题并不一定是证明责任的分配，正确提取要件事实，弄清证明责任的对象，举证责任分配也就没有什么困难。完成要件事实的

[①] 《民诉法解释》第一百零八条对于本证的证明度要求是"高度可能性标准"；反证则是使"待证事实真伪不明"，将本证拉低到真伪不明即可。

提取，首先需法官正确识别否认、积极否认与抗辩的区别，分清法律问题与识别问题，还要完成从生活事实到法律要件事实的提取。因此，提取要件事实是法官查明事实过程中困难且重要的任务，也应属于法官证明评价的任务。

4.3.2 证明评价边界：合理配置证明评价与证明责任功能

4.3.2.1 理论基础：辩论主义三命题

主张事实和举证是当事人的责任，在诉讼合作主义下，法官职权行为的介入只是对辩论主义下绝对当事人主义的调和，而不是替代当事人的主张责任和举证责任。如前文所述，诉讼合作主义下，理论上的重点早已不是不干预，而是如何协调干预和防止破坏诉讼平等及对一方利益的损害。明确法官职权干预的界限，可以回到辩论主义设立之初衷来思考。辩论主义是基于对当事人私权的保护，确定裁判基础事实所需资料的提出（要件事实的主张）作为当事人权能及责任的原则。只限定要件事实的缘由，是为了保留法官自由心证的空间。所以，大陆法系民诉理论将待证事实划分为要件事实、间接事实和辅助事实，是为了满足辩论主义原则和自由心证原则的要求。只要查明要件事实就可完成法律的适用，并且举证责任也是围绕要件事实展开的。

我国学术界虽然普遍认可辩论主义，但民事诉讼法并未作明确规定。甚至我国《民事诉讼法》第十二条的规定①，还被误认为就是辩论主义。显然，这条规定只有当事人有辩论的权利，并无辩论主义之实。诉讼合作主义模式下，对法官干预的职权加强，如何协调法官职权干预与对当事人诉讼权利保护之间的关系，成为诉讼法中的重要问题。而辩论主义确立的基本原则正是当事人权限与法官职权的界限。可见，辩论主义的作用在现代诉讼模式中更加重要。

间接事实和辅助事实虽不是要件事实，但通过间接事实可以推断要件事实是否存在，间接事实和辅助事实也发挥着证据资料的作用，同样也是证明的对象。间接事实，是能够借助经验法则和逻辑规则判断主要事实是否存在的事实②。

---

① 《民事诉讼法》第十二条规定："人民法院在审理民事案件时，当事人有权进行辩论"。

② 关于直接事实与间接事实以及直接证据和间接证据划分的，国内外学术界有较大争议，我国认为不应区分的文章可参见：纪格非．"直接证据"真的存在吗？对直接证据与间接证据分类标准的再思考［J］．中外法学，2012（3）：594-606. 纪格非．直接证据与间接证据划分标准的反思与重构［J］．法学论坛，2013（1）：92-98. 陈盛．直接证据与间接证据是否可分——评格林斯坦《事实认定：直接证据的迷失》［J］．证据科学，2017（25）：517-525. 认为应当区分有：李浩．"直接证据"真的不存在吗？与纪格非教授商榷［J］．中外法学，2017（10）：212-229. 阮堂辉．间接证据理论及其子事实认定中作用［D］．重庆：西南政法大学，2006.

辅助事实，是能够证明证据的可靠性和证明力的事实①，如证人与当事人的关系等。还有一类证据就是背景事实，比如当事人双方是否认识，在案件要件事实的基础关系之外是否还有其他什么关系等。以民间借贷案件为例，谁向谁借款的事实是主要事实，包括借款合意、现金交付。现在在双方对于现金交付有争议，债权人提供现金的准备，如当天银行取款凭证等；债务人曾经按借据金额的约定偿还过部分债务，能够间接证明主要事实是否发生的是间接事实。关于当事人或证人如诚信记录、测谎结论等属于辅助事实，用以证明证据的可信度。再如债务人主张双方是恋人关系，欠款系分手费没有实际借款等，或债权人主张债务人因要向工人发放工资借取现金，关于双方关系、借款原因等事实是背景事实。辅助事实和背景事实可以视为广义的间接事实。

辩论主义原则下，日本学者进一步发展出著名的辩论主义三命题，用于约束法官职权行为，即：①要件事实必须经当事人在辩论中提出，法院才得作为判决的基础；法院不得将当事人没有主张的事实作为判决的基础。这一命题，衍生出主张责任的概念。②当事人之间没有争议的事实，不仅负举证责任的当事人就此毋庸举证，同时法院亦受其拘束，不得作相反之认定，即自认规则。③只有当事人提出（申请）的证据，法院才能够实施调查的证据，禁止依职权调取证据②。这是辩论主义基石性的原则，诉讼合作主义下，也不能动摇，否则当事人的诉讼基本权利会被破坏。遵守辩论主义三原则，双方平衡关系和规则所确立的秩序就不会被打破，法官职权就不会破坏当事人的诉讼权利。

证明评价和举证责任均是围绕要件事实进行的，但证明评价对象不仅只有要件事实，还包括间接事实在内的全部事实。关于证明评价与举证责任作用的界限，应注意以下四点：

第一，虽然证明责任的对象只有要件事实，但证明评价的对象包括全部事实。即使当事人未主张的间接事实，法官也可作为证明评价的依据。

要件事实是法官事实认定的最终对象，只要证明了要件事实，法官即可做裁判。只有要件事实的成立与否影响裁判结果，因而证明责任的对象也只有要件事实，要件事实真伪不明，法官则依据证明责任裁判。基于辩论主义原则，只有出现在当事人辩论中主张的事实，才能作为法官判决的基础，这里引申了

---

① 高桥宏志. 民事诉讼法：制度与理论的深层分析 [M]. 林剑锋, 译. 北京：法律出版社, 2003：340；张卫平. 民事诉讼法 [M]. 北京：法律出版社, 2004：197；王亚新. 对抗与判定：日本民事诉讼的基本结构 [M]. 北京：清华大学出版社, 2010：82-83.

② 高桥宏志. 民事诉讼法：制度与理论的深层分析 [M]. 林剑锋, 译. 北京：法律出版社, 2003：329-332.

当事人的主张责任。法官的自由心证不会偏离当事人的主张，这是辩论主义对自由心证限制的基本要求。间接事实的功能在于推断要件事实是否存在，即使当事人未在诉讼中主张，法官也可将其作为判决基础，这是留给法官证明评价的空间。如果规定间接事实也必须由当事人提出主张，也就是不允许法官自由推理，这是违反自由心证原则的，会禁锢法官的思维。每个人的推理方式和完成事实证明的逻辑路径不一定完全相同，当事人也可能无法对所有的间接事实乃至辅助事实、背景事实全面主张，忽略个别间接事实的主张也是可能的，而法官同样能通过间接证明推定出主要事实。若以间接事实未主张，不得作为裁判基础，则对当事人也过于苛刻，可能造成裁判的不公。因此，辩论主义在此只限制当事人主张的事实只有要件事实。对于间接事实，无论是否作为审理对象，都属于法官自由心证的范围，法官无须向当事人释明，也同样不涉及程序违法的问题。

第二，法官作为证明评价依据的应当是当事人辩论的要件事实和主要间接事实。

间接事实对于主要事实成立与否至关重要，当事人未主张的间接事实，若法院直接使用并推断要件事实成立，是否意味着是法院替当事人证明，对另一方不公平？如京案例 21，被告主张借据是分手时原告强迫其出具的分手费，而原告称该费用是恋爱期间开销形成的；原告申请了其母亲作证，证人陈述给了原告 30 万元现金，被被告取走。判决最终认定 30 万元债务是双方恋爱期间开销的确认。如果按原告方申请的证人陈述，证明债权成立的间接事实是原告母亲在家放了 30 万元，而主要事实是被告取走了这 30 万元。判决认定债权形成间接事实是被告日常开销后形成的债务。法院推定借款成立依据的间接事实与当事人主张的间接事实是不一致的。再如案例中，双方素不相识，借据中既约定银行转账，又约定给付现金。法官从"双方素不相识，大额借款不约定利息有违常理"这一经验规则，推断出现金应当是事先约定的利息。但如果诉讼中，债务人在诉讼中只是提出"对方没有给付相应现金"，而未提出"现金是双方关于利息约定"的这一间接事实。从上述两案看，法院认定的主要间接事实不是当事人主张的间接事实并完成要件事实的认定，还是会让人对裁判结果产生怀疑，而且也会对一方造成诉讼突袭，使其没有充分的时间对该间接事实展开辩论、提供反证。

日本有学者提出辩论主义应适当包括重要的间接事实①。这样的观点是有道理的，是对辩论主义原则的遵守，当然何为"重要"的间接事实，确实是一个不太容易判断的问题。

第三，间接事实和辅助事实不产生证明责任的问题，但可能影响法官的证明评价，故对当事人来说仍有举证的必要。

证明责任的对象是要件事实，这并不是说，有证明责任的一方无须承担间接事实的举证。间接事实是否需要举证，这应当由当事人自己决定。提供间接事实的目的是影响法官对要件事实的评价，要件事实不能被证明，证明责任发挥作用。所以，间接事实并不会产生应当谁承担主张和证明的责任，即没有证明责任的问题，要件事实的证明责任完全能够吸收间接事实的证明责任，有无间接事实是举证的必要的问题。同理，关于一般的间接事实、辅助事实和背景事实，都不产生证明责任的问题，而是当事人若认为有举证之必要，履行相应举证后，由法官证明评价是否对主要事实产生影响。

实践中，能够根据直接证据证明案件事实的情况很少，经常发生的是因某一间接事实举证难，或者法官不愿推断就认定一方举证不能。就如民间借贷中大额现金给付的问题，由于现金一对一交付后，债务人提出鉴于借条形成原因、事后双方发生纠纷等存在借条不真实情形的理由，但法官却可能不愿推断，即认为间接事实无法证明借款成立的要件事实，并认定是债权人举证不能。所以问题并不在于当事人有没有完成举证的问题，也不在于法官是否正确分配了举证责任的问题，而是法官忽视了自由心证。不可否认的是，间接事实对于完成证明评价非常重要，能够运用直接事实简单证明的案件基本是事实没什么争议的案例，大部分事实难认定的案件都需要倚重间接事实完成认定。法官若回避间接事实，当事人举证难度大增，很可能就因举证不能而败诉。

第四，如果是不负主张责任的当事人主张的事实，能否为对方的主张所用而成为判决的基础？

通说认为是可以的。因为辩论主义调整的是法院与当事人的关系，防止法院将当事人未主张的事实作为裁判基础从而造成裁判突袭②。只要证据提交后，对方也可以将其作为本方的武器。

综上，诉讼合作模式并未否定辩论主义的基本原则。对于要件事实仍应坚持由当事人主张并承担举证责任；法官可作为证明评价依据的事实除要件事实

---

① 高桥宏志. 民事诉讼法：制度与理论的深层分析 [M]. 林剑锋，译. 北京：法律出版社，2003：349.

② 黄国昌. 民事诉讼理论之新展开 [M]. 北京：北京大学出版社，2008：28.

外，还包括重要的间接事实；间接事实对于证明至关重要，对当事人来说是举证的必要，法官心证不应忽视，对"重要"的间接事实如何把握可能会对实务造成困扰。

4.3.2.2 证明评价与证明责任分工与合作

自由的证明评价和证明责任统治着诉讼事实认定的两个领域[1]，二者本应有明显的区别和联系。罗森贝克和普维庭早就注意并提醒实务混淆了证明评价与证明责任[2]，因此，厘清二者的关系方能使证明评价和证明责任共同发挥作用。

（1）从理论上讲，证明责任与证明评价的界限应当非常明确。

证明责任是根据法律规定分配待证事实的证明责任，由法律规定指挥当事人完成举证；若法官证明评价完成，事实判断仍真伪不明时，应适用证明责任规范做出裁判。因此，证明责任是法律问题，是适用法的过程，是客观的、抽象的。证明评价是法官根据生活经验，对诉讼争议事实真实与否做出心证的过程。一旦证明评价无法获得结论，即事实处于真伪不明的状态，就应运用证明责任做出裁判。证明评价是法官对具体案件事实做出的认定，是事实问题，是主观的、具体的。

（2）查明事实的过程，需要证明责任和证明评价的相互配合。

①证明责任的执行离不开证明评价的介入，适用法律的过程中，需要证明评价对社会关系进行解释。证明责任的运行前提是确认要件事实；要件事实的提取，又需要法官行使证明评价的职责来完成。

②证明评价的发挥可减少"真伪不明"适用证明责任的情况。

具体证明场合，当遭遇证据偏在、证明困难的情况时，简单适用举证责任难以完成，此时就需证明评价出场。如在有初步证据证明非负举证责任一方持有证据，可对其课以文书提出义务，或对其要求事案解明的义务；如果该方当事人无正当理由不提交，应当运用证明妨碍等制度，认定另一方主张的证据项下事实为真。

在直接证据难以证明的情况下，最常用的手段莫过于推定。德国发展了表见证明制度，被广泛运用在医疗事故、侵权等领域，在受害人对"因果关系""过错"完成举证责任十分困难，难以证明的情况下，可根据典型的侵权结果推定存在"因果关系""过错"，比如医疗事故中，在伤口内发现纱布，或交

---

① 罗森贝克. 证明责任论 [M]. 5 版. 庄敬华，译. 北京：中国法制出版社，2018：77.

② 罗森贝克. 证明责任论 [M]. 5 版. 庄敬华，译. 北京：中国法制出版社，2018：217. 普维庭. 现代证明责任问题 [M]. 吴越，译. 北京：法律出版社，2000：87.

通事故中司机有违反交规的情形，这些事实本身足以说明过失，即可推定过失成立，从而减轻负担证明责任一方的证明责任。又比如火灾损失赔偿的侵权案件中，原告就"损害事实""损害赔偿数额"等就不易证明。对此，我国台湾地区的解决方案是"审酌一切情况，依心证定其数额"①，即在损失额证明上的大致推定，或称证明度降低规则。

在上述证明困难的情况下，如果简单根据证明责任认定一方承担不利的后果，不符合公平正义的基本法理。通过表见证明、间接证明等完成事实认定；或通过释明要求当事人进一步事案阐明或补充证据，才能促使证据资料更充足，进而帮助法官完成证明评价。有利于证明评价的充分运用，可有效减少证明责任真伪不明的情况发生。

③当事人是否尽到了证明责任，是法官根据自由心证原则判断的结果，当事人在诉讼中的举证和一切活动，就是不断对法官心证施加影响的过程。

法官依据全案的证据，使心证达到何种程度法院才能认定该事实存在与否，这是证明度的问题。法官认定待证事实达到最低证明度，就可以利用自由心证认定事实做出判决；与之相反，如果认定结果没有达到关于真或伪的最低证明度，法官就只能终结自由心证启动证明责任进行裁判。法官对证明度标准的把握会影响证明责任的适用空间，法官证明评价时适用的证明度标准越高，适用证明责任的可能性越大；证明度标准越低，适用证明责任的可能性越小。因为证明度是属于自由心证或证明评价的问题，因此证明度也是证明责任与证明评价之间的客观联系。

心证是法官的主观心理过程，不同法官的心证程度具有隐蔽性，虽然有学者试图用数学、统计学得出的指标来实现，但把证明度转化为数字语言，并不见得标准就更明确和容易把握。

④完善的证明评价规范，使证明责任适用的标准更具体、明确。

法谚"自由心证用尽之时，即是证明责任启动之日"，可见自由心证用尽是适用证明责任裁判的前置条件。由于我们理论和实务中长期回避自由心证，鲜有讨论自由心证用尽的条件，造成证明责任登场的标准不明。普维庭提出"真伪不明"应当具备以下要素：第一，原告方提出有说服力的主张；第二，被告方提出实质性的反主张；第三，对争议事实有证明的必要；第四，用尽所有程序上许可的和可能的证明手段，法官仍不能获得心证；第五，口头辩论已结束②。

---

① 姜世明. 新民事证据法论 [M]. 厦门：厦门大学出版社，2017：161.
② 普维庭. 现代证明责任问题 [M]. 吴越，译. 北京：法律出版社，2000：22.

（3）在提出证明评价概念后，笔者认为，证明责任适用的条件更具体、明确。

①法官初步评价认为要件事实真伪不明时，法院应予以释明。若要件事实真伪不明，表明法官对待证事实未能确信有或无，允许当事人对法官举证责任分配以及初步评价进行辩论，是给应承担证明责任当事人多一次举证及陈述的机会，法官也可对其初步评价再进行一次检验。而且，当事人有可能因法律知识欠缺或疏忽等原因，而没有提出相关要件事实的主张及提交证据，法官可释明督促其完成。

②法官已用尽证明评价的各种手段，对当事人的举证陈述进行了全面审查，包括间接证明推定，以及对方可能持有证据的场合，向其释明要求提交，仍不能获得心证时，才能适用证明责任判断。

③案件审理已终结，言词辩论终结前，当事人举证、质证活动完毕，法官已用尽了证明评价的手段，无法排除真伪不明①。因此，证明责任的适用的前提改为以法官充分证明评价，显然比穷尽心证的标准，内容更具体，客观且易操作。

综上，证明责任与证明评价是完全独立，又紧密联系、分工协作的。一方面，证明责任不能替代证明评价，二者的本质、作用均不同。另一方面，同时二者又相互影响，紧密联系，证明责任的运用需证明评价协助方能完成；证明评价的规范也能完善证明责任的应用。充分的证明评价可减少证明责任出场，而充分的证明评价是证明责任出场的前提条件。因此，证明责任与证明评价协同配合，方能完成事实认定体系的建立。

4.3.2.3　避免证明责任与证明评价的混淆

实践中，证明责任总是容易抑制证明评价的发挥。对此，罗森贝克早就发现并提醒了实践容易混淆证明责任与证明评价②。确立证明评价，方能厘清当事人的举证责任与法官职权活动之间的关系。证明事实主要的责任在当事人，提供证据的主要责任也在当事人，因而民事诉讼中证明责任才如此重要。证明评价也具有查明事实的功能。法官参与诉讼，虽然并非回到职权主义——法官代为取证老路，但二者在功能上确实又有重合。规范证明评价，可防止法官职权介入对当事人私权的破坏。证明评价既有审查证据、查明事实的职能，又包括证明责任减轻的"补丁"工具。明确证明评价的地位、范围，能更好地厘

---

① 肖建华，肖建国. 民事证据规则与法律适用 [M]. 北京：人民法院出版社，2005：101.
② 罗森贝克. 证明责任论 [M]. 庄敬华，译. 北京：中国法制出版社，2018：217.

清其与证明责任的关系。一是，将"补丁"工具纳入证明评价体系，从工具论上明确法官职权调查过程中，可以使用哪些工具，以扩充事实认定的依据，从而可减少结果证明责任出场的可能。因此，学术界又将"补丁"工具称为证明责任减轻，"补丁"工具并不能替代证明责任，二者的界限需清晰地划定。二是，证明评价的确立有助于明确使用证明责任裁判的客观标准。穷尽自由心证后证明责任登场，但对穷尽心证的标准并不明确，造成实践中证明责任适用的混乱。明确证明评价的规范后，即可将证明评价用尽作为证明责任裁判的前提。

（1）不宜采用法官分配举证责任概念。

我国关于举证责任分配的规定出自《证据规则（2001年）》第七条，法律没有规定的情况下可"依据公平原则分配证明责任的权利"。而且法官举证责任分配的观点，也有相当一部分学者认同，甚至在最高法院《证据规则（2001年）》的官方指导用书"理解与适用"中也是支持这一观点的①。但正是这一观念，成为长期困扰法官任意分配举证责任的迷失问题②，造成实践中法官自由裁量下举证责任分配的滥用。

前文3.1.2.1已经提到了反对主观证明责任可变动的理由，"规范说"本身读不出证明责任可以转移的观点；保持证明责任法的安定性，而法的安定性是证明责任机制稳定运行的基础；举证责任分配的提法与主观证明责任可变动的观点，都否定了证明责任的法定性、稳定性的特征，容易造成实践的混淆，不应使用法官分配举证责任等说法。

①德国的主流理论反对证明责任交给法官进行分配。

罗森贝克明确反对把分配证明责任的权力交给审理案件的法官，他担心这样做会因法官理解的不统一而致使法律适用的不一致。如果法官可以任意分配证明责任，或者证明责任如何分配完全取决于法官，诉讼从一开始就变得不可预测，没有公开透明就没有公正的信心。罗森贝克说："举证责任分配原则不能从公正性中推导出来……如果法官想将具体的诉讼之船根据公正性来操纵，那么，他将会在波涛汹涌的大海里翻船。诉讼的本质将会从根本上遭到破坏。根据公正性作自由裁量的法官，是根据其感情而不是依据什么原则来裁量的。

---

① 李国光. 最高人民法院关于民事诉讼证据的若干规定的理解与适用 [M]. 北京：中国法制出版社，2002：102. 程春华. 举证责任分配、举证责任倒置与举证责任转移：以民事诉讼为考察范围 [J]. 现代法学，2008（2）：99-107.

② 胡学军教授是国内较早明确对"法官分配证明责任"观点提出明确批评的学者，参见胡学军：法官分配证明责任：一个法学迷失概念的分析 [J]. 清华法学，2010（4）：82-103.

法的安定性将会消失得无影无踪，因为每个人对公正均有不同的认识。在当事人看来，如此赢得的判决如同专制一样。"① 这样的结果也使现代法治国家极力推崇的法的安定性、法的可预测性和司法信赖性原则都被抹去②。试图从自由证明评价推导出可以自由分配证明责任，或者试图通过利益权衡，从自由的法律发现中获得证明责任的自由分配，都是不可能的。因为法律不能让法官任意决定哪些可以作为诉由、哪些可以作为抗辩理由。证明责任必须是一个固定的、与具体诉讼偶然性无关的结果。对法官来说，这是一个安全的指路牌；对当事人来说，在他们决定参与诉讼结果之前，一定会顾及这一结果。证明责任按照法律规定，始终统一的分配，符合法的安定性要求③。普维庭的观点与罗森贝克一致："按照法官裁量分配证明责任……在具体情势情况下产生的，因此它取决于法官的具体判决。这种主张在研究中频频出现且被认同。但我们不能认为这就是一种体现完备的理论，相反这里面误解颇多且很多研究是非常肤浅的。呈现在我们面前的混乱和令人惊讶的结论。"④ 普维庭以劳动法为例，阐述了无论何种个别情势，法官自由裁量分配证明责任的观点都是与法律矛盾的，应当被排除。普维庭在引用另一学者的观点时，还提到了至今在德国已经没有学者主张法官裁量分配证明责任，若有必要分析这一现象，必须由法官对具体的证明责任（证明评价场合）进行确定和分配⑤。普维庭在此已经提出了若存在法官分配证明责任，应当在证明评价场合，进一步说明证明评价是法官主观判断的职权活动，应当与法律规定的、客观的、不变的证明责任严格区分。

②严格区分证明责任的法定性和证明评价自由裁量权的特征，是二者共同协作、又不相互混淆的关键。

证明责任与证明评价的分工是明确的。第一，法律规定抽象性和稳定性所带来的局限性，使其无法完全应对复杂多变的社会关系，需要主观性、灵活性更强的证明评价加以弥补。第二，诉讼中，出现证明困难、证据偏在等特殊情形，需要进一步提供举证的情形，可交由法官通过释明权向一方发出提供证据或阐明的要求，这种灵活性或变通的做法，只能由法官发挥主观判断后通过证

① 罗森贝克. 证明责任论 [M]. 庄敬华，译. 北京：中国法制出版社，2018：97.
② 陈刚. 证明责任法研究 [M]. 北京：中国人民大学出版社，2000：9.
③ 罗森贝克. 证明责任论 [M]. 庄敬华，译. 北京：中国法制出版社，2018：226.
④ 普维庭. 现代证明责任问题 [M]. 吴越，译. 北京：法律出版社，2000：250-256.
⑤ 参见 C. Peters，MDR 1949，66ff；Ksapareck，Lehre，S.73，转引自普维庭. 现代证明责任问题 [M]. 吴越，译. 北京：法律出版社，2000：252.

明评价完成，而法律则无法解决。第三，证明责任并不需要灵活的分配，因为灵活的处理，只能通过法官根据具体情势主观评判完成，这应当是证明评价的任务。有人提出证明责任法定化会带来法律适用的僵化，应当允许法官在特殊情况下分配证明责任，这样的说法是没有厘清二者的分工，因为抽象的法律规定只能调整一般的、普遍的现象，这是法律自身的局限性决定的。个别的、特殊的情形，不应当是证明责任的任务，而应当交给法官裁判——证明评价来弥补。

如前文所述，事实认定是证明责任和证明评价共同配合、发挥作用的过程。若否定证明责任的法定性特征，由法官可任意认定一方承担举证责任，容易与法官证明评价的结论混淆，举证责任成为法官认定事实的"道具"。正如本书梳理民间借贷案件一样，相当多的判决都以举证责任认定一方败诉告终，而不详细阐述证明的过程。可以说正是否定证明责任的法定性，将证明责任混淆为法官自由裁量权的工具，才是造成实践中证明评价失范、举证责任滥用的症结所在。

近年来，我国已有学者关注到法官分配举证责任等观点容易造成实务混乱的问题①。所幸，《证据规则（2019年修改）》将《证据规则（2001年）》第七条删除，纠正了这一长期错误提法，这标志着最高人民法院立场的明确转变，由于举证责任分配的概念长期存在又具有较大的影响，司法解释又曾经予以确立，不能忽视这一错误观念干扰的延续。

（2）应当取消证明责任倒置的概念。

证明责任倒置也是一个有广泛且长期影响力的概念。证明责任倒置来自实体法，主要是特殊侵权案件对于过错或因果关系证明的特殊规定。有的学者提出法官根据个案情况进行倒置，如"证明责任不倒置将损害个案实质公平时，应允许经一定程序倒置""显失公平说"，或法官根据"利益衡量说"等均可倒置证明责任的观点②。这种法官根据具体情形，可决定证明责任倒置的看法与前文所述的举证责任分配本质是一样的，严重破坏了证明责任作为法律规定的稳定性。早在2000年，陈刚教授就对举证责任倒置提出严厉批评，我国在

---

① 胡学军.法官分配证明责任：一个法学迷失概念的分析 [J].清华法学，2010（4）：82-103.霍海红.证明责任配置裁量权之反思 [J].法学研究，2010（1）：98-111.

② 关于证明责任倒置引用率较高的文章可参见王利明.论举证责任倒置的若干问题 [J].广东社会科学，2003（1）：4-11.汤建维.论民事诉讼中的举证责任倒置 [J].法律适用，2002（6）.程春华，洪秀娟.论民事诉讼举证责任转移的正当性及其制度构建 [J].法律适用，2008（1、2）：140-143.叶自强.举证责任的倒置与分割 [J].中国法学，2004（5）：140-151.

理论界对举证责任分配"正置"的标准还没树立的情况下，没有彻底了解"倒置"的贴切含义，就提出这一概念，纯属学术上的不负责。罗森贝克设计规范说时，德国民法并没有产品责任、公害责任。当出现这些特殊侵权案件后，由于按规范说分配举证责任带来的举证困难和对受害方利益无法保护而出现的实质不公，德国有学者以此对规范说提出批评，并提出应让加害方对产品、公害侵权案件中不存在因果关系承担证明责任，作为规范说的例外，由此产生了德语"Umkchrung，Verschiebung，Shifting"一词，该词被我国学者翻译为"举证责任倒置"。实际上，德语的原意是指"反方向的行使"，即如果本来是受害人对加害人"过错"承担证明责任，则由加害人对"无过错"承担证明责任；如果本来是受害人对"因果关系"承担证明责任，则由加害人对"没有因果关系"承担证明责任①。

我国《证据规则》（2001 年）第四条，在官方解读的"理解与适用"中也将第四条规定的八种情形：新产品制造方法专利、高度危险作业、环境污染、建筑物倒塌、饲养动物致人损害、缺陷产品侵权、共同危险行为、医疗事故称为证明责任倒置②。《侵权责任法》对《证据规则》（2001 年）进行大幅调整，虽然立法者和学术界多数观点认为这是"证明责任倒置"，但也一直存在反对的声音。《侵权责任法》所规定的所谓"证明责任倒置"的案件，就是无过错责任和过错推定的特殊侵权案件。对于这些案件，即使不采用证明责任倒置规范，按证明责任规范说的原理，也完全能够得到通达合理的解释。侵权案件的构成要件包括损害事实、行为过错、因果关系。根据规范说，权利发生的要件应当由受害人承担举证责任。过错推定、无过错责任属于特权侵权案件，法律对需证明的构成要件的特殊规定，将这一"特殊"的要件可视作权利妨碍的要件，由加害人一方就妨碍权利的要件承担证明责任，这也在实体法中有相应的明确规定，并没有打破规范说的分配原则，无须冠以"倒置"③。证明责任导致实践中形成很多错误分配举证责任的案件。试以实践中常见的几类案件为例。

---

① 陈刚. 证明责任法研究 [M]. 北京：中国人民大学出版社，2000：247.

② 参见最高人民法院民事审判第一庭撰写的《民事诉讼证据司法解释的理解与适用》中，目录"第四条（举证责任倒置规则）"。

③ 反对证明责任倒置的观点参见胡学军：《证明责任倒置理论批判》，载《法治与社会发展》2013 年第 1 期；张卫平. 民事诉讼：关键词展开 [M]. 北京：中国人民大学出版社，2005：265-272.

案例 3　产品缺陷纠纷中的损失因果关系的证明问题，《产品质量法》第四十一条列举了生产者能证明存在免责事由①，于是实践中经常认为这是举证责任倒置的规定，即由生产者对没有瑕疵承担举证责任，而不问消费者是否证明产品缺陷、损失和缺陷与损失的因果关系，不合理地加重了生产者的举证责任。这三个要件，生产者证明本身就是有难度的，对于没有缺陷，生产者的合格证明经常被认为是单方文件。消费者的损失，缺陷与损失因果关系更说明消费者才是证据持有方。

案例 4　在侵权责任中，对无过错责任与过错推定的认识本身就存在严重的误区。学术界有观点认为只有类型高危行业（《侵权责任法》第 9 章）适用无过错责任，也有观点认为将监护人、用人单位、饲养动物也归入无过错责任。有观点认为应适用证明责任倒置，即加害人"证明无过错"；也有观点认为"过错"不是构成要件，无须证明过错。由于证明对象是"无须证明过错"还是"加害人证明无过错"众说纷纭，再加上证明责任倒置，使得这类案件应如何证明的问题更加混乱②。可见，很多证明问题成为无解之题，只因对概念本源的理解就是错误的。

对无过错责任的误解，错将不应适用无过错责任的案件当成无过错责任来处理，会造成证明责任分配错误。无过错责任起源于工业革命时代，在 19 世纪，工业革命初期，工业发展与事故共存，如果按一般案件的侵权构成要件，受害人难以证明工业企业的过错。于是法学家创设了无过错责任原则，实质上加重了侵权人责任，来换取对受害人的倾向性保护。而这一创制实质上推动了工业进步，尤其是在安全保护方面的技术进步。无过错原则是特定时期出于风险管理和实体公正的价值考量而产生的。随着社会经济生活发展，过去高危的行业安全等级不断提升后，原来的规则是否仍合理，就值得重新考量了。比如驾驶飞机在飞机刚发明时，可以说是高危作业；但现在不会再有人认为驾驶飞机是高危作业。若对客观上能讲清过错原因的侵权事实，仍旧一律按照无过错原则，是否公平，是否兼顾各方利益的做法等问题就值得考量了。尤其是在受

---

①　《产品质量法》第四十一条：因产品存在缺陷造成人身、缺陷产品以外的其他财产损害的，生产者应当承担赔偿责任。生产者能够证明有下列情形之一的，不承担赔偿责任：（一）未将产品投入流通的；（二）产品投入流通时，引起损害的缺陷尚不存在的；（三）将产品投入流通时的科学技术水平尚不能发现缺陷的存在的。

②　程啸. 侵权责任法教程 [M]. 北京：中国人民大学出版社，2014：27. 胡学军. 具体证明责任论 [M]. 北京：法律出版社，2014：123. 周翠. 侵权责任法体系下证明责任倒置与减轻规范 [J]. 中外法学，2010（5）：698-720. 叶自强. 论不可逾越的"柴尔线" [J]. 环球法律评论，2012（2）：110-122.

害人、第三人过错的情形下，继续固守无过错责任，实质不公的弊端就更明显。

案例 5 过错推定是法律拟制还是法律推定，学术界的认识也不统一①。学术界有观点认为不可反驳的法律推定，或是法律拟制，效力不可反驳，比如医疗事故纠纷中"违反"即过错的规定。但多数观点认为属于可以反驳的法律推定，即可以通过反证推翻②。

笔者认为，举证责任应当立足于要件事实，特殊侵权案件根据实体法规定确定要件事实，则并不存在"倒置"的问题，径直将侵权责任法的特殊情形归结为证明责任倒置，是举证责任分配的一种错误升级的做法，连举证责任都没厘清，举证责任倒置让实务走入误区，当事人更难理解。从上述案例反映出实践的错误对证明责任的对象——法律要件是什么和如何证明的问题有误，造成证明责任分配的错误，将法律问题——该不该承担无过错责任，事实问题——如何证明两个问题相互纠缠，以及对过错推定是否可推翻的不同认识，证明责任分配的理由背后是三个证明理论的问题。可见，实践中过错的证明难题，不用证明责任倒置这样的法律概念，根据规范说要件事实的一般证明责任分配规则，完全可以简洁、通达地完成事实认定。

（3）不宜提证明责任减轻。

证明责任减轻是近年来我国学者关注较多的概念，即在出现证明困难、证据偏在的情形时，法官可选择适用间接证明、表见证明、文书提出、证明妨碍、事案阐明义务等工具，并将这些工具归为证明责任减轻，胡学军教授提出应当将这些工具归入具体证明责任。笔者认为，使用证明责任减轻的提法，与法官分配证明责任的提法一样，证明责任灵活分配实则是对证明责任运行机制造成破坏，在此不再赘述。上述理论工具本质属于证明评价的范畴，纳入证明评价也更适宜、更准确，具体理由如下：

第一，上述工具的运用以法官心证开始，以完成心证为终结。间接证明、

---

① 《侵权责任法》中通常认为可适用过错推定的条款有：产品责任过错推定（第四十二条）、机动车交通事故案件（第四十四条）、医疗损害赔偿（第五十四条、第五十八条）、环节污染（第六十六条）、高度危险责任（第七十二条至第七十五条）、动物饲养责任（第七十八条、第八十一条、第八十三条）、物件损害责任案件（第八十五条、第八十八条、第八十九条、第九十条）。

② 认为是不可反驳的法律推定参见杨立新. 侵权责任法 [M]. 北京：北京大学出版社，2014：314. 张海燕. 论不可反驳的法律推定 [J]. 法学论坛，2013（5）：66-92. 认为是可以反驳的法律推定参见奚晓明，王利明. 侵权责任法新制度理解与适用 [M]. 北京：人民法院出版社，2010：315.

表见证明都可通过法官心证完成；文书提出义务等是在法官对证据和当事人诉讼活动的初步评价后的行为。将这些活动纳入证明评价是准确的，符合这些活动自身的特点。

第二，上述工具并非当事人的义务和责任，而是法官的职权活动，即使当事人未提出应使用上述工具，法官也应该依职权启动，进一步说明这些工具与当事人的证明责任无关，而是属于法官证明评价的活动。

第三，上述工具虽然系德国和日本在举证责任分配中遇到困难时发展出的"补丁"概念，但是，这些工具的性质、运用都与证明责任完全不同。既然上述理论工具与证明责任无关，就不必继续与其混淆不清，更何况证明责任的概念本已够复杂。置入证明评价，能更好地划清与证明责任之间的界限，避免二者混淆。

第四，自由心证用尽之时，证明责任登场。将上述工具纳入证明评价，法官是否采取了上述工具可作为判断自由心证用尽的标准之一。法官应当使用上述工具，使证明评价用尽及证明责任登场的客观条件更加清楚，以避免证明责任成为法官逃避证明评价的卸责工具。

5 结语

　　民间借贷中大额现金是否交付的案件，案情并不复杂，各地交易习惯也没有显著的差异，相似的证据和案情，但法院的裁判结果迥异。判决书经常认定承担举证责任的一方败诉，长期以来，理论界和实务界也都认为：事实认定的难题在于证明责任，认为造成案件同案不同判的原因是法官滥用证明责任分配，忽视了证明评价的问题；证明问题都是当事人的问题，而忽视了法官的职权行为。

　　法律的控制是有限的，证明领域中证明评价的问题，必须由法官来完成并给出答案，证明责任也无法替代法官查明事实。唯有正视证明评价，通过理论规范、完善事实认定中法官职权需要完成的活动，明确可以并应当使用的理论工具，方能有效解决法官在事实认定中工具与规则双重缺乏的问题。赋其权、归其责，才能约束法官的自由裁量权。

　　本书重要的观点和创新点是重塑证明评价的概念，用于归纳法官在查明事实中的职权活动。证明评价不只是法官认定证据或查明事实的一个术语，也不是一个孤立的静态的概念，而是和证明责任共同统治事实认定体系的统率概念。重塑证明评价的概念，对现有的解决证明责任不足的"补丁"工具进行整合，使其成为事实认定体系的一极。这既是拓展法官查明事实的手段，也是规范法官查明事实职权的规则。

　　笔者提出的证明评价与以往的"审查判断证据""证据评价"和"自由心证"概念最大的不同是纳入了释明权和法官职权活动，明确了当事人除了举证责任还应负担"真实完全义务"。"真实完全义务"也是法官释明权的理论基础。法官通过释明权来对当事人诉讼行为进行干预：要求承担举证责任一方完成"举证责任"和"事案阐明义务"；对非负举证责任的一方也负有反驳、抗辩意见的"阐明义务"；法官根据初步证据认为非负举证责任一方应当提交相应的证据时，可要求"文书提出义务"；对当事人和证人要求"签署保证书"以对其陈述的约束；在证据偏在等特殊情况下，对非负举证责任一方要求其承担具体证明责任；在需要核实和当事人无法举证的特殊情形下，可由"调查询问"完成证据的提取，通过以上手段拓展了法官认定事实的内容。此外，将事实推定、证明妨碍等法官查明事实相关"补丁"工具纳入证明评价中，以更好地规范法官的职权行为。重构证明评价概念"新"在对当事人明确设置了真实完全义务，拓展了法官证明评价的内容；"新"在将法官的释明权和其他职权活动均纳入证明评价范畴，扩大了法官的职权范围。

诉讼合作主义是现代诉讼的发展趋势，也对法官查明事实过程中的职权活动提出了更高要求，用证明评价概括法官查明事实的职权活动是合适的。不必担心证明评价会放大法官的职权，由此造成公权力滥用。在必须由公权力完成的场合，担心权力过大而约束权力的做法其实是不明智的，比如限制自由心证，使得证明责任成为法官卸责的工具，躲在证明责任背后的自由心证反而更加自由随意。毋庸置疑，现代社会确立了法律作为社会调整的主要手段，但必须牢记：法律的有限性和公权力参与的必要性。法律的解释、证明评价都只能通过法官职权来完成，以弥补法律的局限。既然必须由法官职权来完成，除了明确法律概念和规范，并提升公权力的公信力之外，别无他法。

提取要件事实既是裁判的目标，也是法官开启证明责任分配，正确指挥诉讼的前提。提取要件事实是十分困难的法律思维活动，需要法官从当事人叙述的案件事实与法律之间进行相互解明。如果提取要件事实错误，错误地确定证明对象，会导致举证责任分配规则解释的失灵和证明困难。可见，证明难题很多是提取要件事实错误造成的，提取要件事实也应当是法官正确完成证明评价的关键。将提取要件事实纳入证明评价研究，推动了诉讼理论与诉讼实践的对话，有助于对法官职权活动的精细化研究。

证明事实和提供证据的主要责任在当事人，证明责任是辩论主义的产物，辩论主义也是当事人举证责任与法官职权之间权限配置的边界；要件事实由承担证明责任的一方首先举证证明；经当事人辩论过的要件事实和主要间接事实，法官才能将其作为证明评价依据。法官的释明权需在辩论主义的规则下，围绕当事人的举证责任和真实完全义务行使。证明责任的行使是在实体法规范下运行的，不能破坏其法的安定性；证明评价是法官发挥主观能动判断完成的职权活动，以弥补法律灵活性的不足。如果动摇了证明责任的法定性原则，法官可轻易使用证明责任作为推卸责任的工具，因此，不应继续使用举证责任减轻、倒置、证明度降低等提法。证明评价运行的特点决定了证明评价的规范，仅依靠法律规定无法有效解决，需要学术理论提供更多的指导。这也说明证明评价的研究是解决实践真问题的理论，理论上还具有很大的发展空间。

　　除了上述创见外，本书还具有以下学术价值和实践价值：①在学术研究的方向和方法上，以解决实践中的问题为目标，从静态、抽象的理论转向动态、具体的证明过程的研究。②从实证的角度解决法官证明评价过程中的真问题，包括：确定证明对象、正确分配举证责任、解决证据偏在时的举证困难；证明责任与证明评价如何各司其职又相互配合。解决了上述问题，实践中很多的证明难题也就迎刃而解了，对帮助法官完成事实认定有裨益。

参考文献

一、著作类

[1] 张卫平. 民事诉讼：关键词展开 [M]. 北京：中国人民大学出版社，2005.

[2] 伊藤真. 民事诉讼法 [M]. 曹云吉，译. 北京：北京大学出版社，2019.

[3] 肖建华. 诉讼证明过程分析：民事诉讼真实与事实发现 [M]. 北京：北京大学出版社，2018.

[4] 肖建华，包建华. 证明责任：事实判断的辅助方法 [M]. 北京：北京大学出版社，2012.

[5] 吴洪淇. 证据法的理念面孔 [M]. 北京：法律出版社，2018.

[6] 王亚新. 社会变革中的民事诉讼 [M]. 北京：中国法制出版社，2001.

[7] 王亚新，对抗与判定：日本民事诉讼的基本结构 [M]. 北京：清华大学出版社，2010（6）.

[8] 王亚新，等. 中国民事诉讼法重点讲义 [M]. 北京：高等教育出版社，2017.

[9] 王甲乙，杨建华，郑健才. 民事诉讼法新论 [M]. 台中：台湾广益印书局，1983.

[10] 叔本华. 人生的智慧 [M]. 韦启昌，译. 上海：上海人民出版社，2001.

[11] 施蒂尔纳. 民事诉讼中案件事实阐明时的当事人义务：兼论证明妨碍理论 [M]. 德国民事诉讼法学文萃. 赵秀举，译. 北京：中国政法大学出版社，2005.

［12］沈宗灵. 现代西方法理学［M］. 北京：北京大学出版社，1992.

［13］沈德咏，民事诉讼法贯彻事实工作领导小组. 最高人民法院民事诉讼法司法解释理解与适用［M］. 北京：人民法院出版社，2015.

［14］人民法院民事审判庭. 最高人民法院民事诉讼司法解释理解与适用［M］. 北京：人民法院出版社，2015：310.

［15］普维庭. 现代证明责任问题［M］. 吴越，译. 北京：法律出版社，2000.

［16］庞德. 通过法律的社会控制［M］. 沈宗灵，译. 北京：商务印书馆，1984.

［17］罗森贝克. 证明责任论［M］. 庄敬华，译. 北京：中国法制出版社，2018.

［18］罗伯斯比尔. 革命法制和审判［M］. 北京：商务印书馆，1965.

［19］李学灯. 证据法比较研究［M］. 台北：台北五南图书出版有限公司，1998.

［20］李浩. 民事证明责任研究［M］. 北京：法律出版社，2003.

［21］李国光.《最高人民法院关于民事诉讼证据的若干规定》的理解与适用［M］. 北京：中国法制出版社，2002.

［22］姜世明. 证据评价论［M］. 厦门：厦门大学出版社，2017.

［23］姜世明. 举证责任与证明度［M］. 厦门：厦门大学出版社，2017.

［24］黄国昌. 民事诉讼理论之新展开［M］. 北京：北京大学出版社，2008.

［25］胡学军. 具体证明责任论［M］. 北京：法律出版社，2014.

［26］穆泽拉克. 德国民事诉讼法基础教程［M］. 周翠，译. 北京：中国政法大学出版社，2005.

［27］普维庭. 现代证明责任问题［M］. 吴越，译. 北京：法律出版社，2000：10.

［28］哈耶克. 社会科学的事实，个人主义与经济秩序［M］. 邓正来，译. 北京：生活·读书·新知三联书店，2003.

［29］高桥宏志. 民事诉讼法：制度与理论的深层分析［M］. 林剑锋，译. 北京：法律出版社，2003.

［30］盖斯坦，古博. 法国民法总论［M］. 陈鹏，等，译. 北京：法律出版社，2004.

［31］樊传明. 证据评价论：证据法的一个阐释框架［M］. 北京：中国政

法大学出版社，2018.

［32］多勒洛沃里斯基.苏维埃民事诉讼［M］.李衍，译.北京：北京法律出版社，1985.

［33］段厚省.证明评价影响因素分析［M］.北京：法律出版社，2009.

［34］段厚省，张峰.证明评价原理兼对民事诉讼方法论的探讨［M］.北京：法律出版社，2011.

［35］达马斯卡.漂移的证据法［M］.李学军等，译.北京：中国政法大学出版社，2003：142.

［36］陈荣宗.举证责任分配与民事程序法［M］.台北：三民书局有限公司，1984：4.

［37］陈刚.证明责任法研究［M］.北京：中国人民大学出版社，2000.

［38］波斯纳.法理学问题［M］.苏力，译.北京：中国政法大学出版社，2002.

［39］毕玉谦.民事证明责任研究［M］.北京：法律出版社，2007.

［40］卡多佐.司法过程的性质［M］.苏力，译.北京：商务印书馆，2019.

［41］William A. Glaser，Pretrial Dsicovery and the Adversary System. Russell Sage Foundation［M］. 1968.

［42］Richard H. Field，Benjamin Kaplan & Kevin M. Clermont，Materials for a Basic Course in Civil Procedure. Foundation［M］. 2020.

二、期刊类

［1］周翠.现代民事诉讼义务体系的构建：以法官与当事人在事实阐明上的责任承担为中心［J］.法学家，2012（3）.

［2］周翠.侵权责任法体系下证明责任倒置与减轻规范［J］.中外法学，2010（5）：698-720.

［3］中村宗雄，中村英郎.诉讼法学方法论：中村民事诉讼理论精要［J］.陈刚，段文波，译.北京：中国法制出版社，2009：268.

［4］张卫平.证明标准建构的乌托邦［J］.法学研究，2003（4）：60-69；

［5］张卫平.司法公正的法律技术与政策：对"彭宇案"的程序法思考［J］.法学，2008（8）：138-152.

［6］张卫平.举证责任分配的基本法理［J］.证据学论坛，2000（1）：279-314.

［7］张榕. 事实认定中的法官自由裁量权［J］. 法律科学，2009（4）：71-79.

［8］张海燕. 论不可反驳的法律推定［J］. 法学论坛，2013（5）：66-92.

［9］张峰，段厚省. 证明评价模式与证明评价实践之间的关系［J］. 上海政法学院学报，2012（4）：25-32.

［10］占善刚. 附理由的否认及其义务化研究［J］. 中国法学，2013（1）：103-113.

［11］袁中华. 规范说之本质确信及其克服：以侵权责任法第 79 条为线索［J］. 法学研究，2014（6）：147-161

［12］袁琳. 证明责任视角下的抗辩与否认［J］. 现代法学，2016（6）：184-193

［13］曹鸿兰，等. 违背经验法则之研究［J］. 民事诉讼法之研讨（四），台北：台北三民书局，1995：161-195

［14］叶自强. 论不可逾越的"柴尔线"［J］. 环球法律评论，2012（2）：110-122.

［15］叶自强. 举证责任对的倒置与分割［J］. 中国法学，2004（5）：140-151.

［16］杨立新，刘宗胜. 论抗辩与抗辩权［J］河北法学，2004（10）.

［17］徐昕. 民事诉讼中的真实与谎言：论当事人的真实陈述义务［J］. 人民法院报，2002（5）.

［18］徐昕. 法官为什么不相信证人？［J］. 中外法学. 2006（3）：347.

［19］熊德中. 事实推定的实务探讨：从彭宇案到许云鹤案［J］. 上海政法学院学报，2012（4）：139-143.

［20］肖建华. 论法官心证的客观化［J］. 金陵法律评论，2002：159-164.

［21］肖建华，王德新. 证明责任判决的裁判方法论意义：兼论传统责任责任观之谬误［J］. 北京科技大学学报（社会科学版），2005（2）：44-51.

［22］吴泽勇. 规范说与侵权责任法第 79 条的适用：与袁中华博士商榷［J］. 法学研究，2016（5）：49-66

［23］吴泽勇. "正义标尺"还是"乌托邦"？：比较视野中的民事诉讼证明标准［J］. 法学界，2014（3）：145-162.

［24］沃尔德. 哈佛法律评论［J］. 法学译丛，1988（1）.

［25］王竹，杨彧. 论饲养动物损害责任中动物饲养人和管理人的概念：

兼论"流浪猫伤人案"处理 [J]. 民商法争鸣, 2013 (2).

[26] 王亚新. 判决书事实、媒体事实与民事司法折射的转型社期社会 [J]. 月旦民商法杂志, 2009 (24): 124-135.

[27] 王次宝. 反思"协动主义" [J]. 清华法学, 2010 (1): 116-127;

[28] 万毅. "审判监督"之惑: 解读院庭长审判监督权 [J]. 人民法治, 2016 (6).

[29] 汤建维. 论民事诉讼中的举证责任倒置 [J]. 法律适用, 2002 (6).

[30] 孙锐. 大陆及英美法证明责任制度比较 [J]. 山西省政府管理干部学院学报, 2006 (3): 11-14.

[31] 侣化强. 事实认定"难题"与法官独立审判责任落实 [J]. 中国法学, 2015 (6): 292.

[32] 施鹏鹏. 刑事诉讼中的证据自由及其限制 [J]. 浙江社会科学, 2010 (6): 39-46.

[33] 施鹏鹏. 刑事裁判中的自由心证: 论中国刑事证明体系的变革 [J]. 政法论坛, 2018 (4): 17: 39-46.

[34] 申玲. 对民事诉讼证明分配的实证分析 [J]. 政治与法律, 2005 (1): 122-125.

[35] 任重. 民事诉讼真实义务边界问题研究 [J]. 比较法研究, 2012 (5).

[36] 任重. 民事诉讼协动主义的风险及批判: 兼论当代德国民事诉讼基本走向 [J]. 当代法学, 2014 (1): 111-119.

[37] 任重. 论中国"现代"证明责任问题: 兼评德国理论新进展 [J]. 当代法学, 2017 (5): 19-32.

[38] 科恩. 证明的自由 [J]. 何家弘, 译. 外国法评译, 1997 (3).

[39] 侣化强. 事实认定"难题"与法官独立审判责任落实 [J]. 中国法学, 2015 (6): 289-290.

[40] 柳经纬, 尹腊梅. 民法上的抗辩与抗辩权 [J]. 厦门大学学报 (哲学社会科学版) 2007 (2).

[41] 刘勇. "彭宇案"媒体带给我们哪些思考? [J] 西部广播电视, 2007 (10): 48-49

[42] 刘英明. 仅有转账凭证的民间借贷诉讼的举证责任——对民间借贷司法解释第 17 条的分析 [J]. 政治与法律, 2017 (9): 153-161.

[43] 刘明生. 辩论主义与协同主义之研究 [J]. 政大法学评论, 122.

［44］李浩. 证明责任的概念：实务与理论的背离［J］. 当代法学，2017（5）：3-10.

［45］李浩. 民事诉讼证明标准的再思考［J］. 法商研究，1999（5）：19-21.

［46］李浩. "直接证据"真的不存在吗？与纪格非教授商榷. 中外法学［J］. 2017（10）.

［47］季卫东. 法律程序的意义［J］. 中国社会科学，1993（1）：83-104.

［48］纪格非. 直接证据与间接证据划分标准的反思与重构［J］. 法学论坛 2013（1）：92-98.

［49］纪格非. "直接证据"真的存在吗？对直接证据与间接证据分类标准的再思考［J］. 中外法学，2012（3）：594-606.

［50］霍海红. 证明责任配置裁量权之反思［J］. 法学研究，2010（1）：98-111.

［51］胡学军. 证明责任虚无主义及弊端分析［J］. 前沿，2006（5）：101-104.

［52］胡学军. 证明责任"规范说"理论重述［J］. 法学家，2017（1）：63-76.

［53］胡学军. 论证明责任作为民事裁判的基本方法：兼就"人狗猫大战"案与杨立新教授商榷［J］. 政法论坛，2017（3）：144-155.

［54］胡学军. 法官分配证明责任：一个法学迷失概念的分析［J］. 清华法学，2010（4）：82-103.

［55］胡学军. 从"证明责任分配"到"证明责任减轻"：论证明责任理论的现代发展趋势［J］. 南昌大学学报（人文社会科学版），2013（2）：86-92.

［56］胡学军. 从"抽象证明责任"到"具体举证责任"：德、日民事证据研究的实践向及其对我国的启示［J］. 法学家，2012（2）：158-175.

［57］何家弘. 司法证明标准与乌托邦：答刘金友兼与张卫平、王敏远商榷［J］. 法学研究，2004（6）：94-105.

［58］王利明. 论举证责任倒置的若干问题［J］. 广东社会科学，2003（1）：4-11.

［59］关于抗辩权与否认的区别，参见陈刚. 论我国民事诉讼制度的体系化建设［J］. 中国法学，2014（5）：201-218.

［60］顾培东. 法官个体本位抑或法院整体本位：我国法院建构与运行的基本模式选择［J］. 法学研究，2019（1）：14.

［61］ 樊崇义，刘涛. 论韦伯的"形式理性"理论与刑事证据法律的"理论基础"［J］. 证据法学论坛，2003（5）：261-277.

［62］ 段文波. 间接反证：事实认定中的效用论［J］. 宁夏大学学报，2008（3）：102-106.

［63］ 段厚省. 证明责任、证明标准和证明评价的实践互动与制度协调［J］. 南京师范大学报（社会科学版），2007（3）：24-30.

［64］ 段厚省. 论证明对象对法官证明评价的影响［J］. 法律适用，2008（1）：67-69.

［65］ 段厚省，侯百丰. 论证明责任与证明评价的互相制约［J］. 华东政法大学学报，2007（4）：97-105.

［66］ 段厚省，郭宗才，王延祥. 论证明评价影响因素［J］. 政治与法律，2010（1）：91-97.

［67］ 程春华. 举证责任分配、举证责任倒置与举证责任转移：以民事诉讼为考察范围［J］. 现代法学，2008（2）.

［68］ 程春华，洪秀娟. 论民事诉讼举证责任转移的正当性及其制度构建［J］. 法律适用，2008（1、2）：140-143.

［69］ 陈盛. 直接证据与间接证据是否可分——评格林斯坦事实认定：直接证据的迷失［J］. 证据科学，2017（25）：517-525.

［70］ 陈瑞华. 证据法学研究的方法论问题［J］. 证据科学，2007（1-2）：5-31.

［71］ 曹志勋. "真伪不明"在我国民事证明制度中确实存在么？［J］. 法学家. 2013（2）：95-105.

［72］ 毕玉谦. 关于主观证明责任的界定与基本范畴研究［J］. 西南政法大学学报，2008（3）：43-52.

［73］ 霍海红. 主观证明责任逻辑的中国解释［J］. 北大法律评论，2010（2）：521-539.

［74］ 胡学军. 中国式举证责任制度的内在逻辑［J］. 法学家，2018（5）：91-105.

［75］ 毕玉谦. "一强多元"模式下证明责任学说：以克服"规范说"局限性为重心［J］. 政法论坛，2011（3）：44-50.

［76］ 包冰锋. 论民事诉讼中当事人积极否认义务［J］. 证据科学，2015（4）：440-449.

［77］ R J Delisle Craigrcallen. The Jurlique Management of Factual Uncertainty

［J］. The Inteational Joumal of Evidence and Proof. 2003，7：192.

　　［78］Charles V. laughlin，In Support of the Thory of presmptions［J］. Michigan Law Review，1953（52）：195-205.

三、论文类

　　［1］曹云吉. 间接反证论［D］. 重庆：西南政法大学，2012.

　　［2］丁慧兰. 初论我国民事诉讼中的证明评价制度》［D］. 上海：复旦大学，2008.

　　［3］黄磊. 间接反证论［D］. 重庆：西南政法大学，2018.

　　［4］刘春梅. 自由心证制度研究——以民事诉讼为中心［D］. 重庆：西南政法大学，2004.

　　［5］阮堂辉. 间接证据理论及其子事实认定中作用［D］. 重庆：西南政法大学，2006.

　　［6］孙晨曦. 民事证明负担减轻研究［D］. 重庆：西南政法大学，2018.

　　［7］王舸. 证据与事实推理要论［D］. 北京：中国政法大学，2008.

　　［8］魏庆云. 证明责任减轻论［D］. 上海：上海交通大学，2013.

　　［9］于鹏. 民事诉讼证明妨碍研究［D］. 北京：中国政法大学，2011.

四、电子资源类

　　［1］法官莫兆军终审被判无罪［EB/OL］.（2022-05-06）［2022-04-30］. https：//www.chinacourt.org/article/detail/2004/07/id/122520.shtml.

　　［2］顾万明. 广东四会市一被告败诉自杀法官被判无罪［EB/OL］.（2020-02-11）［2022-04-30］. https：//www.chinacourt.org/article/detail/2003/12/id/94921.shtml.

附录 1 三地判决裁判理由摘要

附表 1.1 京案例

编号	案号	案情、判决	争议债权是否成立	争议标的金额/万元	A1. 借据部分现金部分转账的，现金部分不能断有真实，并有头，实际给付	A2. 在高利贷、赌博、分手费等协迫下形成，或是双方约定某种不真实的借款约付	A3. 双方其他借贷，偿还款，易习惯、印证现金交付的不真实	A4. 前述未还，新借债款关系与新债权关系不合常理。原有债务及商息的新结算	A5. 债务人曾案要过借据	B. 备衡付款金额供模型对	B3. 债权人曾经有双方支付的原因，实经过的陈述符合常理	B4. 债权人自知大于债务法律后果，书面证据证明力大于陈述，或书面证与印证据明证	B5. 债务人曾按借据还定偿还或偿还过部分债务	C1. 债权人与债务人的陈述或借款印证借款事实	C2. 测流	因子数
京案例 1	(2017)京03民终1796号	债权人主张58张借条，共计3 094 000元本金，债务人李某抗辩债权人只给付了445 000元，其余是高利贷。李某是高利贷债权人所签，部分现金给付，部分转账，借条中部分是高利贷款付的本息相加打成了借条，但称借条中部分是现金付的本息。从债务人李某看，借条将欠付的现金相加成现金给付的内容。由于借条作为书证对借款大于李某某的陈述已提出的证据不足以提供的证据作为依据，故李某某的主张，有责任提供证据。出借人自建举向李某主张偿还本金和利息，并提交了李某列出借条中的签名的证据。对于李某亦认定了现金给付，但称借条中的签名给付，从借条看，从借条中的内容，借条中对李某力明的付款方式，由李某实际发生，因此李某力明的付款方式不足以据证明其相关主张。另，李某力明科自建军并不足3 094 000元。肖建军提供了工资单证收入，做生意收入，出租房屋收入等证据亦证明其经济来源，故一审法院在认定证据后给合认定借款本金为3 094 000元，记载的本息相加打成了借条，并无不当，本院予以支持	是	255					✓			✓				2
京案例 2	(2017)京02民终7669号	丛某某同资金同转经高某介绍向高某借款，收条中亦载明丛某某收到高某现金30万元。另有4万元，10万元和4万元款系转账。一审认为：第一，高某对丛借款过程细节不清，代理人陈述执行公证，表面丛某不能还款，再向其信说返还的款全在资中，故以某某否认，高某否认其认以证据，故一审认定其经济能力；第二，双方其他三笔4万元，10万元的款项实际支付，二审认为，丛某作为完全民事行为能力人，对相关信息有认知与理解，丛某否认。综上借款款协议以某某之间发生的款项和转账，以现金方式向丛某某出借高某借案借据发生具有现实可能性，并无任何违背情况来看，对借款协议推翻借款的内容。借款事实的存在，却仅有双单方陈述，并无任何证据直接佐证双以借贷关系存在，应承担举证不能的法律后果，故本院予以认定双方借贷关系存在	是	30	✓				✓		✓					3

附表1.1（续1）

编号	案号	案情、判决	争议债权是否成立	争议标的金额/万元	A1. 借据部分金额或现金部分转账的、部分现金分为头息，并有实际不给付	A2. 在高利贷、赌博、分手费等形成的，下现金部分约定是某种不真实的借款约定不给付	A3. 双方其他借款、偿还交易习惯，是转账、印证现金交付不真实	A4. 前债未还、新借形成，新债权系不合常理、原有债务及高利息的新结算	A5. 债务人曾借案要借据	B. 各要素衡量综合把握 债权人自知无法律条系给付现金的原因、书面证据大于陈述，或书面证据印证陈述	B3. 交易习惯符合常理	B4. 债权人陈述印证借款事实	B5. 债务人自知按约偿还或偿还过部分债务	C1. 债权人与债务人曾有资金往来印证或证借款事实	C2. 测谎	因子数
京案例3	（2017）京01民终6493号	蒋某主张25.5万元借据是由原14万元借款滚动计息计算得出，但对于25.5万元借据如何计算得出，蒋某的陈述存在矛盾。既然25.5万元借据包含了14万元借款中的欠款，亦有悖常理。涉案借款数额的真实性的陈述与张艳红陈述能够相互印证，可进一步佐证借款的真实性。张某主张的上述借据明显大于蒋某提交证据认定借款事实存在	是	10					√	√			√			3
京案例4	（2017）京03民终9700号	张某表示其通过现金向阿拉坦巴根出借200余万元，签署了借款协议和收条。阿拉坦巴根对此不予认可，系受胁迫签署。阿拉坦巴根出具收条时系本人，是蒙古族，没有汉语能力，对于借款的授予能力，所签订的协议与借款当日的真实借据交证据的问题。本院认为：根据《合同法》的规定，自然人之间的借款合同，自贷款人提供借款时生效。具体于本案中从阿拉坦巴根多次出具的借款协议。并结合本案中的相关证据能够认定2014年2月11日借款是双方真实意思表示，故对其该项借款数额的最终认定2014年2月11日借款协议的收条，依据现有证据无法证明已支付的款项系云燕实际向银行转账方式进行，且其已偿还时间2014年2月11日借款协议中该项的款项。本案中阿拉坦巴根所主张通过银行支付转账3 171 650元还款项为2014年2月11日借款时的本金。张某所主张的是阿拉坦巴根所支付	是	200	×	×			√	√						3
京案例5	（2017）京02民终7826号	谭某提交文书不同时间出具的收条、承诺书、欠条及还款协议、多次反复确认李某已收到现金付的30万元现金的事实，谭某已完成了初步举证责任。李某否认收到30万元，李某是应谭某是要求向其家里有所交付才了谭某30万元借款。但未提供证据来反驳谭某提供的上述借款项的事实，可以认定李某收到了谭某30万元借款项的事实	是	30					√							1

附表1.1（续2）

编号	案号	案情、判决	争议债权是否成立	争议标的金额/万元	A1	A2	A3	A4	A5	B3	B4	B5	C1	C2	因子数
京案例6	（2017）京03民终12657号	全秀原向法院提交了借款协议、借据、收据、转账记录及通话录音等证据用于证明其向段芸菁出借款项195万元的事实。段芸菁虽然否认当事双方曾签订了协议，认为双方旅行期间因该10万元系在赌博场场换筹码用的钱，但段芸菁对出借款的内容明显和其手绘的事绘的证据相互矛盾。在通话录音中，段芸菁在出述证据链条、承诺下期间全秀原用10万元现的及欠款185万元的事实的证据认为与全秀原出具的上述证据形成了完整的证据链条。足以证明我国对个人外旬的管理等全秀原提交的仅发考思维主张借贷关系有效。一审认定全秀菁所主张的借贷事实不存在，交易方式和实际发生有异，故本院予以纠正。全秀原要求段芸菁对于剩余的185万元欠款承担还款责任，本院应子支持	是	185						√	√				2
京案例7	（2017）京03民终13094号	何某向法院提交的借保借款协议得到李某付给何某600万元现金另付给李某的借款，李某在借条中也明确认可司得续项3%中的全部现金给付的行为可以认定18万元及后期李某特续按照《民法总则》中的基本原则。该借条分和本金的3%，属于高年利率为24%，故合本案以诉现金的原件，本院不予支持，对于我国关于民间借贷司法解释的原件，本院经审查认为，首先来判决本案是否存在借贷关系成立的问题，其次对于本案要求结算的自认1000万元主张成立，对此本院认为，本案以诉李某提交了亲笔书写的借款的该项借贷600万元的范围，不属于本审审查的问题，且本案未超过3%的标准的问题	是	18	×		×								2
京案例8	（2017）京03民终13215号	徐某已经提交了有关双方签字并按手印的两张借条以及相应经办的证据，于某认可并签字及手印的真实性。于某称借款中的借款并没有实际发生，但其出具2017年1月25日的30万元借据，且这张借款条亦不能合理解释，且该借据亦严重违背生活常理，故本院不予采信，出具23万元借条的行为亦不能合理解释，故本院不予采信	是	23			×								2

编号	案号	案情、判决	争议债权是否成立	争议标的金额/万元	A1.借据部分金额现金部分分账付头息，并有约实际给付	A2.在高额利贷博弈、分手费等胁迫下形成，或是双方约定某种不真实的借款约定付	A3.双方其他借款交易习惯印证金交付的不真实	A4.前债未还，新借款形成，理、原有债务印证及商议利息的新结算	A5.债务人曾要索要过的证据	B.客观借贷提供模糊：债权人自知欠条的法律后果，面证据明方大于与书面证据印证常理	B4.债权人曾有现金支付的原因，事实经过现金支付的交易习惯符合常理	B5.债务人曾按借还定款或偿还过部分债务	C1.债权人与债务人的录音或证人证述借款事实	C2.与证测谎	因子数
京案例9	(2017)京02民终11746号	借条载明：今有某于2010—2015年帮王某中拿钱共计50万元整，王某从未认可借条上的签字，亦认可借条是其在本案外人诉讼中提供服务利贷金资助，因未收到借条款项，但王某未能就其出具此借条的原因作出合理解释	是	50	×				√						2
京案例10	(2017)京02民终4780号	于春元与刘娜同存在民间借贷关系。刘娜作为借款人，应当履行还款义务。于春元向刘娜、李富公司签订借款担保合同，现金在于春元通过转账依据或现金支付给刘娜，现金支付的借款数本息3 061 408元；本金由于春元借给刘娜，其在本案诉讼中又将本金产生了双方之前借贷的收条以争议。刘娜确认借款担保合同约定借款按照年利率24%对于春元本案诉讼认定的借款金额……一审法院从一审法院判决。京0115京初14641号借条本金及借款利息计197万元，其余借款本金仅有一笔在京（2016）京0115民初……	是	21					√						1
京案例11	(2017)京02民终7596号	王某是否向同某借款80万元。首先，王某认可借款给同某，借条载明同某给以现金偿还当日取款80万元的证以佐证；最后，法院就借款的原因、过程审计详细与本案相符。同某，同某的陈述未见原凭证，亦与其提交证据相符	是	80					√	√	√				3
京案例12	(2017)京03民终3990号	陈某认可借条及收条的真实性，辩称未收到借款项80万元，郭某就借贷发生的原因、时间、地点、款项来源以及其作了较为合理的说明，未见明显异常，且要快了取款凭证，借据和收条加以佐证	是	80	×				√	√	√				4
京案例13	(2017)京01民终9371号	王海捷持有刘超证明出具的借条意要起本案诉讼要求刘超偿还借款，刘超均未表示不采信，因本案审理的民间借贷关系与本案具有提之间刘超偿还过王海捷之间该同借款关系，孙某超是否涉嫌诈编与本案关系，意见未见本院不予采纳	是	4	×				√	√					2

证明评价论——基于证明责任功能异化的思考

附表1.1（续4）

编号	案号	案情、判决	争议债权是否成立	争议标的金额/万元	A1.借据部分现金部分转账的现金数额分头并无实际给付	A2.任高利贷、赌博、分手费等协助形成双方不真实的借款约定	A3.双方其他借款交易习惯、是否转账、印证现金交付的不真实	A4.前未还借款形成新债权债务、原有债务及原债务高息的新结算	A5.债务人曾经过借款事实结算	B组 债权债务规模提供模糊 B1.债务人自知欠新的法律、书面证明与书面印证据	B2.案外现金给付原因，实经事实的陈述或符合常理	B3.双方曾现金支付交易习惯	B4.债权人按借据还款等偿还过部分债务	B5.债务人按借据还款或偿还过部分债务	C1.债权人号债务人的录音证据、陈述印证借款事实	C2.测谎	因子数
京案例14	(2017)京03民终482号	谭某与林某资金往来频繁，而林某对于数额巨大现金的交付等过程陈述得合理并具备出借16万元现金的款项的经济能力，且谭某在出借合同签订时未对其经济状况及财产变动情况提出异议，故一审法院结合借贷情况认定借贷关系实际发生，并无不当，本院予以认可。	是	16						√		√					3
京案例15	(2017)京03民终6426号	郑某约辩称本案所涉借款未实际发生，并主张该110万元的借据是为向其母亲索要收款要债签订时间即是2016年6月25日、6月27日，而郑称约已经认可的两份收款凭证是2016年6月25日、6月27日。由此，经认可的另外90万元的借据约定时间与实际不符，从时间顺序及常理来看，如果郑将约收到先约定在先的110万元，在未将债权凭证收回的情况下，没有理由由再继续与对方签订新的借款。	是	110			×		√	√		√					3
京案例16	(2017)京02民终12172号	陈某提出本案未实际交付借款，但其不能对出具多份借款合同、借条、承诺书以反复确认该行为作出合理解释，更不能合理解释其在白纸空白处所留的27000元应确认借款数项。因此，陈世安不应承担保证责任，但不能否认该合同中提及的100万元的借款事实为由，基于本案对杜悦提出此认定，尽管陈世安并无相反证据推翻杜悦，但本案经审理综合认定，陈世安对该笔借款所持有异议，本院认定杜悦所主张陈世安上诉提出主张的显示特征，故陈某本案中既带保证责任，再结合陈某于本院上诉中提出与陈某异议等事实进行分析，对陈世安上诉提出的款项由陈某于2016年3月5日由杜某所出的款项出借，至于该合同中又今"壹佰万"利息日期数字的显示证明，在本院审理时应当将该借款数额提出异议数额已经支持，故陈世安此项上诉理由亦不予采纳。	是	26	×		×		√	√		√		√			3
京案例17	(2017)京01民终9051号	陈云峰认可其与晁红助均为汇渠公司股东，陈姚文称因陈云峰与晁红助关系不熟故而出具借条但未实际出借，本院结合本案事实因素，认定借贷关系不能成立；结合本案晁红助因资金周转需要向陈云峰借款，陈云峰此项上诉理由成立；故陈姚文关于借款于中始终未能实际交付的抗辩理由亦不予采纳。	是	20	×				√	√		√					3

编号	案号	案情、判决	争议债权是否成立	争议标的金额/万元	A1. 借据部分金额转账，部分现金，分为实际给付头、息，并未实际给付	A2. 在高利贷、赌博等费用中形成的，分手的，不是双方约定来种实的借款付	A3. 双方其他债务、借款交易习惯、是否现金印证定种的真实	A4. 前还、新还，借新债形成，关系不合常理，债务理、原利息及高利的新结算	A5. 债务人曾对借据要素对印证	B. 备耕物现金提供模式 B1. 债务人自有欠款的法律、书面证据证明、证据证述	B2. 现金付的原事、实经过书面证述或印证	B3. 有无付的交易习惯符合常理	B4. 债权人曾经手支付现金给对方	B5. 债务人曾按借据录或证述偿还借款过部分债务	C1. 债权人与债务人印证、借款述事实	C2. 测谎	因子数
京案例18	(2017)京01民终6944号	杨某主张其通过张某和陈某将50万元出借给穆某，穆某则抗辩借贷行为尚未实际发生。其一，借条反映出双方有借贷的合意，穆某后信穆某还与杨某将签订了汽车租赁协议中再均确明了借款的款项，此后，协议在穆某使用该汽车偿还大额款项1万元，陈某先将特别交该对车辆交由杨某同陈某所的说明。其均未提交证据予以证明，替陈某还分2次向张某还过差不多9万元，对于涉案借款主体，且在出具借条后未收到借款。综上，应及向杨某行使为杨某整理钱交对该款杨某向陈某猛交时向杨某将要求收回该两年后再签订了租赁协议猛且虽相隔近两年的时应订下签订了看，其陈述还前后矛盾，抗辩该款是否真实系为其本人租赁协议是否系其本人签字，其陈述过前后不清	是	50	×			×	√	√			√				5
京案例19	(2017)京02民终9828号	肖某主张向某某借款1 120 000元，关某向法院提交了与肖某签署的十三份借款协议，肖某认为该借据的真实性。首先，肖某向现金以现金方式收到借款，但以现金方式收到部分借款。表明双方之间关某于2013年12月19日向关某于2014年6月28日金方式交付借款予以佐证。再次，在2013年12月19日至2014年6月19日间关系借款协议，能够佐证十三份借款协议。肖某辩称其2014年共计十三份，且该数额借据前签订。最后，肖某提供相应还款数。故经关某借款关某共计1 444 000元，双方均认可该欠款不采信。本院对其款有数据予以支持，缺乏证据佐证，不能令人信服。院认为子借条条金额可抗辩该款来由关系借款1 120 000元，并无	是	112	×					√		√	√				6
京案例20	(2017)京02民终11673号	钱某主张借据上载明的款项（30万元）是刘某向所形成的对双方取钱ATM取款，对此刘某提供了大量的借款，实际未收回的款项。故一审法院认定该借款项为分手费实有出具证据证述该欠款慢慢偿还。录某刘某表示对该欠款慢慢偿还。钱某主张借款方式支出借款记录、刘某向该次短期的款，刘某向所所偿还本钱间短信费性及分期期间所短信费用做为对双方恋爱关系的确认	是	30	×				√								2

编号	案号	案情、判决	争议债权是否成立	争议标的金额/万元	A1.借据部分现金、部分转账，现金部分为虚头，并有实际给付	A2.在高利贷赌博分手费等胁迫下形成，或虽双方约定某种借款约定不真实付	A3.双方其他借款，是转账、印证现金交付的不真实	A4.前债未还，借款形成新债权债务，原债权债务关系及高利息不的新结算	A5.债务人曾索要借据	B.出借人提供金钱及相应法律后果，书面证据证明力大于陈述、或陈述与书面证据印证	B3.债权人有现金支付的，因其经济交易金实字经过有现金支付的陈述符合常理	B4.有交易习惯	B5.债务人按债权人的要求还款或偿还过部分债务	C1.债权人与债务人曾经借款事实	C2.测谎	因子数
京案例21	（2017）京02民终11617号	余少彬出具的借条意思表示良好，以借贷双方关系好为由认借款系依据不足。对是否还清借款与陈述有矛盾，仅以其在新车上系借款人知道余少彬系用于赌博。一审陈述与事实不符，依据不足；未能举证证明余少彬借款系用于赌博。	是	60	×				√	√			√			3
京案例22	（2017）京03民终990号	谭某称借款数额为9万元。张某称借款点为20万元，故本案双方关于借款的具体数额，本院作出如下认定；仅以该借条系真实为由而认为谭某向张某出具借条是否签订的。但未能提供证据对其受胁迫出具借条的情况予以证明，谭某作为完全民事行为应认定为其真实而完整的意思表示，在无相反证据在新车上等时，其出具借条的情况可知，故谭某关于其受胁迫出具借条的，尚有警察在新车外等候，不符合日常经验法则。	是	11	×				√	√			√			4
京案例23	（2017）京02民终5112号	张鹤向刘玫出具的欠条中明确记载了曹维国确认出具涉案欠条，但张鹤就欠条真实整出进行真实及受到到张鹤于2014年11月5日向公安部门报警时刘玫通过证据原依申诉请求，本案自至今有效。张鹤提出质疑，张鹤已提交的录音、视频等证据，有责任提供证据，应当提供证据证明其依据的事实，张鹤对自己提出的主张，有责任提供证据加以证明，当事人未能提供证据或者证据不足以证明其事实主张的，由负有举证证明责任的当事人承担不利后果。本案中，因张鹤不能充分举证支持其上诉理由，本院不予采纳	是	10	×			×	√	√			√			5
京案例24	（2017）京03民终1764号	彭桂娥、李爱东向法院提交了曹维国出具的借条及其在借款过程相互提现。李爱东陈述的借款的其他事实，上述证据与彭桂娥、李爱东的借款过程提取现，北京地区的经济水平，应当认定李爱东、彭桂娥主张事实存在借贷关系的事实高度概然性，刘晓洁未主张彭桂娥，但李爱东承担其证据向证据证明其主张的借款数额，故对于刘晓洁的该项上诉主张，本院不予支持	是	9					√	√			√			3

附表1.1（续7）

编号	案号	案情、判决	争议债权是否成立	争议标的金额/万元	A1. 借据部分转现金部分转账的、分手费等胁迫形成的、赌博等行为是双方约定某种不真实并有实际给付的借款项付	A2. 在高赌利贷、分手费等胁迫下形成的，或是双方约定某种不真实借款约付	A3. 双方其他借款，偿还交易习惯是现金印证现金交付的不真实的	A4. 前债未偿还、新借据形成，新债权关系，原有债务及高利息的新息结算真实	A5. 债务人对案索要素过借息据	B备选措施证供 B3. 债务人自知欠债的法律后果，书面证据或大于证陈述、与证据印证	B4. 双方曾经有现金支付的原事，实经付时的陈述符合常理	B5. 债务人曾按约定现据还偿还或偿还过部分债务的交易习惯	C1. 债权人债务人的陈述借款事实	C2.测读因子数 债权人债务人的陈述借款证印证事实
京案例25	（2017）京01民终9361号	本案争议54万元款项是借款还是赌债。张秀菊、刘某1在一、二审诉讼过程中提交的不利证据均不足以证明该项涉案款项为赌博，其应当承担相应以认定诉争事实后果。韩燕春利刘某1虽然对张秀菊否认本案诉争款项系过错形成赌债，但提供的上诉意见不足采信，且韩燕春向刘某1交付了借款，且该交易项下借款系经了银行交易记录，亦有进账凭证，故韩燕春关于诉争款项实际交付行为已经做到了高度盖然性标准，本院予以支持	是	54	×					√	√			3
京案例26	（2018）京03民终12847号	借条一张，该借条系章作为章作为借款人向出借人罗立章出具借条为卢永梅出借款20万元。2015年11月23日，该借条系天亚图工公司，罗立章出具借条为天亚图工公司，罗立章公司和章本真实性予以确认，借款期限为1个月，在天亚图工公司确认，但天亚图工公司在借条真实性予以确认，各方真实性予以确认，民间结合各方陈述、实际支付凭证等。罗立章对此提出异议，故但卢永梅实际出借款项，一审法院根据本相应认定借款人卢永梅实际出借款项，认定章本实际出借人罗立章出具借据本认定卢永梅出借，但一审法院判决支付了20万元款项，具有事实依据，本院不持异议	是	20	×					√	√			2
京案例27	（2018）京01民终9906号	原告主张被告出具借条等出借款30万，现金支付给被告，后再收还款2.1万。被告主张归还5万元后借为在被告归还偿还承诺本，则再多收还数额2.1万，一方面胁迫借款人借款，但其他人胁迫借款。理应采取相应措施处理，而本案中，如果被告人曾提起诉讼，却在出具借条，并在出借款项，借款人先和调解书，在出具30万元借条两次偿还差额借款25万元借条。被告主张归还25万元借条基本相当，而借款人先后两次偿还出借出借人先借30万元的差额借款人未就其主张予以举证不能就款项实际交付作出说明，而借款人未能就其主张予以举证证明，应承担举证不能的不利后果	是	25	×				√	√	√			3

附表1.1（续8）

编号 案号	案情、判决	争议债权是否成立	争议标的金额/万元	A1.借据部分现金转账部分现金，并分断为有的现金部分为成立，实际给付	A2.在高利贷、赌博、传销等费形成的分手费等、不真实或约定实际给付	A3.双方其他借款、偿还交易习惯印证现金种约定实的不真实	A4.前还、新借款，借据形成新债权债务关系，原有债务及高利息的新的结算不真实	A5.债务人曾要素过借据	B.各种其他证据佐证借款事实，债权人与债务人对现金给付的原因、系经实交付的陈述与书面证据印证	B3.双方曾有现金支付的原因，系经实交易习惯符合常理	B4.权利人按有现金支付的交易习惯	B5.债务人曾按约定还款或偿还过部分债务	C1.债权人与债务人的陈述或印证借款事实	C2.测谎	因子数
京案例28 (2018)京03民终13103号	债权人主张双方签订了贷款额度合同，向被告指定账户付款168 980元，后敦告向其申请贷款额度240 000元，京汇公司救认为被告指定账户付款168 980元、要求证事实归还贷款户，上述证据可以证明京汇公司向京户通账户系其自身通过操作数字证名签名的方式借款。但对此等证据认京户通账户并未以证明京户通账户存在向京汇公司采取名义借款，其主张并系手机货币，亦表示收到收到涉案苹果手机货币，其实以"是否收到相关实名认可飞顺公司对其抗辩主张并未作出"为由由京户通账户，在此情况下"飞顺"为由京户通账户系借款公司不清楚"为由飞顺公司借款的事实难以自圆其说，故本院对收到相关实名认可飞顺公司对此否认向飞顺公司借款不清楚	是	16					√							1
京案例29 (2018)京02民终10705号	李成华主张李仁信归还借款100 000元，韩章启归还借款100 000元，案情及法院认定如上	是	10	×				√	√						3
京案例30 (2018)京02民终10708号	王永久主张韩章启、李仁信归还借款350 000元，提交借款人为韩章启，借款分两次现金交付，并提交了借款凭证韩章启认称自己非实际借款人。法院认为，王永久主张实际给付的真实性不认可，提交韩章启自己未收到借款，也未收到"韩章启"签字，虽然韩章启凭证以及"韩章启"的签字形成时间以及该借款凭证无法进行，导致鉴定"韩章启"签字的真实性无法认可，但考虑由其真实性辩称韩章启未交纳鉴定费，对该借款凭证无法鉴定后果以，故不利后果应结合李仁信对其借款签字以及庭审中关于王永久记忆存在误差的描述不清，结合上述借款时同现长，故王永久要求李仁信及韩章启还借款本金350 000元的	是	35	×				√	√						3
京案例31 (2018)京02民终10716号	李成华主张李仁信、韩章启归还借款350 000元，案情及法院认定如上	是	35	×				√	√						3

编号	案号	案情、判决	争议债权是否成立	争议标的金额/万元	A1. 借据部分现金转账的，部分现金的，分为两种，并有实际给付	A2. 在高利贷、赌博等费用助迫下形成的，或某种不真实的借款给付	A3. 双方其他款是还是交易习惯印证现金交付的不真实约定	A4. 前债未还，新借款形成，借新债权系对合同原有债权及高利息的新结算	A5. 债务人曾索要过借据	B6. 各种欠款人自知欠款的法律后果，书面证据明大于口头证据，或书面印证据	B. 有无现金给付的原因、事实、经过的陈述符合常理	B3. 有无曾经现金支付的交易习惯	B4. 债权人救债	B5. 债务人自知定还款或偿还过部分债务	C1. 债权人与债务人的录音证据或陈述借款事实	C2. 测流因子数
京案例32	(2018)京03民终9258号	二审法院认为，姚剑虽主张出具借条系为帮助李淑荣之子明友张晶，并对于其真实意愿表示，但在本案审理中，对于出具借条系否要求，在未收回借条之时即出具借据，与常理有所不符。再次，关于姚剑作出的情况下即向现款交付现金，与常理有所不符。且姚剑作出具借据的情况，关于涉案38万元，关于李淑荣主张交付的其他证据。其中对出借38万现金的来源出相应的解释	是	38	×	×		×	√	√						4
京案例33	(2018)京01民终6497号	陆兰英主张归还借款本金188 400元，有借条8张张出证。王贺储称，陆兰英借出的三张借条共计8万元不手认可，陆兰英委托诉讼代理人。法院认定，对未能作出合理说明，当事人判断。其经济能力，结合当事实与因素陆兰英借款的时候也未持证之间有。一审法院认为，款项交付不真实利。该院未将借款收回，书与双方之间前借据未实际交付，符合交易习惯。此后一审未符合判断例，一审法院认定该款项已经支付，本案现金方式付之间，判决王贺储应归还陆兰英之间。并无不当	是	8					√	√		√				3
京案例34	(2018)京03民终8300号	谢振辉主张杨彬借款本金1 579 853元，有谢振辉出具其他签字。其反有借据单是为了购买了。当时公司单为了法院反认为，杨彬出具的借款与谢。且杨彬签字亦在于法强制性规定，行政法规制性规定（但庭未能交其他金额相同。另，谢振辉，与杨彬签过数签订本纠行次银行转账方式。从证据中的金额支付，杨彬款作为购买与杨彬辉一审法院无法院从字存在，认定谢振辉作无效观点，故谢款应为完全民事实的抗辩。无论交院一审法院凭证书写借贷行为性系。对于杨彬的抗辩法充观点本借贷行为的写据证书行产生的法律后果，故杨彬作为民事行为能力写借款据的前述抗辩理由不能成立	是	157	×				√	√						2

附表 1.1（续10）

编号	案号	案情、判决	争议债权是否成立	争议标的金额/万元	A1.借据部分现金部分转账,现金部分为虚,失,并有实际给付	A2.在利贷、赌博等费用胁迫下形成的,或是双方约定某不真实有实际给付	A3.双方其他借款,借据是转账或现金印证借款金种的不真实	A4.前债未还形成新债,新债权关系对原有债务及高利息的新结算	A5.债务人曾要过借据	B.各种情况提供金额及有权人对欠款的法律后果,面证据书证明力大于陈述,系争实际过付的陈述,与书面印证据符合常理	B3.双方曾有现金支付的交易习惯	B4.有现金债权人权债	B5.债务人曾按借据约定偿还过部分债务	C1.债权人、债务人陈述或印证借款事实	C2.测流因子数
京案例35	(2018)京02民终6209号	在2014年8月31日的借条及2016年12月31日的证明中借款人处均有陈文才的签名和捺印,陈文才作为完全民事行为能力人,其应当知道在借条上签字的法律后果,故陈文才应承担还款责任。陈文才向龙浦公司共借款30万元,但陈文才于2014年8月31日起计算的与本院认定的借款不采信。同时陈文才与张欣欣于2016年12月31日的证明中均载明本金30万元,本金与张欣欣实际借款人均数为30万元,在借款条及证明上述借款存在虚假的情形下,应认定陈文才与龙浦公司此部分的上诉理由由本院予以采信,本院认定实际借款数额为30万元,故借款项30万元此部分的上诉理由由本院不予采信	是	6.5	×	×				√					3
京案例36	(2018)京01民终4657号	2012年9月19日至2014年10月15日期间,那娜通过其招商银行账户多次向祝绪增转账,金额共计529万元。2013年5月20日,那娜向英菲尼迪公司转账132万元。2014年5月23日,张洪崎和张振民分别转账1万元、设施设备30万元。2014年7月2日,那娜向北京星艺公馆AI701号房屋交纳购房款300万元及479.04万元。远山公司将该房屋交给那娜使用。《退房审申退现》裁判:远山公司将680541.96元、退房那娜余额于3819458元……2014年7月6日出具收据……2012年7月6日至2014年8月24日期间,金额共计165万元。2014年10月15日,那娜向招商银行账户转账60万元,那娜增共计292万元。2014年11月5日向祝绪增还款9次向远山转款60万元,金额共计292万元。2014年10月16日,祝绪增向长山转账102万元,支长山转款102万元。2014年6月24日,董兴全向那娜借款250万元,经认真核实,总共向那娜出借款12万元。2014年12月17日,还款日期为2016年11月23日据,祝绪增向那娜出借款1050万元于2015年2月15日前还清,借款多笔,总共650万元于2012年2月15日前还清。二审认为,祝绪增于2012年5月至2014年6月24日向那娜借款1050万元并承诺还款期限,表明祝绪增认可借款其前其真实意思表示,故双方之间成立民间借贷关系。那娜增于2014年12月17日向那娜出具借据其确认借款,亦不是双方对权债务的真实意思表示。二审法院确认的关于借款其前其真实意思表示,本院对祝绪增关于借据并非其真实意思表示的上诉主张不予采信	是	1 050	×				√				√		3

编号	案号	案情、判决	争议债权是否成立	争议标的金额/万元	A1.借据部分现金、金额部分转账的，分为两种：并有头、中、尾实有并实际给付	A2.在高利贷、赌博、分手费等助长不良风气的，或是双方约定利息，不真实有实际给付	A3.双方其他借款、偿还交易习惯是特账、印证现金交付不真实	A4.前还、新借形成、新债权关系成立处理，系将原有债权及高额利息的新结算	A5.债务人曾要素过借据	B各种规避法律因果、或书面证据的陈述…债权人曾知欠条的法律因果、书面证据证明力大于号书面证据	B3.债权人曾给付现金的法律因果、系曾经实际交易符合常理	B4.双方曾有现金支付的交易习惯符合常理	B5.债务人拒绝还款或承认偿还过部分债务	C1.债权人与债务人的陈述或印证借款事实	C2.测流因子数
京案例37	（2018）京03民终4029号	丁海向李尚哲出具的欠条中明确载明借款数额、还款时间及利息标准，且丁海对该欠条的真实性亦予以认可。一审法院结合双方微信聊天记录以及双方赌博，认定双方成立借贷关系而未采信丁海所称涉案50万元系双方赌债的辩称意见。其中丁海虽举证证明其存在借贷关系，但未提交足以推翻一审法院认定的十万元系本案借款。一审、本院对此不予采信（系李尚哲诉请即为40万元），故一审法院判决丁海偿还李尚哲尚欠40万元借款及逾期利息，并无不当。	是	40	×					√					3
京案例38	（2018）京03民终4674号	王帅抗辩称本院应就未实际产生为由未采信，且王帅作为完全民事行为能力人应当知悉书写借据先证并书写字押内容，故王帅向本院提交的欠条视同借贷。一审法院对此不予采信，本案有效的民间借贷关系应受法律保护，一审法院关于王帅抗辩的认定亦无不当。本案借据金额为50万元有效字据且有效。认定本案事实有法律依据，认定事实清楚。综上所述，一审判决认定事实清楚，适用法律正确，应予维持。本院不持异议。	是	50					√						1
京案例39	（2018）京03民终6761号	丹毕嘉本院提出上诉请求：撤销一审判决，依法驳回丹毕琼平全部诉讼请求。事实和理由：丹毕嘉本向付琼平借款25万元，所借款已收到该笔借款后，根据判决本向付琼平支付该25万元。一审法院查明悉诉请该份借款诸属于丹毕嘉个人的名下。该份借款丹毕嘉对是丹毕琼平交付并证实借款。丹毕嘉本对该辩称发生，其他内容均为丹毕琼平给丹毕嘉的联款能力。但悉，本案已做出一个今辩证据并向丹毕嘉给付这笔借款。那么付琼平具有向法庭提交的合理理由。一时期的联款能力。但是，故借的时所书证（系在介绍各自自己姓名时所书写字）。一审法庭据乙认定借贷关系发生时间，对内容非丹毕嘉，应一审应出认应当此证据，本院予以确认。今辩证该会丹毕琼平今年支付借款，接受当事人修改本下，杨立本关系质证据进行实质审查及举证质证。本院据本案内容及陈述意见，据此证据的房款25万元，对该辩证据予以确认。居园小区房屋登记在丹毕嘉名下，丹毕嘉本相应的借款，其它案内容发生在2007年至2008年之间，故付琼平相应的借款无据证明已收到。其间证明本院予以维持。本案质证据予以维持，无相应证据证证明该房系房屋系本向借款证明借款金付琼平与付琼平付款实物证据。现无法认定证该借款发生，现无法认定该居园小区房屋系本向丹毕嘉亦未举证证明就本院本院应予确认。对该笔款项本院不予支持。认定事实和判决未能在付琼平今辩出庭，本案无证据认定借款，本院不能作为事实认可，证实丹毕琼平证据交丁书面证证。认定事实的依据，根据借贷发生付琼平与本向付琼平的认可，对该上诉丹毕嘉亦未举证证明，本院不予支持。	是	25					√			√		√	2

编号	案号	案情、判决	争议债权是否成立	争议标的金额/万元	A1.借据部分现金额是否成立并有实际给付	A2.在高利贷、赌博、分手费等情形下，双方不真实的借款约定	A3.双方其他借款、转账是某种交易习惯，印证现金交付的不真实	A4.前还未借形成新债款，新债经交易习惯偿还印证现金对原有债务及高利息的新的结算	A5.债务人曾要素对借款事实曾经过借款或要素据	B.合理怀疑证据供情模（债权人自知欠款前后的法律、书面证据的原因，事实经过现金支付的大于明力陈述、或与书面证据印证）	B.有现金给付因，实际双方经过的陈述、符合常理	B3.双方曾现金支付交易习惯	B4.债务人权质	B5.债务人曾据实定款偿还过部分借款事据	C1.债权人与债务人陈述印证借款事实	C2.测谎因子数
京案例40	（2018）京01民终3061号	①曹玉生、刘金平虽称其余款项通过现金方式交付，但其在本案诉讼期间就同款的陈述前后不一，一审未能就其已经确认实际提供抵押借款的数额出借；②刘金平因购买房屋而签订的房屋借款协议是赵某玉良、XX发现房屋且已确定，XX之间的通讯记录，并为此为曹玉生与刘金平之间存在借贷关系以及证实本案，故曹玉生、刘金平主张支付的民间借款，本院依法不予采信。XX发现本案争议项金额当一审法院认定曹玉生与刘金平借款关系不成立。③经在民间借贷合同履约借贷期内未就利金的上当未就提出主张意见，本院应依据本约定上诉未就明利息定上诉请求权利出于本案诉标期间内相关诉讼请求出，故曹玉生、刘金平主张赔照本案争议中按约期利息支付明利息有借据限，不予采纳。	是	65	×				√		√			√	4
京案例41	（2018）京02民终2841号	根据胡晓心出具其借款，可以确认何晓龙与胡晓心之间存在民间借贷关系2011—2017年6月地借款心尚欠何晓心的借款157万元中扣除借款141万元。因此，胡晓对抗已收到借款其本收到借款时心已知借款并不偿的事实，但可以确定借款没有合理依据早已其借款何晓龙借款主张上诉称其未收到借款，何晓龙主张要求明解现还借款。	是	141						√					1
京案例42	（2018）京01民终2020号	第三，关于支付的50页纸明提交的50页纸的事件真实性的结合款，因周传才提交上述证据在法庭指定的期限内未做出明确答复，取得证据证据的真实性应依法予以确认，周传才签字即使当事实性予以确认的，证明关其整体证据链向与陈学宗之间存在同借款心尚，汇款应印作为收包合同项在承包合同关系不对其证据印整整实性予以确认，汇款某证明陈某学宗之间书面的关系，但最后明付当包方，本裁应负责借所有包工程均用于陈所传才为包方，无证据支持，其主张陈学宗先行整付出，亦不符合常理。	是	261	×					√			√	4

附表1.1（续13）

编号	案号	案情，判决	争议债权是否成立	争议标的金额（万元）	A1. 借据部分现金，部分转账，现金部分实际给付	A2. 在高利贷、赌博等胁迫下形成的，或是某种不真实的借款约付	A3. 双方其他借款、偿还习惯，是转账、是转账实际某种不真实的	A4. 前债未还，借新债形成新借款，债务人对原债务系有借有偿及原有利息的新结算	A5. 债务人曾要过借款证据	B1. 债权人现金给付的原因因实际交易过的事实经过符合常理	B2. 债权人知道其给付现金的法律后果，书面证据证明大于陈述，与书面证据印证	B3. 双方曾经交易过的事实，现金交易习惯符合常理	B4. 有权债	B5. 债务人按借据约定偿还款或者偿还过部分债务	C1. 债务人与债权人的陈述或者借据印证事实	C2. 测谎	因子数
京案例43	(2018)京02民终495号	楚鲁作为完全民事行为能力人，应知道出具借据中明确载明："今借到陈淑敏阿姨现金叁拾柒万元整（370 000元）"，楚鲁向陈淑敏出具借据的法律后果。2013年8月4日，楚鲁向陈淑敏出具借据，利率按存款利率四倍计算。现楚鲁上诉称该笔借款所述是长达近10年的累计借款，但其并未提交任何证据对该主张予以证明，故楚鲁的上诉理由由缺乏和实事实和法律依据，本院不予采信	是	37	×				√								2
京案例44	(2018)京01民终270号	韩磊主张其曾于2015年7月始向德勤大通公司借款25万元，其计本金25万元，月利率10%，至2016年11月1日本息达124万元，但韩磊未能提供其与德勤大通公司同借款合同予以佐证。同时，按其所述借款本金为25万元，月利率10%，年息120%的情形下，也无法得出可以向德勤大通公司还款124万元的基本账户或借款结论。而且韩磊小周其借款在出具借据时所称是向刘杉杉还款，或进行再现金还款，亦合常理不符，更与常理不符。此外，韩磊否认以否定判还款现金，则刘杉杉不为韩磊的抗辩意见缺乏足够的证据支持，综合以上因素，本案应该出借款的来源及借款相关手续给到刘杉杉的，故其主张予以采纳。关于借款系以否定还款现金，不能完全排除其无法收到借款，本院不予采信。本案中，刘杉杉否定借据所认可全案，地点等细节作出了适当的说明，不能完全排除其无法收到借款，借其提交的对网上银门证据、滴滴出行记录等认可说明，故处取该争款项已经收到付的可靠性认证予以认定具有合理性，本院不予采信	是	16.2		×					√	√					2
京案例45	(2018)京03民终490号	从通话内容看，王国华曾称杜林异议并曾称只要钱到手马马上还，表明杜庆林认可应偿还欠款21万元，杜庆林未持异议并同意偿还，亦即其偿还款项与王国华提供的事实成了一致意思表示。王国华对借款情况所述相反证据予以证明，合本案实际情形。一审法院根据王国华贷款关系所作出的认定，同时如上所述，杜庆林主张民间借贷关系亦无不妥，曾作出偿还的分认证，同意向以上借据与王国华的通话中，曾作出民间借贷关系所作出确认，故其已就偿还款的意思表示进行了确认，杜庆林再以在诉讼中否过诉讼程序予以借款不予主张不予采信，本院亦不予采信	是	21								√		√			3

编号	案号	案情、判决	争议债权是否成立	争议标的金额/万元	A1. 借据部分转账部分现金的，就部分金额分为头息，并有实际给付	A2. 在利贷、赌博、分手费等情形下形成，或是双方不真实的借款约定	A3. 双方其他易偿还交易引起账户印证现金交付的不真实	A4. 前债未还，新债形成关系不合常理及高利息的新结算	A5. 债务人曾索要借过据	B. 债务人自知欠人现金备付的法律条面证据明大，陈述或书面证号与前面证据印证	B3. 双方曾经有现金付的原因、事实经过的陈述，符合常理	B4. 债权债务	B5. 债务人曾经按约定还款或偿还部分债务	C1. 质权人与债务人录音、证人陈述印证借款事实	C2. 测谎	因子数
京案例46	(2018)京02民终1768号	袁涛依据黄徽向其出具的6万元借条，起诉要求黄徽偿还该笔款项。为佐证该笔借款的款项来源，袁涛还提交了其配偶名下两张信用卡记录。黄徽认可该6万元借条，但主张该借款款项并未实际发生。黄徽亦未提供证据并未实际发生。袁涛对黄徽借款6万元的事实主张，一审法院据此认定黄徽出具的两张借条共计7万元的收条，就上述7万元系与本案6万元借款无关。二审期间主张上述7万元所作的收条，但未提供证据推翻其在一审期间所作的陈述。加之，黄徽在一审庭审中承认其主张的上述7万元系用于本案实际支付的款项，陈述前后矛盾，故本院对黄徽的上诉主张不予采信	是	6		×			√							3
京案例47	(2018)京03民终636号	王玉未诉请郭羽翔归还借款2.8万元。有借条，借条系本人所签。法院认定，借款未真实发生。依据成立合同关系保护，自然人之间的借款，应当提供基本法律关系存在的举证主张，应当对产生该基本法律关系承担举证证明责任	是	2.8		×					√		√	3		3
京案例48	(2018)京03民终622号	宋建红请求郭羽翔归还借款本金1.5万，有借条为本人本人所签，借款是本人所借。郭羽翔虽称其佐证收到该笔款项，但对于该地收到的解释，故一审法院认为自认宋建红主张的上述事实，并认定宋建红建立借款事实成立	是	1.5		×					√					2
京案例49	(2018)京03民终623号	刘秀玲请求郭羽翔归还借款本金2万元，刘秀玲称其实未实际收到该款项，并对民事调解书中记载内容答辩称，有2张借条借出款项2万元。书中确认其实未实际收到的款项，亦未提交有关相反的证据予以反驳。故一审法院对认定宋秀玲所作的上述抗辩意见不予采信，并认定其尚高利对郭羽翔该借款系尚高利对郭羽翔该借款意见不予采信，并认定其尚高利对郭法院未还	是	2	×	×			√						2	2

编号	案号	案情、判决	争议债权是否成立	争议标的金额/万元	A1.借据部分现金部分转账的，现金部分分为两段，一段有利息，并有实际给付	A2.在赌博、分手费等形成下形成或约定某种借款的约定	A3.双方其他借款偿还易习惯、是转账、现金交付的不真实	A4.前债未还形成新借款，新债权关系不清，系对原有债务的处理及反映的新结算	A5.债务人曾索要借据	B1.债务人自认欠款，但证据的法律条件、后果，书面证据证明力大于陈述，或书面证与陈述	B2.陈述、证实或书面证据印证借据	B3.双方曾有现金给付的原因、实际给付现金支付的陈述符合常理	B4.债务人按借款约定偿还过部分债务	B5.债权人曾经有现金支付交易习惯	C1.债权人与债务人曾证实债约定借款事实	C2.债权人陈述印证借款事实	因子测算数
京案例50	（2017）京03民终5632号	二审期间，陈志毅向本院提交：①显示日期为2013年2月4日的《借款合同》；②显示日期为2013年2月4日的收条；③显示交易日显示①显示日期为2013年；④显示日期为2014年1月17日的《欠条》；⑤北京市海淀区人民法院（2016）京0108执异99号《执行裁定书》，以上均以证明程允谓、王飞、王浩、华诚对诉争债务不子认可。程允谓向本院发表质证意见称对上述材料的不予认可。陈志毅应向本院提交该电话录音的真实性及证据典当系子之间真实业务关系。证明向次其实系华诚典当向该电话录音的真实业务服务费用以证明程允谓用途的不子认可，加之转账记录显示自己用途为"还款"，附言显示为"华诚"，综上，本院实难认定冬某民间借贷关系已生效，一审法院作出初步证据作出了较为合理的说明，不能认定本案争系民间借贷关系依法不予维持。王飞、王浩借还无系依法不予维持。	否	30	√						×						2
京案例51	（2018）京02民终1658号	欧阳春雪诉刘桂民归还借款73.2万元，有借条为证。刘桂民答辩称抗辩是为丁借款做男朋友交代。刘桂民提交出的录音证明并无证据证明，且与欧阳春雪之间的录音证据内容不符，且自在刘桂民被追索债务时录制，虽然刘桂民对子借款当事实有较为详细的过程欧阳春雪能作出合理的说明，能够与借条内容得到印证。另外一审法院核查刘赠给予银行账户，证明其主张的现金交付方式并不违背一般常理。且双方自认的曾经保持长久的同居关系，因自认刘赠给予欧阳春雪发生十万元现金作为出借。一审法院对陈述、欧阳春雪从家里取走十万元实际取走出借的，借款的金额以合同约定的80万元为准，借款人欧阳春雪货予刘桂民以证明已经偿还借款本金6.8万元，因此刘桂民出具的金额以合同约定为准。应当作判断查证欧阳春雪借贷于案之间的金额为73.2万元。刘桂民、刘桂民还款证明发生的返点。2012—2013年，刘桂民通过欧阳春雪的网说明也具有合理可能性。欧阳春雪因为网赌嗜博，欠王家现金给予关系，欧阳春雪继续赌博赌自己应付的现金，因欧阳春雪收取返点，也叫"码粮"，刘桂民继续赌博争挣的"码粮"，垫付给欧阳。二审法院认为，证明给予庄家，出借人未知。	否	73.2		√								×			2

附表1.1（续16）

编号	案号	案情、判决	争议债权是否成立	争议标的金额（万元）	A1.借据部分现金、部分转账的，现金部分是否有头无尾，并有实际给付	A2.在高利贷、赌债、分手费等胁迫下形成，或是双方约定部分不真实的借款约定付息	A3.双方其他借款还款习惯、是否转账、印证现金交付的不真实	A4.前还未还、借款形成新债款、系交新债合系不合常理、有偿还原有本息及商利息的新结算	A5.债务人曾要索对系合同案要素对过借款依据	B各项借贷提供款征条索（此栏综合衡量）B1.债权人自认交给现金的法律后果、书面证据证明力大于合同书面证据、或与书面陈述证据印证	B2.双方交易习惯、原因事实经支付实质大于与陈述符合常理	B3.双方有给付现金支付的原因	B4.有债权习惯	B5.债务人曾披露证定偿还过借债务	C1.债权人与债务人的录音证人陈述印证借款事实	C2.测谎	因子数
		道或者应当知道借款用于违法犯罪活动仍然提供借款。刘桂民、欧阳春雪作为百家乐赌博活动中的一个环节，欧阳春雪所发生的款项。欧阳春雪作为刘桂民是赌博活动的参与者，同时也是组织者（码粮）及部分是期待刘桂民参与赌博活动的，让刘桂民在翻本后，将其从中获得的返点、欧阳春雪继续进行赌博活动。欧阳春雪提供资金的目的是期待刘桂民在之后赌博中翻本，其可从中获利。欧阳春雪为刘桂民提供赌博资金的行为与刘桂民之后产生的债权，不是合法债权。根据前述法律规定，涉案借款合同无效，因该行为产生于无效合同，欧阳春雪对此不享有法律保护。该出借行为不受法律保护，故对涉案借款的请求予以驳回。要求刘桂民还款的诉请不予支持												
案例52	京（2018）京03民终6323号	杨涌提供借条等证据证明其与王少军之间存在借贷关系，王少军可认可其借贷关系尚未实际发生，双方之间实质为合伙关系。同时，根据当事人陈述及查明的事实，杨涌对其所主张的本案款项的借款，在之前的诉讼中杨涌主张其与王少军出借关系的证据多次变化，杨涌未能提供充分的证据证明其实际履行了现金交付。杨涌在诉讼中又称44万元款项构成为价值6万元的铝合金材料，三张金额分别为5万元、8万元以及10万元的承兑汇票，现金5万元以及劳务费10万元。本院认为杨涌主张的涉案借款项，未就前述陈述作出合理否看，未能作出合理解释，本院对其主张不予采信	否	44	√				×	×					3		

编号	案号	案情、判决	争议债权是否成立	争议标的金额/万元	A1. 借据部分现金全额是否成立	A2. 在高利贷、赌博、分手费等胁迫下形成的，现金部分为转账的，并有实际给付	A3. 双方其他借款方式是借还现金，易转现金交付的不真实的约定	A4. 前债未还、借据形成新债务，原有高利息及新的结算	A5. 债务人曾系要素借过借据	B. 综合案情因素	B1. 债务人自知欠款，书面证据与陈述、或书面证据不合理	B2. 现金交付的法律后果明力大于陈述、或陈述与印证据	B3. 双方对现金支付的原因事实经过及交易习惯合理	B4. 出借人曾有现金支付的交易习惯	B5. 债务人按约定偿还过部分债务	C1. 债权人与债务人的陈述印证借款事实	C2. 测谎	因子数
京案例53	(2018)京02民终7328号	曾淑清主张王爽玲归还借款20万元，有王爽玲出具的借条佐证，以现金方式交付借款。王爽玲答辩称并未收到现金，20万是介绍借款投资者的款项。一审法院认为，当事人对自己提出的诉讼请求所依据的事实或者反驳对方诉讼请求所依据的事实应当提供证据加以证明。没有证据或者证据不足以证明当事人的事实主张的，由负有举证证明责任的当事人承担不利后果。本案中，王爽玲向曾淑清出具借条内容明确，载明了出借了20万元，借款金额，此系王爽玲作出的真实意思表示。现曾淑清能够就其现金交付的事实主张相应证据并作出合理解释，故一审法院采用曾淑清所称系由王本人借出的主张并作出肯定性意见。其二，王爽玲及王本来所认可曾淑清出具借条时所称的在场人刘玉荣未收到现金系收付意见不予采信。其三，借条中现金来源情况，故一审法院调取到借及款项交付过程依据本案证据采信。综上，王爽玲提交反驳的事实及证据不足以充分反驳即使王爽玲向兴方通公司的投资款项必然来源于借款用途，故一审法院依据本案证据采信。二审法院认为，王爽玲向其申请于兴方通公司调取证据用于投资。曾淑清对其主张依据交付程度及款项交付时非用于兴方通公司投资。非要王爽玲再给曾淑清再给兴方投资，王爽玲便写了本案的20万元借条，王爽玲便以此借条抗辩称系行为尚未实际发生。王爽玲就曾淑清认可，王爽玲写了20万元借条。其中朝阳区人民法院(2013)朝刑初字1293号刑事判决书已经确认，北京市朝阳区人民法院确认，曾淑清是借曾淑清向兴方通公司投资，曾淑清提交证据未收到借款都记得得上，其于2011年9月30日向兴方通公司支付20万元，用于投资。曾淑清借款系代人马兴方转账20万元，用于投资。都记得上所写的20万元是现金给曾淑清20万元现金，双方并无借贷关系。北京市借款上写的20万元是自有资金而投资20万元。曾淑清提交朝阳刑事案件中现金给付的事实，王爽玲给曾淑清提起民间借贷诉讼。曾淑清提交记录中的投资为，其中朝阳区人民法院(2013)朝刑初字20万元整，曾淑清便交付给曾淑清20万元现金投资，而曾淑清对给王爽玲20万元现金的陈述前后矛盾，亦不符合常理。非要王爽玲"今借"案件中的投资人，"今借"曾淑清对给王爽玲20万元现金的陈述前后看，曾淑清	否	20	√				×	×								3	

编号	案号	案情、判决	争议债权是否成立	争议标的金额/万元	A1. 借据部分现金部分转账的，分为两种情况判断双方约定实际给付	A2. 在高额利息、分手费等情形下，现金部分是否有实际给付	A3. 双方其他借款交易习惯是否印证现金交付的不真实	A4. 前债未还，新借款形成新债权还系对原有债务及高利息的结算	A5. 债务人曾索要过借据	B. 综合物证或书证提供模糊心证 B2. 当事人自知欠款的法律后果，有较大于现金证据证明力，书面陈述，或书面证据印证	B3. 双方曾经有现金支付的交易习惯	B4. 债权人因符合交易习惯	B5. 债务人曾按约定还款或偿还过部分债务	C1. 债权人与债务人的录音证据，借款事实陈述印证借款、还款	C2. 测谎因子数
		最后表述为分三次交给王琹羚20万元现金。第一次和第二次分别是5万和9月18日，各支付5万元，第三次是2011年9月30日交付10万元现金，将20万元写在一张借条上。比较而言，王琹羚关于借贷行为并未发生的说明更为合理，结合借条中"今借"的字样以认定借贷行为为已经发生，刑事判决中曹淑清提交的借的内容等，综合全案审查及当庭陈述，不足以证明曹淑清与王琹羚成立了民间借贷法律关系，亦难以认定曹淑清将20万元现金交付给王琹羚的事实存在。改判驳回曹淑清全部诉讼请求													
京案例54	(2018)京01民终5236号	王立周主张的向刘冰支付定果支付及对欠息及全部款项，但在借条中均未涉及，且据果注载期所欠全部款项；王立周关于其所主张的现金交付时间与刘冰主张出具转账还款或收条，却在一两个月后皇后还在持续其所主张的现金交付时间与刘冰主张还款时间相近，在均使用银行卡且存在持续将款项交易往来的情况下，王立周无法还清现金交易往来的情况下，刘冰于四川绵阳以现金方式出借。现金交付的事实真实存在，款项来源等	否	15		√				×					3
京案例55	(2018)京01民终4237号	倪红梅主张刘超偿还借款本金100万元，有借条为凭证在证在证。首先，法院认为，在刘超出具的借条中，100万元为投资借倪红梅。"刘超借倪红梅"100万元，并未写明借款的支付方式及倪红梅从《股东合作协议书》关联性的情况下，"股东合作协议书"中的投资转化而来；否认借款系从《股东合作协议书》中主张其向刘超支付的100万元真实性的，在倪红梅与刘超之间沟通不畅，在借贷关系变更就是借款。二审又对其诉讼请的基本事实不够，对倪红梅变更其未能提供确切证据予以证明的情况下，不予采信	否	100						×					1

附表1.1（续19）

编号	案号	案情、判决	争议债权是否成立	争议标的金额/万元	A1.借据部分现金部分转账的，现金部分分为真实，并有实际给付	A2.在高利贷、赌博、分手费等胁迫下形成的，现金不真实的借款约定	A3.双方其他借款交易习惯，现金交付的印证	A4.前债未还，借款形成新债，系交易习惯及高利息的新结算	A5.债务人曾索要过借据	B2.债务人自知欠款的法律后果，书面证据明大于口头陈述与书面证据	B3.曾经有现金给付的原因、实经过的陈述符合常理	B4.债权人权债	B5.债务人曾经按约定偿还过部分债务	C1.债权人与债务人的陈述或印证借款事实	C2.测谎	因子数
56	（2018）京02民终9680号	王乔慧主张周小龙归还借款300 000元，有周小龙出具的欠条为凭据。周小龙辩称该欠条系实际支付款项，一审法院认为，王乔慧提供的周小龙出具的欠条，可以认定双方之间形成民间借贷关系，故对王乔慧履行了支付出借款项的请求，故对王乔慧的诉讼请求予以支持。周小龙提交相关证据证明其主张，其答辩意见未采信。二审法院认为：一、周小龙提交的短信内容能够证明其与周小龙之间的同事关系，而王乔慧提交的证据证明关系。王乔慧回复未系周小龙所述，王乔慧一审法院询问双方好过向周小龙出证。二、王乔慧提交的短信证明王乔慧曾以证据翻地覆。四、两者具有一定的关联性。本案中，尽管短信小龙向周小龙提出，仅依据该证据有无有效证据定。四、周小龙是否存在王乔慧借款的问题，双方之间存在民间借贷的事实，故对王乔慧的诉讼请求，本院不予支持	否	30	√					×						2
57	（2017）京02民终12295号	张鹏依据王晓勃2015年8月10日出具的借条起诉要求王晓勃返还该借款。该借条载明：今向张鹏借款130 000元，于2015年9月10日还清。张鹏主张该借条系以现金方式交付，王晓勃否认收到现金。张鹏于2015年5月22日向王晓勃出借的款项10万元与2016年7月8日出借的款项10 500元，均系以转账方式交付。2015年8月10日现金交付的事实，结合双方当事人之间以转账方式支付部分款项的方式，一审法院对张鹏主张对张鹏交付现金的方式，张鹏亦不能提供借贷关系下款项交付的方式，一审法院认定事实不予认定，合理有据	否	13		√				×						2

附表1.1（续20）

编号	案号	案情、判决	争议标的金额/万元	争议债权是否成立	A1.借据部分现金部分转账的，现金部分为利息，并有实际给付	A2.在高利贷、赌博等胁迫下形成的，分为利息，或是某种费用，不真实的借款的约定	A3.双方其他借款偿还交易习惯，可证明现金交付的不真实	A4.前述借款形成新债，未还，新债权关系合理，有原有债务及高利息的新算结果	A5.债务人曾索要过借条或书面证据	B.各种情形综合提供模拟 B1.债务人自知对大额的法律条文后果，因而证据证明力大于陈述，或书面印证据	B2.双方曾经有现金支付的原事实，系不合常理	B3.双方曾经有现金交付合符合常理习惯	B4.债权人对债务人按约还款或偿还过部分债务	B5.债务人曾借款据还定或陈述借款事实	C1.债权人与债务人的录音证证据印证借款事实	C2.测谎	因子数
京案例58	（2017）京01民终5235号	首先，关于王洪涛提交的收据上写明的"利息含手续费"字样问题。王洪涛主张上述字样均应认可系苏泽江书写，从常理及书写习惯判断，苏泽江应在一行字写完后再书写"含手续费"的字样，故本院认为，向上一行分行书写"利息含手续费"而非"含手续费利息"，从上述字形判断，苏泽江的书写记录质是明收据费用的性质是利息及手续费；款金额部分。本金、利息及手续费均应认可系苏泽江书写完毕后书写的款金额部分。从上述判断，苏泽江书写确定明收据款项的性质是利息及手续费同，款项来源。收据及其协议的形成过了时间，其关于债务关系成立的一方，其关于借款项时的陈述及提交过程等证据。再次，苏泽江过提交的证据，可证明苏泽江于2015年11月19日，苏泽江就原有的两笔借款及110万元的收据分别出具了几点，本院认为，王洪涛出具的借据为595 800元的收据为170万元的借款，尚不足以达到了"存证充实的其真伪不明的"证明标准，现据现有证据无法确认是否存在款现金交付具有高度可能性的，综合以上几点，本院认为，王洪涛主张所主张的借款关系成立。已然达到了"存证充实的其真伪不明的"，根据现有证据无法确认是否存在，综合以上几点，本院认为，王洪涛主张所主张的其真伪所主张的事实不存在。	56.2	否	√		√									3
京案例59	（2017）京02民终6467号	王秀洪主张与张淑凤之间曾存在诉争30万元的借贷关系，张淑凤主张其为支持王洪洪将已陆续诉诸提交的破损碎片粘贴而成的借条和活期蓄存凭证。对于王秀洪与张淑凤之间的债权债务关系尚未结清。对于王秀现据笔的借款，仅能证明双方之间存在的30万的民间借贷关系，但不能证明双方已将借条撕毁，双方还存在其他借款的情况下，王秀洪提交债务后租撕毁的借条所载明的借款主张不能据此承担应理不清，其诉讼主张的权利没有合法证据支持在王秀洪不能提交对其主张有利的事实依据，本院对其诉讼不予支持。	30	否					×	×				×		2	

附表1.1（续21）

编号	案号	案情、判决	争议标的金额/万元	争议债权是否成立	A1.借据部分现金转账,部分现金支付,并有高额利息,且有实际给付的	A2.在高利贷、赌博等胁迫下形成的,分转账、分现金、不真实的借款数并有实际给付	A3.双方其他借款、偿还款,转账现金混合印证某种金额不真实的借款数约定	A4.前未还借款形成新债款,新债有原有债务的处理,及高利息的新结算	A5.债务人曾要求过借款的结算	B组	B1.当事人自知大于法律书面证据的后果,证明大于陈述、或书面证号与书面证据印证	B2.借据书面证	B3.双方曾经有现金支付的交易习惯	B4.债权人对付的原因事实曾经过实付合符合常理	B5.债务人按约定偿还过部分债务	C1.债权人与债务人的陈述或证据印证借款事实	C2.测谎	因子数
案例60	（2017）京03民终6885号	一、从许可所持5张借条、5张收条的形成过程来看：5张借条、5张收条的落款日期从2013年至2016年8月，时间跨度近3年，但5张借条、5张收条的基本内容一致、格式相同……（后略，参见原文长篇论述）。	30	否		✓					×						2	
案例61	（2017）京02民终4006号	李磊系依据借据条提起民间借贷诉讼，要求徐树胜偿还借款18万元，即徐树胜称李磊并未给付借款18万元，借条系李磊所伪造，且徐树胜于2013年车祸……（后略，参见原文长篇论述）。	18	否					×		×						2	

编号	案号	案情、判决	争议债权是否成立	争议标的金额/万元	A1. 借据部分现金，部分转账的，现金部分分为两头，并有实际给付	A2. 在高赌博、分手费形成的，下形成，或是双方约定某种借款约定	A3. 双方其他借款、偿还易习惯，是转账印证的不真实	A4. 前借未还，新借形成新债权债务，原债权债务系对的新结算	A5. 债务人曾经对借款及高利息的付不真实	B1. 债权人提供借据	B2. 借款合意及给付事实，书面证据不合常理的陈述，或陈述与书面证据印证	B3. 债务人自知大借条款的法律后果，证明力大或书面陈述	B4. 有双方现金支付的原因给给付的事实经过符合交易习惯或常理	B5. 债务人曾经过借款还款或部分偿还债务	C1. 债权人据以证实借款事实	C2. 债务人的录音证据陈述借款事实	因子测流数 因子数
京案例62	(2017)京03民终3536号	涉诉400 000元借款的实际出借人系用人，该款项的实际使用人、利息还款人，均系王淑琴。百通公司、郑洋洋之间并未形成真实的借贷合意，但王淑琴亦未以其他方式向王淑琴出借贷款项。郑洋洋主张以其还款以支付利息，百通公司、王淑琴实依据，缺乏事实依据。郑洋洋主张以其还款以支付证据证明，百通应承担还款责任，并未提供充分证据证明该证据不真实为由，高通应承担还款责任不予支持	否	40	√						×						1
京案例63	(2018)京01民终8508号	吴国良对计算方式和结算过程进行了详细说明，以吴国良主张的金额与案件超过计算方式计算，所得结果为数，且吴国良主张的本金之和，不能超过最初借款之和。满以还款期间回届届满，出借人请求返还金额与人计算的结算款的整个过程存在。对于双方贷款关系中，符合法律规定的超过部分的，人民法院不予支持，故认定吴国良应当偿还欠460 953元。基于二审中新的证据和事实，一审法院认定吴国良应当偿还欠条关款项之和，有所不当，本院予以纠正	否	160			√				×	×					3
京案例64	(2018)京02民终11130号	马桂英主张向刘向光偿还并未收到的款29 800元，有借款作佐证，庭审中马桂英称其向刘向光借款来源系向保险公司申请贷款，法院应认为，但根据其支付时间与证据显示的新华保险公司出具在6个月，亦本能同保的发放时间晚于刘哪某被起诉前未曾向刘向光押贷款的发放日期均应证据不实，其资金来源就其支付款项之程度能提供相应证据，且马桂英因同刘向光其实资金来源说明故多年来一直向刘向光支付贷款利息，但案借条签订于2013年，马桂英对于本案借款庭审前未曾向刘向光称未收到该款的抗辩意见不以采信。综上，一审法院对向刘向光所述借款的抗辩意见予以采信	否	2.98	√								×	×	×		4

附表 1.2 沪案例

编号	案号	案情、判决	争议债权是否成立	A1.借据部分现金金额/万元	A2.在高利贷、赌博、分手费等转账的部分现金为借款本金，并因此扣除头息，并非实际给付	A3.双方其他借款、偿还交易习惯印证现金交付的不真实	A4.前还未借款，新债形成原债合理，系对原有债务及高利息的新结算	A5.债务人曾要过借据	B各额现金提供模糊：债权人自知欠付的法律后果，书面证据证明力大，陈述过经过的陈述与书面证据印证符合常理	B3.债权人曾有现金交付的交易习惯	B4.债务人权债	B5.债务人曾按约定还款或部分偿还过债务	C1.债权人借债务人的陈述印证借款事实	C2.测谎	因子数
沪案例1	(2017)沪01民终526号	第一，刘亚军在上诉理由中对其后不还认，只不过自己在实际偿还中予以扣除，正因如此，王宝玉已经向刘亚军支付的现金30万元，案外人姚某于2013年10月3日向王宝玉支付的现金3 500元。第二，至于刘亚军于2013年8月21日向王宝玉支付的现金2 500元以及王宝玉陈述的刘亚军2013年9月3日向其当场支付的现金6 000元（共计12 000元），王宝玉在一审认可。此外，除28万元以外，其余款项均属于往来，王宝玉在本额中予以扣除。其理由是，在短期借贷公司归还的借款系本金且有息保全同一。二审和于王宝玉与刘亚军于2013年12月3日同签订前，王宝玉均有约定的息，由于刘亚军在一、二审期间的陈述前后不额中予以扣除。本院有理由相信该12 000元系借款利息。	是		×								√		4
沪案例2	(2017)沪02民终6832号	对于双方争议的现金以现金方式给付的100万元借款，王正均主张对该笔借贷事实已完成相应借款事实责任。现陈康银对张吉一笔10万元借款提出异议，主张收回原现金的行为构成令人信服的合理解释。故综合考量基本案贷金额，王正对该笔10万元借款的经济能力以及双方行为的交易习惯等情况，交易习惯等方式，认定原现金发生的举证证明标准，交易习惯等方式，认定陈康以六张借据形式向王正借得款项共计110万元。	是		×					√	√		√		3
沪案例3	(2016)沪02民终10598号	一审法院已经将双方当事人提供的证据、陈述意见充分表达及引用，并且根据庭审现有证据，结合双方的经济能力，当地浙南债务及友谊行交付的习惯，当事人财产变动情况等，基于一审已认定该500万元现金事实合理，故本院对陈康对杨友谊行交付事实不再予以认定，但是其在一审中所作陈述及友谊院认定的相关不足以推翻和法院所作对分析判定及友谊院认定的事实，其先作为证、其后又一审法院认定在审中作出推翻。再以代理人身份参与诉讼，不违反法律规定。而且一审程序上诉理由，故对于杨友谊行上诉理由，本院亦不予采纳。	是	×							√			√	4

附表1.2（续1）

编号	案号	案情、判决	争议债权是否成立	争议标的金额/万元	A1.借据部分现金部分转账的，现金部分因有实际给付失败，并有实际给付	A2.在高利贷、赌博、分手费等形成，不是双方约定实借款的定	A3.双方其他借款还款交易习惯是否与现金交付的不真实	A4.前债未还、新债形成、并有原债利息及的新结算	A5.债务人曾要素过借款本息的结算	B1.债权人自认欠款的法律文书面证明力大于借书面证或书面证据印证的据	B2.债权人曾有现金支付的经济能力	B3.债权人对现金支付的陈述符合常理	B4.债权人对现金交付的陈述符合交易习惯	B5.债务人曾知晓新据形成权的因后果、双方有现金交付、或曾经偿还过部分债务	C1.债权人与债务人的陈述或据印证借款事实	C2.测谎	因子数
沪案例4	(2016)沪01民终13520号	关于借贷合意，魏良峰称尽管多次出具借条，女条及条示不真款不当，并表示借款未收到。关于钱款交付，本院结合债权人的经济能力，郭明16万元、其条主张认为一审法院认为，魏良峰从事借贷经营活动需周转资金，对如魏良峰所称并无证据证明，本院认为，魏良峰主张的贷款。亦需多次出具借条，大条，并签订抵押协议，办理房屋抵押登记。但其在长达多年时间内均未提出异议，其主张与常理不符。	是	185	×							√					4
沪案例5	(2016)沪02民终9349号	对于李光泉于2013年4月19日出具借条为凭，能够双方确认的意思表示。对于李光泉是否交付现金，必须对具备交付时的。基于上可不过于苛求，日李光泉主观认同借贷发生且确认有使索权利，一审法院对于本案借款双方认定本案不存在借贷关系成立，却又不能认定现实不存在现金，阐述的理由自足分的，本院认为一审认定不本款，不再整述。上诉人李光泉对于本案借款双方发生，之间借款现金，本院难以采信。	是	10							√	√				2
沪案例6	(2017)沪01民终13734号	廖秀云诉请借款80万元，张胜东抗辩称未实际收到钱款；廖秀云提供了银行卡转账记录，主张钱款系其转账，法院认为廖秀云取现后集中提交到同业银押借款到账前，该现金到账原因、其所有房屋抵押后借款提现行为；在张胜东出具第一张借条时，但时间近一个月后，张胜东又出具第二张借条，有违常理；其经济能力已全部取现后，又出具第二张借条，表明其仍需第二张借据；当事人财产变动情况以及证言等事实和因素，综合判断本案结合借贷关系未成立本案成立等事实和因素，综合判断本案相反，张胜东抗辩称未实际收到借款，但无任何证据证明；当事人的经济能力。张胜东请求本院对其经济能力以及证言等事实和因素，综合判断本案借贷关系系成立本案成立等事实以及判断确认人廖秀云主张的借贷关系不成立、并无不当，法院依法予以确认。	是	80				×	×	√		√	√				5

附录1　三地判决裁判理由摘要

编号	案号	案情、判决	争议债权是否成立	争议标的金额/万元	A1.借据部分现金额的现金额分为断头息，并实际给付	A2.在高利贷、赌博、分手费等胁迫下形成，或是某种不真实的约定借款约定	A3.双方其他借款、偿还等交易习惯印证现金交付的不真实	A4.前债未还形成新债，借款关系交易习惯对原有高利息及新债的结算	A5.债务人曾索要过借据	B客观证据类 标准提供现金支付的原因事实 B1.债权人自知欠条的法律后果，书面证据证明力大于合同常理与书面证据印证	B2.债权人对给付现金的原因事实，系经过陈述或书面证据	B3.双方曾有现金交易习惯	B4.有大额现金支付债权	B5.债务人曾按约定部分偿还过债务	C1.债权人与债务人的陈述或证据印证借款事实	C2.测谎	因子数
沪案例7	（2017）沪01民终3689号	本院认为，被上诉人提供由上诉人签字确认的借据，但上诉人抗辩借贷行为尚未实际发生，本案系被上诉人向被上诉人称于2014年4月23日购买了汽车，而借条出具时间为2013年3月2日。根据当时购车时间解释的规定，本院认为从上上诉人购车时间来看，其购买车辆并非紧迫之事，在此情况下，未拿到借款就出具借条，有违常理。再者，庭审中，上诉人提供的借条复印件上载明"另外利息照付"相矛盾。一审法院结合被上诉人提供的借条、录音笔录、该起笔录、证人证言等证据，综合其对上诉人与被上诉人局龙妹向李某的借款时间、综合认为上诉人局龙妹向李某新在借款，本院认为上诉人蒋出其与被上诉人局龙妹向李某某的借款时，因此认为蒋应对自己的承诺承担责任，其理应对上诉人蒋新的借据上签字确认，如无法认定无效，可变更，可撤销的情形，本院对上诉人蒋新的主张不予认可。	是	7.70						✓		✓			✓		3
沪案例8	（2017）沪02民终10876号	首先，双方之间除诉争借款外，尚有2015年1月29日有3万元、2015年6月5日10万元借款，上述两笔借款均以银行均以现金方式交付，而本案诉争借款数额由于上述均以现金交付却以现金习惯不符，但王雷军就此又出借诉争借款；其次，依据王雷军在该日借款的主张，对崔云华在该日的资金变化上述借款之后的每次借款的金额应相应增加，因新增借款到照频率大额借款，但对照崔云华发生在该日期前的的《个人借款合同》言，崔云华在2015年11月6日再次借得诉争借款，因新增诉争借款作出相应说明与王雷军借款归还日期上的变化，崔云华日期前的的情形也难以印证崔云华又再次归还大额借款，但在崔云华抗辩借款均未实际到得并作出相应佐证；最后，崔云华虽提供了王雷军之后的每次借款情况，崔云华无实借款佐证其个人陈述外并未提供进一步相应证据，针对诉争现金借款，王雷军所举证据尚不能相应佐证其主张，本院对崔云华的诉讼请求难以支持。	否	11			✓	✓		×							3

附表1.2（续3）

编号	案号	案情、判决	争议债权是否成立	争议标的金额/万元	A1. 借据部分现金部分转账的金额、现金部分为借据部分的金额，并有断头息，并有实际给付的部分	A2. 在赌博营利费等胁迫下形成双方约定某种不真实借款的约定	A3. 双方其他借款、偿还等习惯印证现金交付的不真实	A4. 前未还借款形成新债权债务，理原债务系高利息反高的新债的结算	A5. 债务人曾要索过原债务不及借款后反及结算	B2. 债务人自知失的法律后果，书面证据证明力大于陈述，或书面证据与书面证据印证	B3. 双方曾有现金支付的原事因，是实经过现金支付的交易习惯符合常理	B4. 有人权债	B5. 债务人按债据约定还款或偿还过部分债务	C1. 债权人与债务人的录音证述借款事实	C2. 测谎	因子数
沪案例9	（2016）沪02民终6858号	冯阿主张以现金方式分二笔向苗骏出借款项共计154 000元，虽在原审提供了苗骏亲笔书写的两份商铺租赁合同，但仅能证明双方有现金借款款的能力，而不能直接证明双方有现金交付的事实。至于冯阿在一审中引用另案生效判决认定双方借贷纠约惯的案件中，故对本案现金贷款的交易习惯不具有证明力。相反，在冯阿之妻与苗骏尚未归还现金的习惯予以反驳。并且，冯阿在明知苗骏尚未归还154 000元借款的情况下，于2015年8月24日、25日分二笔共计出借154 000元给苗骏，结合其妻于26日起诉请求决苗骏归还10万元之事实，冯阿的做法确实有违常理	否	15.40	√					×					√	2
沪案例10	（2017）沪01民终12207号	蒋春宝、张军明关于借款项来源及交付等实际均不充分，就其陈述的交付细节，本院注意到，"罗敏书写了除蒋春宝、张军明之外的全部借条内容"；一审庭审时确认蒋春宝、张军明有效确认；一审审理期间，蒋春宝以本院误交圈存一份，其又称"罗军的借条系以前备的格式借条"。作为在现场亲历出借过程的出借人，其关于借条系事先备的格式借条的陈述前后矛盾，不符合常理	否	10						×				×		2
沪案例11	（2017）沪01民终11457号	王某与胡某对于胡某在2016年5月3日向王某借款150万元之间事实无争议，就其陈述其借款按年计利率24%计算并应于通期还款之期的事实存在分歧。胡某主张自约定计息之日起即约还，有约定依据且于法无悖，应予支持，计算日期应自实际还款次日即2016年7月4日起至蒋春宝实际还清之日止。至于王某主张借款111万元一节，虽有借条为证，但对比王某、胡某、林某之间相近金额辨析，王某、胡某、林某处借款111万元后亦分向胡某账户流转。2017年2月8日王某向胡某再行转出111万元的当天，时间、金额等情形十分异常，且王某诉论中所称其自林某处借得王某与胡某之间借款过于异常，无法对应。本院有理由认定王某与胡某间111万元之借款实际并未真实发生	否	111						×					√	2

附录1　三地判决裁判理由摘要　··155

附表1.2（续4）

编号	案号	案情、判决	争议债权是否成立	争议标的金额/万元	A1. 借据部分现金部分转账的，现金金额部分为断头息，并非实际给付	A2. 在高利贷、赌博等胁迫下形成的，或虽是双方不真实的借款约定	A3. 双方其他交易习惯转账，是借贷印证金种付金不真实的	A4. 前债未还，新借形成新债款，借款对关系合理，原有高利息及的新结算的付真实	A5. 债务人曾经要过借据	B各栏的说明 债权人应提供人自知欠款的法律条，书面证据大于陈述、或书面印证据印据	B3. 双方曾现金交付过的交易符合常理	B4. 债权人收回	B5. 债务人曾按借款据定偿还部过借款或偿还债务	C1. 债权人与债务人的陈述印证借款事实	C2. 测谎	因子数
沪案例12	（2017）沪02民终9097号	①朱彦军处获得的款项金额已达2 261 500元，事后朱国光形基于陈金彩约的纠缠又再行给付金彩即便就双方基于收受高额利息而形成的207万元借款，朱国光依据履行了还款义务。至于朱彦军在遭陈金彩反悔后下被通出2016年2月3日出具的借据，在事后于以了及时时报警。本案审理中，朱涉军借款及转账现金对应就107万元借款并无实据。本院之前又以能提供于2014年1月30日、11月10日出具的借据分别对应100万元和327 000元的借款，与之后上述两张借据所对应的借款实，陈金彩也无法于以说明和对应加以举证	否	50	√				√							3
沪案例13	（2017）沪02民终4404号	品楚经营部的借据日期为2015年9月30日的字据及2016年2月3日的借条，用以证明汪某向品楚借款12 000元，并有包括许某12月3日又向品楚借款26 400元，有包括许某2月3日又品签名及手印，但涉及借款内容经在某底留底。根据一般的情理及书写许某书写字据及字据签名及书许某一直由签名手印，而2015年9月30日字据中有写"以上上人员借的手写内容据签名及"在签名及手印下方，明显有进管理，据此无法得出任某的手写字据以该字据以许宽胜主张返还借款12 000元，依据并不充分。本院于以不支持	否	1.20						×						1
沪案例14	（2018）沪01民终8288号	本案中张庆宝、宴羚梅县坚持其系出于帮助而被上诉人故代为向借款外合意。然提该下事实未能提供充分证据证明双方有代为向借款外合意。在前人对此余是否认的情况下，上诉人在本案借贷关系，上诉人以为两上诉人认定本案借款原额、借款时间到诉之事实无法，双方均无认定本院认定当事人的诉讼请求之可，双方之间存有多笔借贷关系，故上诉人在一审另，本案双方当事人均认可本案借款明确向本案诉讼请求诉讼请求成立。另，本案双方亦不能明确向本案的诉讼请求事实成立	否	125	√					×						2

附表1.2（续5）

编号	案情、判决	争议债权是否成立	争议标的金额/万元	A1.借据部分规定金额的现金未成立，现金部分为分为利息，并无实际结付	A2.在高利贷、赌博等费用的、分手费的，现金部分形成，或是双方种实的约定借款不真实	A3.双方其他借款、易还款习惯、是转账、印证现金种类及不真实借实的不真实	A4.前债未还、借新款、新债形成、借据债权关系不合常理，系原有高利及及现金交付的不真实	A5.债务人曾要索过借据证据	B.债权人已提供证据 B1.债务人自知欠书的法律后果，面证据证明大大手陈述，或书面证与书面印证据	B2.双方经曾有现金支付的事实，现金交易的陈述符合常理	B3.债权人双方有过现金支付的交易习惯	B4.债权人代债	B5.债务人按借据定定偿还部分还息或偿还过部分债务	C1.债权人与债务人陈述的录音、借款合证或印证借款事实	C2.测谎	因子数
案例15 （2018）沪01民终3107号	一审法院对钟文璐与邵云华婚姻关系存续时间短暂，婚后双方未生育子女，结合邵云华未购买大额财产，曾作为其他民间借贷款等情况，以及邵云华系小额贷款公司工作的工资收入和存款等情况，以及邵云华拒不出庭等情形，进而法不将涉诉借款相关诉讼。而得出诉借款期间没有大额经济上诉人提出借款的结论，有事实依据。收益。同时，邵云华、钟文璐父亲患病需要大额医疗费，每年有十余万元的对此，本院认为，邵云华因共同经营生活需求产生大额收入，或者是部分的意见，或者有是部分款产而生活常理，按一般生活设中"双方无明确约定里应列借款用于夫妻共同债务的分担问题，但这与"双方无明确约定里应列借款用于夫妻共同生活"的内容不符，且上诉人也未提供其他相关证据证明邵云华婚姻期间无同共债系用于夫妻共同生活的上诉意见不予采纳。	否	1		√					×						2
案例16 （2018）沪01民终993号	首先，对于是否实际交付，二审中上诉人陈述62 000元是其自有现金及向其堂弟借款组成，且在其养弟向下交付，但对此上诉人没有任何证据佐证。其次，对于上诉人是否有能力出借62 000元，在二审中，上诉人出借出的3万元时应组成，并未提供其借款应源依据予以证明。且二审庭审中，上诉人出陈述其在上海开黑车，工作收入并不稳定，其上午向堂弟借的47 500元中的4万系向上海开黑车，工作收入并不稳定。因此，上诉人自称有3万元现金留用，不符合理。本院难以采信。综上，由于上诉人不能提供其实际交付62 000元的事实，故采信。本审法院对于上诉人的此主张未予支持并无不当，上诉人的上诉请求，缺乏事实和法律依据，本院不予采信。	否	6.2				√		×			×				4

附表 1.3　成案例

编号	案号	案情、判决	争议债权是否成立	争议标的金额/万元	A1. 借据部分现金、部分转账的,现金部分为其主张,并实际给付	A2. 存在高利贷、赌博、分手费等情形下的,是某约定某实的,不某实际给付	A3. 双方其他借款交易习惯、是某约定某实的借款约定	A4. 前还、借款形成,新债权,借款债务的新债务的真实	A5. 债务人曾要素过借据	B 客体属性及规律模糊 B1. 自知欠款的法律后果,面证据力大,陈述与书面证据	B2. 有现金付的原因、事实经过、印证现金交付的事实或与书面证据相符	B3. 双方曾有现金支付的交易习惯符合常理	B4. 债务人权威	B5. 债务人曾披露约定偿还或部过债务	C1. 债权人与债务人陈述有首借款印证事实	C2. 测谎	因子数
成案例 1	(2017)川01民终2417号	2015年1月30日的欠条(17万元)是否真实有效,胡孝根、张云太之间的借款在2014年3月6日形成后,应当视为对胡孝根借款的归还行为,张云太已在上述日期内之后共计归还了27 800元,剩余146 200元未归还。张某主张欠条系受胁迫出具,其提交的报警记录、该起简要案情不能说明张云太实际受胁迫的情况,公安机关告知他们用法律手段发生作出合理说明,其提交的证据亦不足以证明欠款实际发生时张云太交付的出借款大条。张某主张欠款是受胁迫交付的出借款大条,对其主张不予支持	是	17	×							√					2
成案例 2	(2017)川01民终6548号	卢某在诉讼过程中多次稳定地陈述将案涉20万元借款分两次给吴某,并提交了取款凭证,根据上述证据可以证实作为出借人已按约向吴某支付借款的基本证据基础上,一审在本案重审查阶段,对履行了款项交付义务、当事人的经济能力等事实利因素,综合判断认定20万元货款习惯事实成立并无不当	是	20							√	√					3
成案例 3	(2017)川01民终20号	鸿创公司提交了两份借款债权,提交了了杜某收据款10万元的转款凭证,鸿创公司并提交了杜某的借款收据,表示其向缪某受鸿创公司的委托,借支单是借款所作出的申请,但缪某抗辩称借支单仅是其意思表示,不予支持。其次,鸿创公司出具了书面情况说明,对缪某关于借款的情况说明,缪某关于合同借支付10万元,其某亦主张了借款系杜某受鸿创公司委托,对其主张不予支持,且该情况说明与杜某面陈述可以与缪某关于其印证,其该陈述不符合常理。鸿创公司另主张3.5万元借支是其单方合同的申请,但鸿创公司仍持有借支单原件,对其主张不予支持,且该笔款项由另主张3.5万元系现金支付,公司现金支付员工的方式出借。其次,杜某出具了书面情况说明,缪某主张上诉理由与杜某受杜某委托出借款项有关,但该笔10万元借款印证,且以该笔款项另主张3.5万元数额较小,公司另行方式理由,不予支持,未收到13.5万元借款的上诉理由,不予支持	是	13.5		×						√		√			3

编号	案号	案情、判决	争议债权是否成立	争议标的金额/万元	A1.借据部分现金成的账部分转为现金的、并有实际给付的、不真实借款约定	A2.在高利贷、分手费等博费等的胁迫下形成，部分为现金，并有实际给付的、不真实的借款约定	A3.双方其他借款、偿还习惯、交易习惯、是否特账、印证某种约定金交付的不真实	A4.前债未还、新债形成，债权关系原理，系不符合原债的不真实的新的结算	A5.债务人曾索要过借据	B.债权金提供证据/B6.债权人自认、书面证据、案件后果、面证形成立大于陈述、或书面证与书面印证据	B3.债权人曾经有现金交付的原因、系实经过的陈述符合常理管理	B4.有合理双方现金交付交易习惯	B5.债务人曾按约定还款或偿还过部分债务	C1.债权人与债务人曾借据约定证据或录音陈述印证借款事实	C2.测流	因子数
成案例4	(2017)川01民终7375号	关于本案涉款项的交付，第三人赵兴伟陈述是分多次取现金支付齐30万元给李青青，并提交了银行卡交易明细清单以证明。结合李青青自己的证据能够证明该项的支付能力，其提交的案涉的陈述是与李青器出具陈述是与文兴对文兴借款项的支付予以证实……面证印件、与一个口头相饭的上开出具形式李青青生活常理，因在刘文兴的上开出具形式玩实玩具，有待于生活常理，所陈述反驳其陈述并不真实举证证明其应予认定双方民间借贷关系成立并无不当	是	30		×				√		√		√		4
成案例5	(2017)川01民终7206号	2015年8月10日的现金支付，袁某据出具200 000元实际交付，以及胡某现金的出现200 000元的借款，依据"谁主张谁举证"进行举证，根据已查得的借据之间的借款事实证证据以佐证，并且上诉认为袁某所陈述的借款符合案实际交付，但大院实际反驳证据不予推翻，对上诉不予支持	是	20		×				√		√		√		3
成案例6	(2018)川01民终17907号	魏燕诉谢贵林，改袭归还借款本金21万及利息，有谢贵林出具的承诺书、借条及相关材料佐证。谢贵林出具的承诺书、借条等书面文件以司的往来借款的事实、谢贵林实际收到现金的事实，承谢贵林案出具借条符合常理，其抗辩意见不予采纳。一审法院进行审查认定，完成了其相应的举证责任，故本案诉谢贵林后证据及生借款事实。借条等借据文件真魏谢贵林承诺出具的承诺书、借条等书面文件以司的往来借款的事实、承诺借款符合常理、魏燕出借人的资金来源与房屋透明、魏燕具有出借能力，谢贵林主张魏燕实际未给付资金无证据，可以印证借款事实，法院予以支持	是	21	×				×		√			√		3

编号	案号	案情、判决	争议债权是否成立	争议标的金额/万元	A1.借据部分现金部分分为头息，并有实际交付	A2.在高利贷、赌博、分手费等形成下，成部分不真实的借款约定	A3.双方其他借款结算交易习惯，是否账印证某种现金交付的事实	A4.前债未还成新借据款，新债权关系不常见是对原有债务利息反高商的新结算	A5.债务人曾要过借据	B1.债务人自知欠债的法律后果，书面证据陈述，力大于口头证据证印	B2.现金给付的原因、实经过的陈述符合常理	B3.双方有现金支付的交易习惯	B4.有抵押债	B5.债务人曾按借据还款或偿还过部分债务	C1.债权人与债务人的亲近关系	C2.测谎证实借款事实，证印述借款事实	因子数
成案例7	（2018）川01民终16678号	100 000元借款系现金支付给夏桂英，而夏桂英也认可借条的真实性，仅认为借款未支付给她。首先，现金交付在当前经济交往中大多采现金的方式出借现实交易，但本案借条出具于2009年，当时的民间借贷中用现金的方式普遍存在；其次，虽然现金数额100 000元非小金额，但也并非特别巨大的金额，用现金出借给付也不存在明显违反生活规律及交易习惯的情形；最后，夏桂英虽然主张借款未给付未退还该借条及其相关证据，但对其主张未作出任何合理的解释，也未主张借条系伪造，故周兵出具本案借条和多年来未对该借条提出异议作出合理的解释。	是	10						√	√						3
成案例8	（2018）川01民终11690号	首先，周金海不能就自己实际仅收到20万元、29万元、33.5万元的借条分别作为作出陈述。其次，如按周金海主张借款出借行为也能够印证借款情形存在，这一还款行为也印证双方存在资金往来；再次，周金海现金交付不在其经济能力范围，不存在明显超出其经济能力；结合其财产变动情况，多次对借款金额进行认可的情况下，周金海除口头陈述之外未提供证据，认定其借款优势，周院依据证据证势原则，认定周兵本院不予支持。	是	33.5			×	×		√	√				√		4
成案例9	（2017）川01民终16287号	刘晓玲诉请令李扬归还借款22.8万元及利息，借条佐证借款并李扬答辩称借款并未发生，法院认为，有借款以现金方式支付，李扬主张李扬受刘晓玲胁迫签名，现刘晓玲提交了详细的还款计划。现金借据印证李扬已认可该借条及金额2000元借据能够证明存在，李扬出具借条双方对其出具借条的发生行为有合理的说明，故对本案起诉认可该借据证明其具体款项借款事实存在。此外，涉案借条还存在归还部分的款项，一审认定不予支持。根据李扬出具的借条胁迫情况，刘晓玲也未提供证据证明其胁迫事实存在，综上，现要求李扬归还借款并承担相应责任的主张，涉案借条与民间借贷关系存在高度可能性，对刘晓玲之间存在借款关系的事实，现要求李扬之间借款已向民院还2000元确明应予以支持。	是	22.8	×			×		√	√				√		4

编号	案号	案情、判决	争议债权是否成立	争议标的金额/万元	A1.借据部分现金部分转账的，现金额分为断头息，并有实际给付	A2.在高利贷、赌博、分手费等协迫下形成的，或是双方约定某种不真实借款，不真实借款的定款不实际给付	A3.双方其他借款、已转账、还款等交易习惯，印证现金交付的不真实	A4.前借未还，新借款形成关系处理，原有债权及原债务的新结算	A5.债务人曾索要过借据	B1.债权人自知大额的法律后果，书面证据陈述或书面证据	B2.双方对现金交付的原因，经过的陈述符合常理	B3.双方经营有现金实际支付的交易习惯	B4.现金大额债权	B5.债务人曾按时支付约定偿还款或偿还过部分债务	C1.债权人与债务人借款事实的录音、陈述印证借款事实	C2.测谎	因子数
成案例10	（2017）川01民终453号	乔红诉请汤锦、刘会琼归还借款9万元，虽然乔红对借款事实及真实性的陈述前后不完全一致，一审中针对3次借款，前后陈述有：2015年3月21日及4月6日两次借款现金交付，等，"工作单位上班，但是，乔红却没有第一审庭审在汤锦借款时是否在琼时不一致……（案情及判决说明，正文略）…… 对乔红提出借款之间不存在借贷关系的理由不能成立，本院不予支持。	是	9							√	√					2

附表1.3（续4）

编号	案情、判决	争议债权是否成立	争议标的金额/万元	A1. 借据部分现金、部分转账的，现金额部分为确有实际给付	A2. 在高额利贷、赌博等费助迫下形成的，分手并有实际未某的借款约定	A3. 双方其他借款、偿还交易习惯，是否与印证现金交付的不真实	A4. 前债未还，新债形成，借据债权关系不合常理及原有债务及高利息算新结	A5. 债务人曾要索借据证据	B. 借据被质疑提供模糊，债务人自知无法律后果面证据索回，或陈述、书面印证借据证据	B. 现金支付因大于实经金付的陈述，或面印证书据印证	B. 双方曾有现金支付的交易习惯符合常理	B4. 债权人曾按有权据实	B5. 债务人曾按现金偿还或偿还部分债务	C1. 债权人与债务人的陈述印证借款事实	C2. 测谎	因子数
成案例11 (2017)川01民终1631号	债权人陈述110万是分6次以现金支付给何某的，一审认定本案涉上诉110万元借款已实际交付，故何某虽黄公司有借款的实力，根据黄某涉案借款涉借款未提表示；何某虽不予交付于其真实意思表示。相应的应当证据证明；何某虽于其交付于其真实意思表示由本院的上诉理由由本成理由不成立。	是	110	×							√					2
成案例12 (2018)川01民终15384号	李成根作为全民事行为能力人，并且多年经商，对其应当清楚出具借条，其应当清楚出具借条后即下即出具借条，收条。收条以及其在未收到借款的情况下即出具借条，李成应根据抵押和用房产未收到30万元市场现房照实际交付了连收支交易习惯，与民间借贷交易不符与本案相符。李成应根据证据链不符本案相符的证据证明，更无法证明本案现行已履行出借义务。综上，李成应根据民间借贷行行已出借与出借出承担还款责任，应当承担还款责任，应当承担还款责任人。	是	30	×				×	√	√	√					5
成案例13 (2017)川01民终2314号	肖某主张本案涉20万元系付某在在投资公司的投资款所为，付某本案中涉借子以证明上述主张已经形证据链条，但未主张交证据对上述主张已经形证据链条，付某在本案中亦到庭对付某在本案中应付在本案中应付在本案中涉20万元涉款项来源和现行情况不能作出说明，结合本案相关付在20万元无民间借贷现行为超为本案范围。因此，一审法院认定付某之间存在20万元，不当，首某的上诉理由无法律关系本并不当，首某的上诉请求本院予支持	是	20	×	×			√		√	√					3
成案例14 (2016)川01民终10360号	郁某向刘某出具借条发生在2014年12月15日，发生在刘某陈述的借款之后，故刘某陈述的借款发生200000元本金之后，郁某作为具有行为能力的自然人，应当明知郁某出具借条写明为400000元的行为，应当视作发有实际现行。等字样刘某主张其主张该证据长达一年多刘某在诉长达一年多时间，"今收到……"等字样刘某主张其主张其实其后出具借条写明，据此郁某"今收到郁某"。"是我在书写这几天本想办法郁某"这一定愿意在信息表述。反而印这种短信表述的短信愿意还借款的借条，据此郁某借款。据此郁某借以定在短信表述。故本案的现行应对刘某不应向刘某未实际交付借款本金，无实际依据，本金及利息，反而说明郁某借款本金及利息，本院不予支持	是	40		×			√		√	√		√		4

编号	案情、判决	争议债权是否成立	争议标的金额/万元	A1. 借据部分金额转账，部分现金，并有借款实际给付	A2. 在高利贷、赌博等形成下形成的，分手费等约定的，不真实有实际给付借款	A3. 双方其他借款交易习惯，是转账、现金印证某种约定的不真实	A4. 前还、未还，借据形成新债权关系，系对原有债权及高利息的新的结算的	A5. 债务人曾索要过借据或书面印证的证据	B1. 债权人自知欠缺法律条款的后果、书面证据证明力大于陈述，或有面证与书面印证证据	B2. 提供现金给付原因、实际经过的陈述符合常理	B3. 双方曾经有现金支付的交易习惯	B4. 债权人对债务人有权	B5. 债务人曾按约借款或偿还过部分债务	C1. 债权人与债务人陈述的录音证借款事实	C2. 测谎	因子数
成都案例15 （2016）川01民终11753号	案涉四张借条中"吕风群"与"吕风琴"是否系同一人，借条是否真实。虽然本案四张借条中两张借条上出借人书写为"吕风群"，但结合吕风群"零"的发音事实有该两张借条，在日常生活话明，而上诉人兰正林系对借条依法认定为吴巧梅长借条具有的情况下，本案所涉博博的原借条是否属生活赌博借条。上诉人兰正林无证据证明不能证明不能证明吕风琴出借款是否涉赌博情形的，故兰正林主张借款债务的证据不能成立	是	42	×						√						2
成都案例16 （2018）川01民终15896号	本案涉德坤主张与夏桂英之间的借款关系，举示了夏桂英、并陈述涉案借款1000 00元借款系交付给他。首先，虽然现在经济交往中大多系非现金交易，但本案借条出具于2009年，当时的民间借贷中用现金的方式出借金额巨大的借条的（仅认为借款1000 00元借款系未付给他，但对其所举示无相关证据予以证明，也未对其出具借条和借条原提出异议作出任何合理解释	是	10	×				×		√						3
成都案例17 （2017）川01民终1264号	本案所涉的204万元借款是否经实际发生。陈俊应主张借款系以1000万元及150万元而本案借条系以现金支付而来。首先，按照陈俊对其204万元借款的履行习惯，以前款项之前全系现金，204万元借款也算而来。其次，按照陈俊还元现金以前借款，两票形成的时间同为2014年7月26日，两笔形成时间系通过转账履约行，而本次还204万元以现金方式给予以前借款与现金转账习惯不一致。上所合计金额2 036 853 元十分接近第三，陈俊应其204万元借款廷廷还款清单"利息清单"及现金支付206 853 元以及该次出的借款的履行情况及行进一步算而来现。现陈俊应提供证据予以证实之后的能力，其所举示不足以证明本不足以证实其已经实际履行了204 万元出借的借款，故对要实陈廷主张204万元以现金方式履行了204万元的借款主张的诉讼请求，本院不予支持	否	204			√			×							3

编号 案号	案情、判决	争议债权是否成立	争议标的金额/万元	A1. 借据部分转现金部分账的,无头,并实际给付	A2. 在高利贷、赌博、分手费等胁迫形成,或是双方不真实的借款约定	A3. 双方借款偿还易习惯,是印证现金交付的不真实	A4. 前还、新借,债权债务关系,系理原有债及新利息的新的结算	A5. 债务人曾要过借据	B. 各类不能提供现金给付的法律事实,书面证据或书面证据印证	B3. 双方曾有现金支付的交易习惯	B4. 债权人对现金支付的原因、经过的陈述或证据合常理	B5. 债务人曾按借款约定偿还过部分债务	C1. 债权人与债务人陈述或录音证据印证借款事实	C2. 测谎	因子数
成案例18 (2017)川01民终988号	二审焦点是张某是否向陈某出借80万元。该案由张某出借给刘某。其一,刘某作为证人出庭时明确表示其向张某出借该款时,对款项由刘某当场向给付陈某,故由刘某当款项向给付陈某,对该案情况刘某在陈述上均付利和地方付的大额现金之外……其二,针对案涉80万元的借款约定刘某代为给付时间不符,刘某处理对刘某代为支付陈某的借款,与一般常理不符。综上,张某与陈某就借款还应由刘某支付借款的借款方式,张某出具约定借据之期限,张某向陈某支付借款方式与常理不符,张某应承担举证不能的法律后果	否	80						×	×					2
成案例19 (2016)川01民终10872号	陈某主张借条（27万元、26.73万元、776 250元和44 574元）共计130万元系在李某向其出具。其一,在本案所涉借务所反映的2015年2月5日、2月6日的接（处）警记录表,前向笔录等,均能证明陈某在诉讼前、先后四次向公安机关报警。李某主张2015年11月至12月期间,其借款数共计130余万元,其借款所提交相关交付时间、地点不符,陈某针对上述四次提交付借款款够能够证明其实际交付借款的证据,未针对上述实际交付现金事实举证,故一审法院认定由李某承担举证不能的法律后果并无不当	否	130	√					×						2
成案例20 (2016)川01民终9128号	第一、刘刚、吕凤琼、担保人玛鸿业公司、广州鸿业公司,任明兰长沙鸿业公司已实际支付承担责任。200万元借款中10万元系预扣利息同问。对此,任明兰就此款项的实际来源,支付细节等子以有效证明,且其自身对采取现金交付该10万元应款实际支付习惯不符,各方均无日常交易习惯交付,明显与其所称现金交付不符,故,综上到任明兰与廖某陈述之间以及其与任明兰陈述之间存在多处矛盾。任明兰主张该借款系刘刚偿还2014年11月月欠条、2014年度可能性借子以证明,也未作出合理解释。第二、刘刚、任明兰于2014年9月28日收条……且其自身对采取现金交付以证明,无法证明其交付该款,未能提供证据以证明,也未作出合理解释	否	10		√	√			×						2

编号	案号	案情、判决	争议债权是否成立	争议标的金额/万元	A1. 借据部分现金部分转账的，分别判断并现实际给付	A2. 在高利贷、赌博、分手费等形成的，现金约定某种不真实借款约付	A3. 双方其他借款交易习惯印证现金交付的习惯	A4. 前还、借款形成、借据形系不合理、及高利息的新结算	A5. 债务人曾要求过借款先要结算	B1. 没有现金交付的法律后果，书面证据证明大、陈述与书面印证据	B2. 债权人自知欠付现金的原因、事实经过的陈述符合常理	B3. 债务人有现金支付的交易习惯	B4. 债权人曾按约定还款或偿还过部分债务	B5. 债务人曾经据约定还款或偿还过部分债务	C1. 债权人与债务人的账据印证借款事实	C2. 测谎	因子数
成案例21	(2017)川01民终13135号	王某主张的16万元有借条为证，构成为转账、利润6万元，芳某使用现金4万元，2万元现金。双方被王某殴打后被迫出书借条。对信用卡消费欠款4万元，芳某由其使用，但借款协议中，双方约定某种金额，而根据王某于一审中提出的两现金协议为25 110.31元、9 662.03元，信用卡用卡在2016年7月17日、7月27日本应还款金额应列为34 772.34元，而非4万元，故本期还款金额在此现金与现金金额在14万元借款不欠款，也与之前双方协议中没有现款协商借此期的依据为依据，8月21日的借款金额协议转为现款为储蓄。③对2万元现金之后，本院认为，在7月17日的借款先欠账，且王某无力方通过信用卡欠出，应发生在此期间芳某无支付账单，芳某现金转出，本院对王某关于出借2万元现金关于王某向芳某转账9 400元，且双方付账先证据证实，应予确认	否	2		√	√	√		×							4
成案例22	(2018)川01民终17779号	岑佳珞陈述请求主张吕袁媛归还1 150 000元的借款范围内，同时、岑佳珞借条也认吕袁媛成应归还已载明还借款的70万元并未包括其归还请求再借款的70万元。因此，一审认定吕袁媛借贷合意，本院不予以纠正。本、无事实依据，本院已进行认定即关联贷合意，岑佳珞借贷关系、应归还1 150 000元证据其他专项，二审法律审理。综上，一审对该事实不存在再审理事实不成立，其不应向岑佳珞归还2016年6月18日借款的借款	否	115	√					×							2
成案例23	(2018)川01民终11347号	周跃成未能提供充分的事实与证据证明其实为案涉项目的实际施工人，以及案涉借款归还的工程款，同时、周跃成应承担举证不能的法律后果，故对周跃成应归还案涉借款项主张，本院不予采纳。周跃成涉及50万元借款未支持，本案涉50万元借款并支持。关于本案涉50万元借款约定利息，周跃成拒绝归还本金认借款50万元借据，周跃成虽否认该借款协议签名，但案涉400万元借款的真实性，周跃成申请笔迹鉴定，而案涉400万元借款，本院认定其真实性受欺诈而撤订。但未能证明其实受欺诈，故本院认定上述两笔借款不足以证明其实为案涉借款真实发生	否	86.82	√												1

附表1.3（续8）

编号	案号	案情、判决	争议债权是否成立	争议标的金额/万元	A1.借据部分现金额、部分转账的现金部分为无息，分头有实际结付	A2.在高利贷、赌博、分手费等胁迫下形成双方约定某种不真实的借款的定付	A3.双方其他借款、偿还易习惯、是印证现金交付的不真实	A4.前未还借款形成新债权关系对、理，原债高利息及的新结算	A5.债务人曾索要过借据	B1.有书证证据证明大于或与书面证据印证	B2.人自知欠债的法律书条款，后面证述明大于或书面证述与书印证据	B3.现金交付的原因事实，双方经济往来符合常理	B4.债权人有现金支付能力	B5.债务人自知欠债人曾按借据证据还或偿还过部分债款	C1.债权人与债务人曾按借据证据还或偿还过部分债款的证人陈述印证借款事实	C2.测谎	因子数
成案例24	（2018）川0117337号	周静诉请康玺归还借款本金4万元及利息。借条及催款聊天记录佐证，有借条及收据等借据。首先，康玺答辩称自己在部队服役，同年夏天、地点在成都附近。其次，一审中该部队夏季军队纪律严明，康玺当时现役军人，应当承担举证不能的责任。再次，一审中康玺未能提供其借据可能性较低，选择维和任务。故综合全案审查康玺不能举证借款交付的事实，其要求康玺参加维和资格的期间用途为急需用钱，选择维和任务。2014年2月，2013年以后康玺参加成都作收取借款的军人所在成都有望于一审期间取得借据予以支持	否	4	√						×				×		3
成案例25	（2017）川0118227号	杨军、李燕霞诉李强偿还242万元借款及利息。其中以现金方式两次出借45万元。有借条及证人证实。李强否认收到此借款，李强系过来看的，但未亲眼所见李强给李强某笔45万元出借李强，且季强仅收到此笔现金出借无原信无款项交付的事实。李燕霞提现金交付能力。一审法院对此不采信	否	45			√				×						3
成案例26	（2018）川0117346号	一案涉39.6万元借款全部系现金支付，但于2017年12月1日庭审中又陈述其中30万元系发过来的，同时对当时在场人员所述有出入也不一致，且当场只收到20万元系过来的。谢洪梅本只具了39.6万元出借。谢洪梅在一审中又陈述作证时又原说付给肖池军钱给谢洪梅10万元，同时与一审中肖池军和肖军的另一位战友谢洪梅证言不一致，未正式登记，而在法庭中所述金额，综合上述情况，谢洪梅陈述借条款系两种形式的非结算博形成的非现洪款均均一致，但在肖池军向谢洪梅支付39.6万元现金的情况下，应当由其自行承担举证不能的不利后果	否	39.6	√						×				×		3

附表1.3（续9）

编号	案号	案情、判决	争议债权是否成立	争议标的金额/万元	A1.借据部分现金转账、部分现金分次转账头，未纠纷并有实际给付	A2.在高利贷、赌博、分手费等形成下的，现金数额部分是双方约定利息，并非实际给付	A3.双方其他借款账目转账、交易习惯印证现金交付的不真实	A4.前债未还，新借形成，系对原有债权债务的处理及高利的新结算	A5.债务人曾索要过借款本金及高利息	B2.债权人自身的法律、书面证据证明大于面证据的陈述与书面证据印证	B部分 债权人现金给付能力及现金给付习惯 B3.债权人曾有现金给付的原因、事实，系经过的陈述符合常理	B4.债权人曾现金给付的习惯	B5.债务人曾自认偿还或部分偿还债务	C1.债权人与债务人的录音证据或陈述印证借款事实	C2.测谎	因子数
成案例27	（2018）川01民终1570号	崔亚军诉请潘光君归还借款本金80万及反利息，期间有200万现金交付，有借于借据标的用途，关于该标的保证金，在一审中潘光君的用途不认可……（案情略）	否	200						×	×	×				3
成案例28	（2018）川01民终148号	郭应春诉请路凯公司归还借款76.5万及利息，转账30万，其余为现金……（案情略）	否	36.5	√					×						2

编号	案号	案情、判决	争议债权是否成立	争议标的金额/万元	A1.借据部分现金部分转账形成，现金部分为借头本息，并有实际交付借给付的	A2.在高利贷、分手费等形成，下或是双方约定某种不真实的借款约定	A3.双方其他借款偿还习惯，是转账现金印账、现金交付的不真实	A4.前还新还，未借形成新债权债务关系不合理，及原债务及高利息的新结算	A5.债务人曾偿还过借款	B.债权人自知大量现金的法律后果，明力大于陈述、或书面证据与书面印证据证	B3.双方曾有现金支付的原因、结果、后书，符合常理	B4.债务	B5.债务人按现定款或偿还过借款符合交易习惯	C1.债权人与债务人曾借款事实或陈述、证据借款、偿还过债务	C2.测谎	因子数
成都案例29	（2018）川01民终2160号	张卫诉请陈礼财归还借款31万元，以现金和债权转让形式交付，有两张借条佐证。陈礼财否认收到借款。法院认为，张卫基于借款合同起诉，张卫提供了借条，证实李某提供借了借款20万元以及通过债权转让字有对陈礼财的债权。对此予以认定。在本案中，张卫主张借款本源较大，但张卫提供的借款数额的情形下，张卫负有证明义务。庭审中，张卫主张其借款资金来源于陈礼财，但张卫却未能提供充分证据予以证明。关于本案项下11万元借款，张卫称其代陈礼财偿还给李某某的债权转让而取得。对此本案外张亦未能充分证明。故综合本案借款31万元的诉讼请求，不予支持。	否	20						×						1
成都案例30	（2018）川01民终487号	刘仁建签字有关借款，刘仁建应还款后应汇成借款之外，刘仁建系借条所载汇款人后证形成。庭审中陈述系不一，故根据《民事诉讼法》的解释第九十条"当事人对自己提出的诉讼请求所依据的事实，应当提供证据加以证明"，及在一审庭审过程中，刘仁建均要求刘仁建应给予充分的举证。反驳对方主张证据以证明有关本利证据，能够证明双方就借贷达成合意，刘仁建举证责任，但刘仁建无证充足证据支付款借还方式交付成，且在二审期间，故刘仁建关于本案涉及的事实或证据不足以证明其有其事实，刘仁建未主张就借款事实本院另行处理。	否	41.8	√					×						2
成都案例31	（2018）川01民终388号	蒲冰安诉请截洪仪归还借款本金50万元，有借条、赵洪仪向蒲冰安支付了借款的合意，蒲冰安将其他480000元用过银行转账方式支付给赵洪仪，但蒲冰安无证足证据转账赵洪仪系截洪仪借赵洪仪，且具体现金转款与转账不符，其无举证证明借本利款。另外20000元，亦未举证证明受委托、赵数给付现款的收款。在本案涉及其他转账关系，赵洪仪系偿还其他债务，在没有其他证据证明的情况下，蒲冰安已经无足以支持现截洪仪款借款涉案事实成立。法律上的利息事实关系，赵数仅两人之同有借款的单方主张不足以认定、赵数的单方陈述不足以证实付款的理由不能成立	否	2	√					×				√		3

编号	案号	案情、判决	争议债权标的是否成立	争议标的金额/万元	A1.借据部分现金转账、部分现金，金额分为两部分并有断头息，并有实际给付	A2.在高利贷、赌博、胁迫等情形下形成的，或是双方约定某种不真实的借款约定	A3.双方其他借款、偿还借款习惯是转账、印证现金交付的不真实	A4.前还未成借款形成，新债权新债务关系对原有借据及利息的新结算	A5.债务人曾系对借据说明过借据	B1.各种形成现金供借款人自知欠缺的法律后果证据	B2.出借人书面证据大于因实际给付的原因事实或陈述，与书面印证证据	B3.双方曾经对陈述符合情理	B4.有权债双方曾有现金支付的交易习惯	B5.债务人曾按约定偿还定金，本息及陈述过借款还部分债务	C1.债权人与债务人的录音、据印证印证借款事实	C2.测谎	因子数
成案例32	（2017）川01民终16258号	梁敏反诉代树如还清借款本金120万，有借款清单及借条佐证。一审法院认为，代树如于2012年10月27日向梁敏出具借款为，代树如又于2014年8月签订借款协议，约定借款金额为1 200 000元，包含2012年签订借条中约定的同内均未履行出具的800 000元。如若干房地产办理抵押并购为梁敏签订借款协议并将前述同年内约定的800 000元以前包含在内，在借款作为履行担保并办理抵押登记，代树如又将房屋作为向一审法院提供了代树如自愿出具借据……（以下略）	否	120	√						×		×				3

附表 1.3（续 12）

编号	案情、判决	争议债权是否成立	争议标的金额/万元	A1.借据部分为现金，部分为转账，现金部分为大额头寸，并查明实际给付	A2.在高额利率、赌博等转手费形成、或是双方约定某种不真实的借款约定给付	A3.双方其他交易习惯、印证现金支付的不真实	A4.前借款未还形成新债权，处理现有债务及商借息不真实	A5.债务人曾向债权人索要过借据	B1.债务人自认大额现金对付的法律后果，书面证据	B2.陈述明力大于实际交付的陈述、书面证据印证	B3.双方有现金支付的原因，现金交易习惯符合常理	B4.按约定还款或偿还部分债务	B5.债权人按时借据还或面书印证据	C1.债权人与债务人的录音证实借款事实	C2.测谎	因子数
成案例 33 （2018）川 01 民终 9432 号	熊小峰诉谢国权公司及林杰还偿还借款本金 1 800 万及利息 2 878 万，其中 1 400 万元转账，熊小峰在情况说明中表示对应借款未及附该三笔现金转账，在庭审中又表示 400 万元现金交付故出具借据用作债权凭证。其次，熊小峰称因该 400 万元系现金交付做出具借据应附对应债权凭证；2014 年 5 月 10 日出具的《说明》则显款 186 万元系双方独出借借款，仍出具借款 20 万元单独出具凭证；最后，证人与熊小峰有房耳系，在熊小峰无法进一步举证证明 400 万元现金借款事实的情况下，对此观点不采纳。（后因因数告自认，法院采纳。）	否	400			√				×						2
成案例 34 （2018）川 01 民终 9158 号	陈裕林主张 1.5 万元系现金交付，但并未提交相关证据予以证明。本院认为，虽然 1.5 万元并非大额，陈裕林应当对现金交付的原因及当时其银行卡存款状况，在其陈述并无其他证据予以佐证的情况下，一审法院对于余额不足，但未向法庭提交交付以佐证其主张的情况下。三，关于陈裕林处均系陈名及依据 2016 年 3 月 25 日的借条及 2016 年 8 月 8 日的 4 万元借据，本院认为，无证据足以证明借款额为 85 000 元并未不实。二，该两笔借据均加盖公章，"借款条" 所载明的内容均系陈垂本人签名及搭代表陈垂本公司借款或加盖公章以陈款方式借款，陈裕林作为陈垂本公司的法定代表人及股东，虽然陈裕林所确认的借款事实及陈垂承诺的以现金方式还款并无法律约束力	否	1.5			√						×	×				3
成案例 35 （2017）川 01 民终 7672 号	聂某主张在借条出具后几天以现金方式支付了 100 000 元，二审中聂某主张借款发生于 2015 年及其丈夫去世后现金取得的礼金，但其丈夫 2013 年已去世，将大额现金长期放置于家中不符合常理，且聂某一审中自称已将现金大额余额于银行存款不相一致，故聂某主张的以现金方式支付了 100 000 元证据不足，本院不予支持	否	10		√								×				3

证明评论——基于证明责任功能异化的思考

编号	案号	案情、判决	争议债权是否成立	争议标的金额/万元	A1. 借据部分现金、部分转账的现金部分金额是否与借据约定的利息、并是否有借款头息，是否有实际给付	A2. 在高利贷、赌博费等赌形成下的部分本息，是否是双方不真实的约定借款	A3. 双方其他借款易习惯是双方不真实约定的借款	A4. 前借未还形成新借款、债权债务关系处理原有债权债务系及的新结算	A5. 债务人曾索要过原有高利及的不真实	B. 备注						C1. 债权人与债务人的陈述证印证事实	C2. 测谎	因子数
										B款法院提供模、人自知双方现金给付的法律条文据后果，书面证据证明大于实经过的陈述、或书面证书印证借据印证	B款法院提供模：债权人曾有现金支付的原因、实经过的交易符合常理	B3. 双方现金给付交易习惯是否符合常理	B4. 按借据定还部分债务	B5. 债务人曾按借据约定还款偿还过部分借款债务				
成案例 36	(2016)川 01 民终 11217 号	杨彪主张本案借款系现金支付，而康利华一审陈述 14 万元系借 200 万元以 200 万元为基数按月息 4% 计算出来的利息。首先，按康述时间（从 2015 年 12 月 2 日至 2016 年 1 月 25 日）利息数额为 14.4 万元，与出具的借条中陈述一致。所以，关于杨彪是否支付 14 万元现金借款的能力，虽然杨彪以现金方式支付的情况下，但结合双方之前借条的还款情况及杨彪在仅有借条的情况下，一审法院要求其对现金交付借款履行进一步证明以证明该借款的分配，杨彪对此进一步证据举证合理证责任以举证无法进一步证据子以证明该 14 万元已支付的情况下，一审法院认定其主张借款已支付的证据不足并无不当	否	14		√	√										2
成案例 37	(2017)川 01 民终 9852 号	关于借款协议中的 14 600 元，根据南部县人民法院庭审笔录记载，杨某当时陈述温某欠付同一笔款项，其陈述前后矛盾。关于 2013 年 9 月 9 日借款的 87 600 元，首先，从交易习惯来看，对出借人也非常的节省，特别是在无书面合同约定对现便、快捷，节约成本，特别是无书面合同约定现出借人也非常有利。杨某声称一次借通过现金转账实际支付，后一次现又再交付借款并非本约定利率借款的情形下又再交付借款协议，在前一次借款未还也本支付的情形下又再交付，双方主张双方第一次借款一致。其次，若以第 2013 年 9 月 9 日出具借条认定，只说对利率双方约定借以借息，以月息 4 分计算。再次，针对该笔借款项说明，利息建议可选择测算本金 365 000 元，杨某主张月息 4 分计算。以月息 4 分计算至 2014年 12 月 12 日结算约定利息，结合全面，只是主张借款本金数，再结合杨某在南部县人民法院提起诉讼时也载明以本金 350 400元为基数，因此，该笔款项现实为结算借款本以本金支付的利息表现。以其协议约定利息的概率较大	否	10		√	√	√			×					√	5

编号	案号	案情、判决	争议标的金额/万元	争议债权是否成立	A1.借据部分现金部分转账的，现金部分为借头、息，并有实际给付	A2.在高利贷、赌博、分手费等情形下，部分现金、部分转账的，现金部分为借头、息，不真实的约定给付	A3.双方其他借款，偿还交易习惯印证现金交付的不真实	A4.前债未还、借新债形成，系对原债权利息及高额本金的新债结算	A5.债务人曾支付过借款利息，系要素	B1.债权凭证提供	B2.当事人自知大额现金交付的法律后果，书面证据证明大于陈述，或书面证据印证	B3.有现金支付双方曾经付的事实，经付金交实符合常理	B4.债权人权	B5.债务人曾经借款偿还过部分债务	C1.债权人与债务人陈述借款事实或印证借款	C2.债权人与债务人陈述借款事实测流	因子数
成案例38	（2017）川01民终1414号	林某认可16.5万元收据，但称其并未收到借款。对此，本院认为，第一，代某在本案中是原审贷案中是原审上诉人出借款，其无息上诉人较人约定利息1942号案中均较出借款发生的时间不符合，本案与较出借款发生的时间不符合。第二，本案借款均未有陈述借款情况下，代某向林某出借款项，亦存在不符合情理之处。	16.5	否		√	√				×					3
成案例39	（2017）川01民终7628号	案涉315万元系校大金额，郭某称借款交付的多种形式成。一审根据双方以银行往来凭证借款形式全部交付现金的习惯和必要，郭某也未举证证明双方曾经交付过的多笔借款均系以现金交付，且根据此案上诉，本院对此不予以付以现金借款100万元，本院对郭某主张借款项共计415万元均不予支付确认。综上，本院对郭某主张的415万元不予支持	415	否			√	√			×					2
成案例40	（2017）川01民终127号	借款双方对交付方式与常情不符，双方存在多处借据还款2010年12月28日的情况下，本案向林某出借大额借款，亦第一，从现金来源看，借款汤某称2015年9月份是否借款经结确认，经询向刘某，刘某称处所某一共借款20多万元，也无借条，也未借款，而陈某称陈某还2015年10月15日在借据还款，第二，从还款源因素看，陈某称借款天然借据款归还的情况，两人关于汤某的交付陈述多处疑点，一审讯问回答有各处疑点；第三，借条一次同一次时间现金还问时间是9月13日，且与陈某本当初出具借款条借据还时2015年9月14日，当时何将借条借款；第四，陈某将钱追还时向梅某追还现金借条6万元，当时陈某心点均与陈某将借有借款时间称汤某向其借款6万份出，且陈某将现金交之陈某；第五，汤某称"凡是以前的你借钱"时，梅某将要求陈某将要交给陈某二审讯问汤某不清楚一审梅某在汤某陈述的习惯将现金交之汤某，与梅某述称要求陈条要交给陈某；第六，从借款的付现金给付交易将现金借据款将借据陈述不一；其三，本当向陈某当初出具何陈述的内容均与陈某陈述不清楚两人若问向你借钱时梅某将需求陈某将借回来的将习惯与述称要求借条陈某习惯印；其四，夏某述不一，仍称借据上加注以前的情形。综上所述所不符，基于上述有各处疑点，本院认为汤某已将6万元交付给汤某的事实有各处疑点，未能达到证明标准	6	否	√						×		×				3

附表1.3（续15）

编号	案号	案情、判决	争议债权是否成立	争议标的金额/万元	A1. 借据部分现金部分转账的，现金部分因当事人并无实际给付	A2. 在高利贷、赌博、传销费等胁迫下形成的，或是某种约定的借款约定付息，不真实的	A3. 双方其他借款偿还习惯，是转账交易现金印证现金支付的不真实	A4. 前债未还、新债形成，新借款偿还权债关系对原债务本息及高息的结算不真实	A5. 债务人曾索要过借据	B. 各衡借金额提供模糊空间 B1. 债权人对现金支付给付有现金的法律后果、书面证据明方大于陈述，或与书面印证据	B2. 双方曾经过实际交易的陈述	B3. 有付款习惯	B4. 债权人对债务方经常有现金支付交易习惯	B5. 债务人按约据还定款或偿还过部分债务	C1. 债权人与债务人录音证证印实述借款事实	C2. 测谎	因子数
成案例41	(2017)川01民终12906号	民间借贷法律关系基于当事人之间的合意而产生，如果借贷双方为自然人，则民间贷款应以实际支付借款方能成立。支持程某诉讼主张的证据，仅仅只有书面盖章的借条，而本案涉金额程某也未提供证据证明已经支付，根据证据高度盖然性规则，程某未进一步提供证据证明涉案借款已实际支付，应当承担举证不能的法律后果	否	3		✓				×							2

附录2 文书提出义务的规定

《证据规则》（2019年修改）

第四十五条：当事人根据《最高人民法院关于适用〈中华人民共和国民事诉讼法〉的解释》第一百一十二条的规定申请人民法院责令对方当事人提交书证的，申请书应当载明所申请提出的书证名称或者内容、需要以该书证证明的事实及事实的重要性、对方当事人控制该书证的根据以及应当提交该书证的理由。对方当事人否认控制书证的，人民法院应当根据法律规定、习惯等因素，结合案件的事实、证据，对于书证是否在对方当事人控制之下的事实作出综合判断。

第四十六条：人民法院对当事人提交书证的申请进行审查时，应当听取对方当事人的意见，必要时可以要求双方当事人提供证据、进行辩论。

当事人申请提交的书证不明确、书证对于待证事实的证明无必要、待证事实对于裁判结果无实质性影响、书证未在对方当事人控制之下或者不符合本规定第四十七条情形的，人民法院不予准许。

当事人申请理由成立的，人民法院应当作出裁定，责令对方当事人提交书证；理由不成立的，通知申请人。

第四十七条：下列情形，控制书证的当事人应当提交书证：

（一）控制书证的当事人在诉讼中曾经引用过的书证；

（二）为对方当事人的利益制作的书证；

（三）对方当事人依照法律规定有权查阅、获取的书证；

（四）账簿、记账原始凭证；

（五）人民法院认为应当提交书证的其他情形。

前款所列书证，涉及国家秘密、商业秘密、当事人或第三人的隐私，或者存在法律规定应当保密的情形的，提交后不得公开质证。

第四十八条：控制书证的当事人无正当理由拒不提交书证的，人民法院可以认定对方当事人所主张的书证内容为真实。

控制书证的当事人存在《最高人民法院关于适用〈中华人民共和国民事诉讼法〉的解释》第一百一十三条规定情形的，人民法院可以认定对方当事人主张以该书证证明的事实为真实。

附录 3　我国关于虚假诉讼刑事责任的法律规定

《最高院、最高检关于办理虚假诉讼刑事案件适用法律若干问题的解释》

第一条：采取伪造证据、虚假陈述等手段，实施下列行为之一，捏造民事法律关系，虚构民事纠纷，向人民法院提起民事诉讼的，应当认定为刑法第三百零七条之一第 1 款规定的"以捏造的事实提起民事诉讼"：

（一）与夫妻一方恶意串通，捏造夫妻共同债务的；

（二）与他人恶意串通，捏造债权债务关系和以物抵债协议的；

（三）与公司、企业的法定代表人、董事、监事、经理或者其他管理人员恶意串通，捏造公司、企业债务或者担保义务的；

（四）捏造知识产权侵权关系或者不正当竞争关系的；

（五）在破产案件审理过程中申报捏造的债权的；

（六）与被执行人恶意串通，捏造债权或者对查封、扣押、冻结财产的优先权、担保物权的；

（七）单方或者与他人恶意串通，捏造身份、合同、侵权、继承等民事法律关系的其他行为。

《中华人民共和国刑法修正案（九）》

第三十五条：在刑法第三百零七条后增加一条，作为第三百零七条之一："以捏造的事实提起民事诉讼，妨害司法秩序或者严重侵害他人合法权益的，处三年以下有期徒刑、拘役或者管制，并处或者单处罚金；情节严重的，处三年以上七年以下有期徒刑，并处罚金。"

单位犯前款罪的，对单位判处罚金，并对其直接负责的主管人员和其他直接责任人员，依照前款的规定处罚。有第 1 款行为，非法占有他人财产或者逃避合法债务，又构成其他犯罪的，依照处罚较重的规定定罪从重处罚。司法工作人员利用职权，与他人共同实施前三款行为的，从重处罚；同时构成其他犯罪的，依照处罚较重的规定定罪从重处罚。

《中华人民共和国民事诉讼法》（2017 修正）

第一百一十二条：当事人之间恶意串通，企图通过诉讼、调解等方式侵害他人合法权益的，人民法院应当驳回其请求，并根据情节轻重予以罚款、拘留；构成犯罪的，依法追究刑事责任。

附录4 我国关于释明权的法律规定

《最高人民法院关于民事诉讼证据的若干规定》（法释〔2019〕19号）

第二条：人民法院应当向当事人说明举证的要求及法律后果，促使当事人在合理期限内积极、全面、正确、诚实地完成举证。当事人因客观原因不能自行收集的证据，可申请人民法院调查收集。

第四条：一方当事人对于另一方当事人主张的于己不利的事实既不承认也不否认，经审判人员说明并询问后，其仍然不明确表示肯定或者否定的，视为对该事实的承认。

第六条：普通共同诉讼中，共同诉讼人中一人或者数人作出的自认，对作出自认的当事人发生效力。

必要共同诉讼中，共同诉讼人中一人或者数人作出自认而其他共同诉讼人予以否认的，不发生自认的效力。其他共同诉讼人既不承认也不否认，经审判人员说明并询问后仍然不明确表示意见的，视为全体共同诉讼人的自认。

第七条：一方当事人对于另一方当事人主张的于己不利的事实有所限制或者附加条件予以承认的，由人民法院综合案件情况决定是否构成自认。

第八条：《民诉法解释》第九十六条第1款规定的事实，不适用有关自认的规定。自认的事实与已经查明的事实不符的，人民法院不予确认。

第五十条：人民法院应当在审理前的准备阶段向当事人送达举证通知书。举证通知书应当载明举证责任的分配原则和要求、可以向人民法院申请调查收集证据的情形、人民法院根据案件情况指定的举证期限以及逾期提供证据的法律后果等内容。

第五十三条：诉讼过程中，当事人主张的法律关系性质或者民事行为效力与人民法院根据案件事实作出的认定不一致的，人民法院应当将法律关系性质或者民事行为效力作为焦点问题进行审理。但法律关系性质对裁判理由及结果没有影响，或者有关问题已经当事人充分辩论的除外。

存在前款情形，当事人根据法庭审理情况变更诉讼请求的，人民法院应当准许并可以根据案件的具体情况重新指定举证期限。

第九十七条：人民法院应当在裁判文书中阐明证据是否采纳的理由。对当事人无争议的证据，是否采纳的理由可以不在裁判文书中表述。

《最高人民法院关于适用简易程序审理民事案件的若干规定》（法释〔2003〕15号）

第二十条：对没有委托律师代理诉讼的当事人，审判人员应当对回避、自认、举证责任等相关内容向其作必要的解释或者说明，并在庭审过程中适当提示当事人正确行使诉讼权利、履行诉讼义务，指导当事人进行正常的诉讼活动。

《最高人民法院关于审理人身损害赔偿案件适用法律若干问题的解释》（法释〔2003〕20号）

第五条：赔偿权利人起诉部分共同侵权人的，人民法院应当追加其他共同侵权人作为共同被告。赔偿权利人在诉讼中放弃对部分共同侵权人的诉讼请求的，其他共同侵权人对被放弃诉讼请求的被告应当承担的赔偿份额不承担连带责任。责任范围难以确定的，推定各共同侵权人承担同等责任。

人民法院应当将放弃诉讼请求的法律后果告知赔偿权利人，并将放弃诉讼请求的情况在法律文书中叙明。

致谢

本书是在我的博士毕业论文基础上修改完成的。我于 2014 年 9 月—2020 年 8 月在四川大学攻读博士学位，毕业论文迟迟未能完成，除了拖沓之外，也因自己对选题的执着。

入学伊始，向恩师万毅教授请教选题，当我提出将从对现有证明责任理论缺陷展开研究时，老师虽肯定了选题，但对学生能否对证明责任、自由心证这些基本理论问题提出新观点表示担心。笔者虽在实践部门工作十多年，但学术积淀薄弱，最初着实经历了不知从何下手的煎熬，感恩老师对学生的悉心指导和不断鼓励。初稿完成，老师给了"惊喜"的评价，令我倍受鼓舞，而老师字斟句酌的批注，也让我惭愧和感激。

西南民族大学的周湘雄老师对本书给予了非常多且宝贵的意见，同样要感激的还有师弟宋东博士，他们花费大量时间为我答疑解惑、指导修改，没有他们的无私帮助，我恐怕难以逾越写作过程中的障碍。我的同事四川省社会科学院陈开琦老师、沈陵老师、罗华兰老师、蓝冰老师、张薇法官提供了很多真知灼见。还要感谢前同事成都中院的法官们，帮助我搜索案例、协助调研，也感谢参加我论文答辩的主席段厚省教授的批评、建议。感恩人生路上遇到的师友，给我温暖和力量。

本书前期思路申报了四川省社会科学研究"十三五"规划基地项目"举证责任理论与实务的隔阂"（编号 SC16B116），结项评为"优秀"。笔者用文中案例撰写了《事实认定难题：举证不能还是心证不足》，入选 2019 年的中国民诉法年会论文集，点滴的进步也增强了自己对学术之路的信心。

感谢父母一直以来无条件地支持我，丈夫毛宇健也承担了更多家务和陪伴小孩的任务。疫情期间，我每天能从早到晚进行阅读、写作、锻炼，简单而充实地生活、工作，内心平和而坚定。这段特殊的日子也令人难忘。

张锦

2022 年 11 月